D1705187

Roya Sangi

Die auswärtige Gewalt des Europäischen Parlaments

Kritik der Legitimation und Dogmatik der außenpolitischen Prärogative der Exekutive

The Foreign Policy Power of the European Parliament - A Critique of the Legitimacy and Doctrinal Conception of the Executive Prerogative in Foreign Affairs

(English Summary)

Springer

ISSN 0172-4770 ISSN 2197-7135 (electronic)
Beiträge zum ausländischen öffentlichen Recht und Völkerrecht

ISBN 978-3-662-54422-8 ISBN 978-3-662-54423-5 (eBook)
https://doi.org/10.1007/978-3-662-54423-5

Die Deutsche Nationalbibliothek verzeichnet diese Publikation in der Deutschen Nationalbibliografie; detaillierte bibliografische Daten sind im Internet über http://dnb.d-nb.de abrufbar.

Springer

Gedruckt auf säurefreiem und chlorfrei gebleichtem Papier

Springer ist Teil von Springer Nature
Die eingetragene Gesellschaft ist Springer-Verlag GmbH Deutschland
Die Anschrift der Gesellschaft ist: Heidelberger Platz 3, 14197 Berlin, Germany

Für meine Eltern
und
Roozbeh Sangi

Vorwort

„Unsere Gesetze sind nicht allgemein bekannt, sie sind Geheimnis der kleinen Adelsgruppe [...], aber es ist doch etwas äußerst Quälendes, nach Gesetzen beherrscht zu werden, die man nicht kennt.“ *Kafka,* Zur Frage der Gesetze

Kaum ein anderes Politikfeld wird wie die Außenpolitik mit einer derartigen Selbstverständlichkeit der Exekutive anvertraut. Der gestalterische Input der Parlamente auf die internationale Rechtsetzung ist marginal. Warum wird die auswärtige Gewalt traditionell der Exekutive überlassen? Welchen Beitrag vermag das Europäische Parlament zur europäischen Außenpolitik zu leisten? Die Arbeit gibt eine legitimationstheoretische Antwort auf diese Fragen und zieht sie zur Entfaltung einer legitimen europäischen Außenpolitik heran. Sie lag der Juristischen Fakultät der Universität Hamburg im Wintersemester 2015/2016 als Dissertation vor und ist für den Deutschen Studienpreis 2017 nominiert worden.

Meinem Doktorvater, Prof. Dr. Armin Hatje, danke ich für sein großes Vertrauen, seine Offenheit und stete Unterstützung. Ihm verdanke ich meine Wissbegierde für das Recht zur Verwirklichung einer immer enger werdenden Union der Völker Europas, die an Krisen wächst.

Prof. Dr. Dagmar Felix, an deren Lehrstuhl ich große Teile der Arbeit niedergeschrieben habe, danke ich für die unvergessliche und prägende Lehrstuhlzeit und all die Unterstützung, die sie mir zuteilwerden ließ.

Prof. Dr. Markus Kotzur gebührt Dank für die Erstellung des Zweitgutachtens.

Prof. Dr. Michael Köhler schulde ich Dank für rechtsphilosophische Anstöße und seine stets interessierte und unterstützende Begleitung.

Prof. Dr. Hans-Jürgen Puhle, Prof. Dr. Klaus-Jürgen Nagel, Associate Prof. Camil Ungureanu und Associate Prof. José Luis Martí gilt mein Dank für die inspirierende Zeit an der Universitat Pompeu Fabra von Barcelona, die anregenden Seminare in politischer Philosophie sowie die wertvollen Gespräche, die die Arbeit interdisziplinär bereichert haben.

Prof. Vivien A. Schmidt und Prof. Daniela Caruso danke ich für ihre Einladung und die Möglichkeiten, die sie mir während meines Forschungsaufenthalts am Center for the Study of Europe der Boston University eingeräumt haben. Dank gebührt ferner dem Deutschen Akademischen Austauschdienst, der meinen Forschungsaufenthalt in Boston gefördert hat.

Prof. Dr. Armin von Bogdandy und Prof. Dr. Anne Peters danke ich für die Aufnahme der Arbeit in die Reihe „Beiträge zum ausländischen öffentlichen Recht und Völkerrecht“. Der Redaktion der Reihe sei für die redaktionelle Bearbeitung gedankt.

Dank gebührt ferner Dr. Florian Stoll und Dr. Arne Neubauer, die die Arbeit Korrektur gelesen und die Fertigstellung der Arbeit mit konstruktiven Anregungen unterstützt haben. Mein Dank gilt schließlich Dr. Stefan Martini für seine wertvolle Anregung und Unterstützung hinsichtlich der Publikation der Arbeit.

Berlin, Juli 2017 Roya Sangi

Inhaltsverzeichnis

Abkürzungsverzeichnis

Die Abkürzungen folgen Kirchner und Pannier, Abkürzungsverzeichnis der Rechtssprache, Berlin 2013. Darüber hinaus werden folgende Abkürzungen verwandt:

ACTA	Anti-Counterfeiting Trade Agreement
NSA	National Security Agency
SWIFT	Society for Worldwide Interbank Financial Telecommunication
TTIP	Transatlantic Trade and Investment Partnership

Kapitel 1 Einleitung

A. Problemaufriss und Untersuchungsziele

Am 11. Februar 2010, circa zwei Monate nach dem Inkrafttreten des Vertrags von Lissabon,[1] lehnte das Europäisches Parlament das Interimsabkommen zur Übermittlung von Bankdaten über den Finanzdienstleister *Society for Worldwide Interbank Financial Telecommunication* (SWIFT) mit den USA ab.[2] Die Verweigerung der parlamentarischen Zustimmung zu dem vom Rat und der Kommission bereits ausgehandelten Abkommen sorgte für großes Aufsehen und lenkte die Aufmerksamkeit nicht nur europäischer, sondern auch internationaler politischer Akteure auf die bis dahin außenpolitisch eher unauffällige europäische Versammlung.[3] Die Resolution zur Ablehnung des SWIFT-Übergangsabkommens wurde mit 378 Stimmen bei 196 Gegenstimmen und 31 Enthaltungen verabschiedet[4] und war damit der größte außenpolitische Triumph des Europäischen Parlaments in seiner jüngsten Geschichte, den das Parlament dem Vertrag von Lissabon verdankte.

Dieser Vorfall und die darauf folgende Zustimmungsverweigerung des Europäischen Parlaments bei weiteren Abkommen wie dem Fischereiabkommen mit Marokko[5] und dem multilateralen *Anti-Counterfeiting Trade Agreement*[6] (ACTA) gaben Anlass zur Untersuchung der rechtlichen Stellung des Europäischen Parlaments in der europäischen Außenpolitik und dessen demokratischer Legitimationsleistung nach dem Inkrafttreten des Vertrags von Lissabon, die bei dem aktuell

[1] In Kraft getreten am 1.12.2009. ABl. C 306 vom 17.12.2007, S. 1.

[2] P7_TA(2010)0029.

[3] Vgl. *Kanter,* Europe rejects U.S. Deal on Bank Data, in *The New York Times* v. 11.2.2010.

[4] Die Pressemitteilung des EP v. 11.2.2010.

[5] ABl. C-168 E v. 14.6.2013, S. 155.

[6] P7_TA(2012)0287.

R. Sangi, *Die auswärtige Gewalt des Europäischen Parlaments*, Beiträge zum ausländischen öffentlichen Recht und Völkerrecht,
https://doi.org/10.1007/978-3-662-54423-5_1

verhandelten Freihandelsabkommen *Transatlantic Trade and Investment Partnership* (TTIP) erneut an Relevanz gewinnt.

I. Europäische Außenpolitik vor der Folie nationalstaatlicher Tradition

Bereits die Erregung darüber, dass das Europäische Parlament ein solch wichtiges außenpolitisches Vorhaben zu Fall bringen konnte, indiziert, dass das wohl aus nationalstaatlicher Tradition bekannte exekutivlastige Verständnis der Außenpolitik auf Unionsebene fortwirkt. Ebendaher lässt sich die rechtliche Stellung des Europäischen Parlaments in der europäischen Außenpolitik nicht jenseits der nationalstaatlichen Tradition der Außenpolitik und der auswärtigen Gewalt abhandeln.

Zudem verfügt die Europäische Union derweil über sehr weitgehende außenpolitische Kompetenzen, die, wie zu zeigen sein wird, über die klassischen Felder der Außenpolitik hinaus alle Bereiche des wirtschaftlichen, sozialen, ökologischen sowie kulturellen Lebens der Unionsbürger umfassen. Diese weitreichenden – wenn auch übertragenen – hoheitlichen Befugnisse gebieten es, die Union nicht als eine politische Einheit *sui generis* jenseits der Staaten zu analysieren, sondern sie gerade vor dem Hintergrund des hoheitlichen Charakters ihrer Kompetenzen nicht gerissen aus dem Kontext der Staatlichkeit, sondern im Vergleich zu Staaten zu untersuchen.

Nicht zuletzt die ursprünglichen Ziele der europäischen Integration[7] erfordern eine solche Herangehensweise. Denn die europäische Integration stellt keinen Selbstzweck dar, sondern ist konkret auf „die Öffnung der Mitgliedstaaten gegenüber einer überstaatlichen Hoheitsgewalt [ausgerichtet,] mit dem fernen Endziel, von einer Koexistenz nationaler und supranationaler Hoheitsträger in ein Stadium quasistaatlicher politischer Einheit überzutreten."[8] Ist die *sui generis* These einst bemüht worden, um die Besonderheit der Europäischen Union gegenüber herkömmlichen Internationalen Organisationen zu konstituieren und damit der europäischen Integration zum Durchbruch zu verhelfen, so kann sie kaum gegen deren weitere Entfaltung angeführt werden und so der Realisierung des Endzieles Einhalt gebieten. Vor dem Hintergrund dieses Zieles bilden Staaten die am nächsten liegenden Referenzsysteme. Als solche werden hier zwei vergleichbare föderale Einheiten

[7] Vgl. dazu eingehend *Burgess,* Federalism and European Union: The building of Europe, London [et. al.] 2000, S. 64 ff; *Hallstein,* Der unvollendete Bundesstaat, Europäische Erfahrungen und Erkenntnisse, Düsseldorf [et. al.] 1969; Übersicht über die verschiedenen Föderalismusdiskurse bei *Oeter*, Föderalismus und Demokratie, in: v. Bogdandy/Bast (Hrsg.), Europäisches Verfassungsrecht, 2. Aufl., Heidelberg [et. al] 2009, S. 76 ff.; zur Kritik der Konstruktion des Staatenverbundes als „staatsanlogen Nichtstaats" vgl. *Beaud,* Europa als Föderation? Relevanz und Bedeutung einer Bundeslehre für die Europäische Union, in: Pernice/Otto (Hrsg.), Europa neu verfasst ohne Verfassung, Baden-Baden 2010, S. 59; *ders*, Théorie de la Fédération, Paris 2007.

[8] *Hatje,* Der Rechtsschutz der Stellenbewerber im Europäischen Beamtenrecht, Eine Untersuchung zur Rechtsprechung des EuGH in Beamtensachen, Baden-Baden 1988, S. 15; vgl. *Hallstein,* Die Europäische Gemeinschaft, Düsseldorf [et. al.] 1973, S. 312.

bemüht: Die Bundesrepublik Deutschland mit ihrem parlamentarischen Regierungssystem und die Vereinigten Staaten von Amerika mit ihrem Präsidialsystem.

Die Abhandlung der unionsinternen Konzeption der auswärtigen Gewalt der Bundesrepublik dient zunächst dazu, den Ausgangspunkt auswärtiger Politik und Gewalt zu skizzieren, bevor deren supranationale Prägung und Dimension im Einzelnen analysiert werden. Schließlich kann angesichts der dualen Legitimationsstruktur der Union der demokratische Legitimationsbeitrag des Europäischen Parlaments nicht ohne die Berücksichtigung der auswärtigen Gewalt nationaler Parlamente entfaltet werden. Hingegen wird das unionsexterne Konzept der auswärtigen Gewalt der USA als eine Referenz bemüht, um mögliche Entwicklungsperspektiven in den Blick zu nehmen. Ferner dient die Analyse beider Referenzsysteme der Klärung der Frage, ob die außenpolitische Rolle des Europäischen Parlaments der außenpolitischen Stellung der Parlamente der Referenzsysteme entspricht oder bereits über den traditionellen Einfluss der nationalen Parlamente auf die Außenpolitik hinausgeht. Schließlich bietet die Rechtsvergleichung eine Art Schutz vor Selbsttäuschung an und immunisiert davor, „dasjenige, was uns eigen ist, für allgemein menschlich [zu] halten".[9]

Ohne der anschließenden Darstellung vorzugreifen, kann allerdings gesagt werden, dass in beiden Referenzsystemen – obzwar unterschiedlich geprägt – der Grundsatz der Prärogative der Exekutive über die Außenpolitik waltet. Ist die Außenpolitik der Nationalstaaten so stark von diesem Grundsatz geprägt, so ist es kaum verwunderlich, wenn er sich ebenfalls in außenpolitischer Binnenorganisation der Europäischen Union vorfindet.

II. Maßstab der Legitimation des auswärtigen Handelns der Europäischen Union

Auch wenn die europäischen Verträge den Begriff der Außenpolitik und der auswärtigen Gewalt nicht so verwenden, setzen sie ihn doch voraus. Art. 21 EUV legt ausdrücklich die Grundsätze des auswärtigen Handelns der Union fest. Dabei muss sich die Außenpolitik der Union nicht nur an diesen Grundsätzen orientieren, vielmehr bilden sie neben den allgemeinen Grundsätzen der politischen Verfasstheit der Union den Maßstab der Beurteilung der Unionsrechtsmäßigkeit der europäischen Außenpolitik. Jenseits der Frage der Rechtmäßigkeit und Rechtswidrigkeit einer bestimmten europäischen Außenpolitik beschäftigt sich die Arbeit mit einer Reihe von Fragen, die zu beantworten sind: Was bildet den Maßstab der demokratischen Legitimation der europäischen Außenpolitik? Welche Rolle spielt das Europäische Parlament in der Außenpolitik der EU und inwieweit vermag das

---

[9] *v. Savigny,* Vom Beruf unserer Zeit für Gesetzgebung und Rechtswissenschaft, in: Stern (Hrsg.), Thibaut und Savigny, Ein programmatischer Rechtsstreit auf Grund ihrer Schriften, Nachdr. der Aufl. von 1914, Heidelberg 1959, S. 138 f.; *Baade,* Das Verhältnis von Parlament und Regierung im Bereich der Auswärtigen Gewalt der Bundesrepublik Deutschland, Studien über den Einfluss der auswärtigen Beziehungen auf die innerstaatliche Verfassungsentwicklung, Hamburg 1962, S. 130.

Europäische Parlament mit dessen Beschaffenheit und Funktionen nach dem Vertrag von Lissabon dem außenpolitischen Handeln der Union demokratische Legitimation verleihen?

Entlang dieser Fragen werden zunächst die Legitimationsstruktur der europäischen Union und das Maß der demokratischen Legitimationskraft des Europäischen Parlaments in ihrem institutionellen Gefüge im Allgemeinen beleuchtet. Daran anknüpfend stellt sich im Besonderen die Frage, ob der so erarbeitete Maßstab sich nicht minder auf die europäische Außenpolitik anwenden lässt. Gegen eine demokratietheoretische Reflexion über die Außenpolitik und die entsprechende Anwendung des Maßstabs der demokratischen Legitimation der europäischen Gesetzgebung auf die Außenpolitik spricht aber das Postulat der Unnormierbarkeit der Außenpolitik und die daraus hergeleitete allgemeingültige Annahme einer naturgesetzlichen Prärogative der Exekutive. Umso mehr drängt sich eine kritische Auseinandersetzung mit diesem Grundsatz auf.

III. Die Prärogative der Exekutive – Besonderheit der Außenpolitik

Mit der Prärogative der Exekutive in der Außenpolitik ist gemeint, dass die Außenpolitik eine Sache der Exekutive ist, und der Regierung im Hinblick auf die auswärtige Gewalt ein weiter Spielraum zu eigenverantwortlicher Aufgabenwahrnehmung zukommt.[10] Dieses Verständnis von Außenpolitik geht auf Staatstheoretiker wie *Hobbes* und *Bodin* zurück, die die Selbstbehauptung des Staates in internationalen Beziehungen in den Vordergrund gestellt haben.[11] Die Selbstbehauptung war damit der Ausgangspunkt der Differenzierung einer exzessiven Außensphäre, die sich keinesfalls von einer gezügelten Innensphäre domestizieren lässt, im Rahmen derer erst eine Rechtsgemeinschaft entstehen konnte.[12]

Diese Vorstellung von Außenpolitik sollte später insbesondere *Locke* prägen, ungeachtet der Tatsache, dass sie sich bereits bei *George Lawson*[13] findet, der in der einschlägigen deutschsprachigen Literatur über die Gewaltenteilung bis heute noch

---

[10] So das Bundesverfassungsgericht, BVerfGE 104, 151 (217).

[11] *Hobbes*, Leviathan, Ch. XVIII, Pegson Smith (Hrsg.), Oxford 1909; *Bodin*, Les Six Livres de la République, Oxford 1955.

[12] *Dieterich/Hummel/Marschall*, Von der exekutiven Prärogative zum parlamentarischen Frieden?, Parlamentarische Kontrolle von Sicherheitspolitik, Heinrich Heine Universität Düsseldorf, Sozialwissenschaftliches Institut, Working paper 6/2007, S. 5 f.; *ders*, Strenthening Parliamentary „War Powers" in Europe: Lessons from 25 National Parliaments, Geneva Center for the Democratic Control of Armed Forces, Policy Paper NO. 27, S. 3 f.

[13] An Examination of Political Part of Mr. Hobbes, his Leviathan, London 1657. Von diesem Verständnis der Außenpolitik weichen auch andere staatstheoretische Ansätze nicht ab. Selbst *Rousseau*, der die Souveränität des Volkes für absolut hält, schränkt sie bei der Frage der auswärtigen Gewalt ein, indem er sie nicht als Akte der Souveränität, sondern als Akte der Regierung qualifiziert (*Rousseau*, Vom Gesellschaftsvertrag, in: Sozialphilosophische und Politische Schriften, Erstübertragung von E. Koch [et.al.], München 1981, S. 289); *ders.*, Briefe vom Berge, in: ders., S. 435; ebenfalls *Hegel*, Das innere Staatsrecht, in: Die Grundlinien der Philosophie des Rechts, Hamburg 1999, § 329.

unerwähnt geblieben ist.[14] *Lockes* Theorie der Gewaltenteilung und der auswärtigen Gewalt ist die meist zitierte politische Theorie[15] zur außenpolitischen Prärogative der Exekutive. Dementsprechend wird sich deren Kritik auch an seiner Abhandlung orientieren.

Bevor die Naturgesetzlichkeit der Außenpolitik, die *Locke* zufolge exekutiver Art ist, untersucht wird, sollte zunächst die dogmatische Herleitung seiner These hinterfragt werden. Dies erfordert, *Lockes* These hinsichtlich der auswärtigen Gewalt, anders als bisher, nicht isoliert, sondern im Geflecht seiner Gewaltenteilungslehre und seiner Legitimitätstheorie, zu analysieren. Denn obgleich *Locke* – abweichend von *Hobbes* und *Bodin* – mittels seiner Gewaltenteilungslehre gerade dem Bild eines absoluten Staates entgegentritt und die Legislative als die höchste Gewalt einstuft, überlässt er in seiner Gewaltenteilungslehre der Exekutive die auswärtige Gewalt. Diese Herangehensweise ermöglicht zu erforschen, ob seine These hinsichtlich der auswärtigen Gewalt seiner eigenen Legitimations- und Gewaltenteilungstheorie standzuhalten vermag. Insofern handelt es sich um eine seiner These immanente Kritik.

Sachlich begründet *Locke* seine These vor allem mit der Natur der auswärtigen Gewalt, denn die Außenpolitik sei nicht normierbar. Der Einwand der Unnormierbarkeit der Außenpolitik wird bis heute noch zur Begründung der außenpolitischen Prärogative der Exekutive bemüht. Dabei drängt sich zunächst die Frage auf, was mit der Naturgesetzlichkeit gemeint ist, denn die Außenbeziehungen eines Staates, wie der Staat als solcher, sind kein naturgesetzliches Phänomen, sondern eine menschliche Konzeption. Das gleiche gilt für den der These der Unnormierbarkeit zugrundeliegenden Gesetzesbegriff.

Nähme man eine herkömmlich unnormierbare Sachnatur der Außenpolitik dennoch an, so muss gleichzeitig der Sachwandel hinreichend erwogen werden, denn eine Rechtsordnung muss auch auf die neuen Herausforderungen eine Antwort finden.[16] Gedacht sei an dieser Stelle an die zunehmende Globalisierung, die mit einer Verschiebung der internen Gewaltenteilung der Staaten zugunsten

---

[14] Selbst im englischsprachigen Raum ist *Lawson* kaum in die politische Theorien des. 17. Jahrhunderts eingedrungen. Die Anonymität von *Lawson* dürfte zum einen darauf zurückzuführen sein, dass seine Ideen seiner Zeit voraus gingen und erst im Zuge der englischen Revolution an Aktualität und Geltung gewonnen haben, die dann dem Theoretiker dieser Zeit *Locke* zugutekamen, und zum anderen der Präzision zugeschrieben werden, die *Locke* anders als anderer Staatstheoretiker seiner Zeit bei der Abhandlung der Regierung und deren Gewalten zutage gelegt hat. (*Maclean*, Cambridge Historical Journal 9 (1947), S. 69). Dies mag zwar die Popularität von *Locke* erklären, rechtfertigt allerdings die Missachtung von *Lawson* in der Rechtswissenschaft nicht.

[15] Vgl. u. a. *Huber*, Verfassungsrecht des Großdeutschen Reiches, 2. Aufl., Hamburg 1939, S. 261; *Treviranus,* Außenpolitik im demokratischen Rechtsstaat, Tübingen 1966, S. 92; *Seidel,* Der Bundespräsident als Träger der auswärtigen Gewalt, Berlin 1972, S. 35 f.; *Bestor*, Seton H. L. Rev. 5 (1973-1974), 527-665; *Prakash/Ramsey,* The Executive Power over Foreign Affairs, YLJ 111 (2001), 231-356; *Biehler,* Auswärtige Gewalt, Auswirkung auswärtiger Interessen im innerstaatlichen Recht, Tübingen 2005, S. 33 f.; *Hill/Smith* (Hrsg.), International Relations and the European Union, 2. Aufl., Oxford 2011; *Grewe,* Auswärtige Gewalt, in: Isensee/Kirchhof (Hrsg.), Handbuch des Staatsrechts, Bd. 3, München 1988, S. 921-975; *Tomuschat,* Der Verfassungsstaat im Geflecht internationaler Beziehungen, VVDStRL 36 (1978), S. 14 f; *Krajewski,* in: v. Arnauld (Hrsg.), EnzEuR Bd. 10, § 3, Rn. 150.

[16] *Hatje,* Der Rechtsschutz, a.a.O. (Kap. 1, Fn. 8), S. 17.

der Exekutive einhergehen.[17] Diesen Herausforderungen wird nur durch eine internationale Rechtssetzung begegnet werden können. Vermag das herkömmliche Verständnis der Außenpolitik diese Aufgabe nicht in der Weise zu erfüllen, dass sie auch hinreichend demokratisch legitimiert ist, so ist es höchste Zeit, die herkömmlichen Grundsätze der Außenpolitik zu überdenken und gegebenenfalls aufzukündigen.

Maßstab demokratischer Legitimation der europäischen Außenpolitik und der institutionellen Zuordnung der auswärtigen Gewalt der Union bleibt das zu erarbeitende Demokratieprinzip der Union, dem das Prinzip der Einzelermächtigung unionsspezifische Konturen setzt. Zwar hängt die institutionelle Zuweisung der auswärtigen Gewalt mit dem vorgegebenen verfassungsrechtlichen Gepräge der Gewaltenteilung[18] zusammen, so dass der Wille des demokratischen Gesetzgebers und im Hinblick auf die Europäische Union, der Wille der Herren der Verträge, den *Status quo* zu rechtfertigen vermag. Dennoch ist ein solcher Hinweis[19] auf das positive Recht – zumal sich das Verfassungsrecht so oft erst richterrechtlich entfaltet[20] – zu kurz gegriffen, will die Rechtswissenschaft nicht eine „Rechtswissenschaft ohne Recht"[21] sein. Vielmehr stellt das Demokratieprinzip als ein grundlegendes Prinzip[22] und die Maxime eines selbstbestimmten Zusammenlebens innerhalb der Union, ein offenes Konzept dar, welches stets zu optimieren gilt.[23]

---

[17] Vgl. dazu *Grimm,* Die Verfassung im Prozess der Entstaatlichung, in: Brenner/Huber/Möstl (Hrsg.), Der Staat des Grundgesetzes – Kontinuität und Wandel, FS-Badura, S. 145 (156 ff.); zur Relativität der Staatsgewalt siehe *Sangi,* Wessen Gewalt? Die Macht der Verfassung oder die Verfassung der Macht, in: Heschl/Juri/Neubauer/Pirker/Scharfe/Wagner/Willgruber (Hrsg.), L'État, c'est quoi? Staatsgewalt im Wandel, Baden-Baden 2015, S. 17-36.

[18] Zur Differenzierung von Gewaltenteilung, Gewaltentrennung und Gewaltengliederung vgl. *S. Weiß*, Auswärtige Gewalt und die Gewaltenteilung, Berlin 1971, S. 13, Anm. 2; *Schneider,* Zur Problematik der Gewaltenteilung im Rechtsstaat der Gegenwart, AöR 62 (1957), S. 1; im Sinne von Gewaltengliederung *Möllers*, Die Drei Gewalten, Legitimation der Gewaltengliederung in Verfassungsstaat, Europäischer Integration und Internationalisierung, Weilerwist 2008; ferner *Waldron,* Separation of Powers or Division of Power? New York University, School of Law, Public Law and Legal Theory, Research Paper Series, Working Paper NO. 12-20, May 2012.

[19] Abgesehen davon, ob sich dieser Hinweis angesichts bestrittener Verfassungsqualität ohne weiteres auf das europäische Primärrecht übertragen lässt. Vgl. zu Verfassungscharakter und Verfassungsqualität der Gründungsverträge die Diskussion bei *Grimm*, Does Europe Need a Constitution? ELJ 1 (1995), S. 282-302 und *Habermas*, Why Europe Need a Constitution? New Left Rev. 11 (2001), S. 5-26.

[20] Zur Rolle des Bundesverfassungsrechts in der BRD und dessen Kritik siehe die kritische Bilanz v. *Jestaedt/Lepsius/Möllers/Schönberger*, Das entgrenzte Gericht, Berlin 2001.

[21] So der Titel des Buches von *Nelson,* Die Rechtswissenschaft ohne Recht, Die kritischen Betrachtungen über die Grundlagen des Staats- und Völkerrechts, insbesondere über die Lehre von der Souveränität, Leipzig 1917.

[22] EuGH, Slg. 1980, 3333, 3360.

[23] Vgl. dazu *Hatje,* Demokratie in der Europäischen Union – Plädoyer für eine parlamentarisch verantwortliche Regierung der EU, Manuskript 2015, S. 1, der von einem Optimierungsgebot spricht.

IV. Das Europäische Parlament in den europäischen Außenbeziehungen

Sind Maßstäbe für die institutionelle Zuordnung der auswärtigen Gewalt entwickelt, herkömmliche Grundsätze der Außenpolitik herausgearbeitet und kritisch gewürdigt worden, so kann die rechtliche Stellung des Europäischen Parlaments in der europäischen Außenpolitik umgehend erforscht, mit den untersuchten Referenzsystemen verglichen und schließlich an den entwickelten Maßstäben gemessen werden. Dabei gilt dem Zustimmungsverfahren im Rahmen der vertraglichen Außenpolitik ein besonderes Augenmerk, denn es sichert dem Europäischen Parlament, wie es sich im Verlauf der Untersuchung zeigen wird, sein effektivstes außenpolitisches Instrumentarium, nämlich das Zustimmungserfordernis. Die theoretische Untersuchung des Zustimmungserfordernisses im Rahmen des Zustimmungsverfahrens, als das außenpolitische Rechtserzeugungsverfahren der Union, wird durch deren Untersuchung in der Praxis anhand von drei Fallstudien komplementiert. Denn die Bedeutung und Legitimationskraft des Zustimmungserfordernisses des Europäischen Parlaments ist auch durch dessen praktischen Einsatz und Verlauf bedingt.

B. Gang der Untersuchung

Die vorliegende Arbeit untersucht die rechtliche Stellung des Europäischen Parlaments in der europäischen Außenpolitik und dessen Bedeutung für die Legitimation der europäischen Außenpolitik in Theorie und Praxis. Zu diesem Zweck soll zunächst anhand nationalstaatlicher Konzeption der Außenpolitik erläutert werden, was unter Außenpolitik und auswärtiger Gewalt zu verstehen ist (Kap. 2 A., B.). Anschließend wird das deutsche Rechtssystem im Hinblick auf das Verhältnis von Legislative und Exekutive im Bereich der auswärtigen Gewalt, als eine unionsinterne Referenz bemüht (Kap. 2 C. I.). Als unionsexterne Referenz wird das System der auswärtigen Gewalt der USA ebenfalls in Bezug auf das Spannungsverhältnis der Legislative und Exekutive herangezogen, um mögliche Parallelentwicklungen und Entwicklungsperspektiven aufzuzeigen (Kap. 2 C. II.). Die Erkenntnisse aus der vergleichenden Analyse beider Referenzsysteme spielen aber auch bei weiterem Verlauf der Untersuchung eine Rolle, als sie letzten Endes zur Beurteilung des Entwicklungsstandes des Europäischen Parlaments bemüht werden (Kap. 5 C. III.).

Ist die nationalstaatliche Konzeption der auswärtigen Gewalt im Hinblick auf die Rolle des Parlaments untersucht worden, so wird anschließend die supranationale Prägung der Außenpolitik und auswärtigen Gewalt in den Blick genommen. Dabei wird zunächst untersucht, inwieweit sich diese Begriffe in das Unionsrecht integriert haben, sowie was überhaupt den Gegenstand der europäischen Außenpolitik bildet. (Kap. 3 A.-E.). Daran anknüpfend wird geprüft, wie die auswärtige Gewalt der Union institutionell verteilt ist und was der Maßstab deren institutioneller Zuordnung bildet (Kap. 3 F.-G.). Ausgehend von verfassungsprinzipiellen

Grundsätzen des auswärtigen Handelns der Union wird dann der Grundsatz der demokratischen Legitimation als Maßstab institutioneller Zuweisung der auswärtigen Gewalt bemüht (Kap. 3 G. I.-V.). Dabei hat die Arbeit nicht zum Ziel die Debatte um das Demokratiedefizit der EU und ihre Legitimation umfassend abzuarbeiten. Die offenen Fragen der Legitimationsstruktur der EU sind bereits Gegenstand eingehender rechtstheoretischer, politikwissenschaftlicher und philosophischer Abhandlungen gewesen, die man schwer überbieten kann, wenn man nicht in den berechtigten Verdacht der Reproduktion geraten will. In dieser Hinsicht bedient sich die Arbeit der Früchte bisheriger Untersuchungen und legt dabei die eigene Position hinsichtlich des Maßstabs der demokratischen Legitimation der Ausübung der Hoheitsgewalt durch die Union fest. Im Anschluss daran wird geprüft, ob die „naturgesetzliche" außenpolitische Prärogative der Exekutive, eine Ausnahme von dem so erarbeiteten Maßstab rechtfertigt. Zur Klärung dieser Frage erfolgt eine kritische Würdigung dieses Grundsatzes sowie dessen Ursprungs und Argumentationslinien (Kap. 4).

Vor diesem Hintergrund wird dann die Rolle des Europäischen Parlaments in der europäischen Außenpolitik im Einzelnen beleuchtet (Kap. 5 A.) und mit den außenpolitischen Kompetenzen der untersuchten Referenzparlamente in Beziehung gesetzt. (Kap. 5 C. III.) Die theoretische Untersuchung der außenpolitischen Stellung des Europäischen Parlaments wird durch drei Fallstudien, die den faktischen außenpolitischen Einfluss des Europäischen Parlaments in der Praxis untersuchen, komplementiert (Kap. 5 B.). Die Arbeit schließt mit einer kritischen Würdigung der Rolle des Europäischen Parlaments in der europäischen Außenpolitik und dessen demokratischer Legitimationsleistung sowie Legitimationspotenzial, anhand derer die Notwendigkeit einer Innovation der Außenpolitik begründet wird (Kap. 5 D). Ein Gesamtergebnis nebst Entwicklungsperspektiven rundet die Darstellung ab (Kap. 6).

Kapitel 2 Außenpolitik und auswärtige Gewalt – Die nationalstaatliche Konzeption

Dem Kapitel vorangestellt ist eine Klärung der Begriffe der Außenpolitik und der auswärtigen Gewalt. Obgleich diese Begriffe in der Literatur zum Teil sinnverwandt angewendet werden, weisen sie *in natura* einen unterschiedlichen Gehalt auf, den es hier herauszuarbeiten gilt.

A. Außenpolitik

Unter Außenpolitik wird allgemein die Kunst verstanden, das Staatswesen in seinem Verhältnis zu anderen Völkerrechtssubjekten zu führen, zu ordnen, zu behaupten und zu erhalten. Es geht um die Gestaltung der Beziehungen des Staates[1], die sich aus seiner Stellung in der Völkerrechtsgemeinschaft ergeben und daher als auswärtige Angelegenheiten bezeichnet werden.[2] Im Mittelpunkt stehen also die staatlichen Akteure und ihre nach eigenen Interessen gerichteten Handlungen gegenüber ihrem Umfeld.[3]

Abzugrenzen ist der Begriff der Außenpolitik zunächst von dem der internationalen Politik, der sich mit der Betrachtung der grenzüberschreitenden Handlungszusammenhänge aus einer Vogelperspektive befasst. Demgegenüber handelt sich

[1] *Reichel*, Die auswärtige Gewalt nach dem Grundgesetz für die Bundesrepublik Deutschland vom 23.05.1949, Berlin 1967, S. 24; *Seidel*, a.a.O. (Kap. 1, Fn. 15), S. 30.

[2] *Borer*, Das Legalitätsprinzip und die auswärtigen Angelegenheiten, Basel/Frankfurt am Main 1986, S. 395.

[3] *Hellmann/Wagner/Baumann*, Deutsche Außenpolitik, Eine Einführung, 2. Aufl., Wiesbaden 2014, S. 14.; *Krippendorff*, Ist Außenpolitik *Außen*politik?, PVS (4) 1963, 243-266. *Grewe*, Außenpolitik, in: Görres Gesellschaft (Hrsg.), Staatslexikon. Recht, Wirtschaft, Gesellschaft, Bd. 1, 7. Aufl., Freiburg 1985, 439-448.

R. Sangi, *Die auswärtige Gewalt des Europäischen Parlaments*, Beiträge zum ausländischen öffentlichen Recht und Völkerrecht,
https://doi.org/10.1007/978-3-662-54423-5_2

bei der Außenpolitik um eine Analyse der Beziehungen zu anderen Akteuren aus der Perspektive des Handelnden. Im Mittelpunkt der Außenpolitik stehen damit die Handlungen einzelner Staaten.[4]

Unterschieden wird die Außenpolitik ferner von transnationaler Politik. Anders als die transnationale Politik stehen bei der Analyse der Außenpolitik jene Akteure im Mittelpunkt, die aufgrund bestimmter Legitimationsverfahren für die jeweiligen Staaten sprechen können. Bei transnationaler Politik geht es dagegen um Handlungen nichtstaatlicher Akteure wie zum Beispiel von Parteien, transnational operierender Unternehmen oder Nichtregierungsorganisationen.[5]

Schließlich wird der Begriff der Außenpolitik in Abgrenzung zum Begriff der Innenpolitik definiert. Diese Differenzierung nach Außen- und Innenpolitik birgt die Unterstellung, dass die beiden Sphären unterschiedlichen Regeln folgen. Die Innenpolitik ist demnach eine Sphäre des Politischen, die idealerweise auf einer stets *hierarchischen* und meist auch *legitimen* Organisation von Herrschaft beruht.[6] Hingegen entfaltet sich die Außenpolitik in der Sphäre der internationalen Politik in einem eher *anarchischen* Umfeld, da eine den Staaten übergeordnete zwingende Autorität nicht existiert. Damit wird die Sphäre der Außenpolitik als Ausdruck häufig nicht legitimierter Machtverhältnisse begriffen.[7] Zwar hat sich die Betonung der Differenzierung zwischen Innen- und Außenpolitik inzwischen reduziert.[8] Ein Einblick in die staatliche Organisation beinahe aller Staaten verdeutlicht aber, dass ihnen diese Differenzierung, sei es auch nur implizit, immanent ist.[9]

Zusammenfassend lässt sich folgende Definition festhalten: Von Außenpolitik sind jene Handlungen staatlicher Akteure erfasst, die auf die Ermöglichung und Herstellung von kollektiv bindenden Entscheidungen in den internationalen Beziehungen abzielen.[10]

---

[4] *Hellmann/Wagner/Baumann, ibid.,* S. 15.

[5] *Ibid,* S. 15 m. w. N.

[6] *Ibid.,* S. 15. Hervorhebungen im Original.

[7] *Ibid.,* S. 15; auf diese Dimension weist auch *Krippendorff* hin, vgl. Kritik der Außenpolitik, Frankfurt am Main 2000.

[8] Vgl. dazu zusammenfassend *List/Behrens/Reichardt/Simonis,* Internationale Politik, Probleme und Grundbegriffe, Opladen 1995, S. 17-18; Die Relativierung dieser Differenzierung dokumentiert auch *Grimm,* Verfassung im Prozess der Entstaatlichung, a.a.O. (Kap. 1, Fn. 17); *Krajewski,* in: v. Arnauld, EnzEuR Bd. 10, § 3, Rn. 152.

[9] Das Grundgesetz z. B. beinhaltet zwar keine ausdrückliche Differenzierung, spricht aber von „auswärtigen Angelegenheiten" in Art. 73 Abs. 1 Nr. Var. 1 sowie Art. 45a Abs. 1 GG; vgl. auch Art. 32 Abs. 1 GG, der von „auswärtigen Beziehungen" spricht.

[10] *Hellmann/Wagner/Baumann,* a.a.O. (Kap. 2, Fn. 3), S. 15, 16; *Luhmann,* Staat und Politik: Zur Semantik der Selbstbeschreibung politischer Systeme, in: Bermbach (Hrsg.), Politische Theoriengeschichte. Probleme einer Teildisziplin der Politischen Wissenschaft, PVS-Sonderheft 15/1984, Opladen 1984, S. 103.

B. Auswärtige Gewalt

Der Terminus der auswärtigen Gewalt ist mehrdeutig.[11] Während der Begriff der *Gewalt* eine Qualifizierung der auswärtigen Gewalt als eine vierte Gewalt im Sinne des Prinzips der Gewaltenteilung nahelegt, plakatiert der Ausdruck des *Auswärtigen* die Abgrenzung einer Außensphäre von einer Innensphäre.[12] Im ersteren Sinne qualifizierte *Locke* die auswärtige Gewalt zunächst als eine authentische Gewalt neben der Legislative und Exekutive.[13] In Anlehnung daran wurde teilweise angenommen, dass sich die auswärtige Gewalt nicht innerhalb der Gewaltentrias eingliedern lasse[14], sondern eine Gewalt *sui generis* darstelle.[15] Insgesamt stehe die auswärtige Gewalt der inneren Gewalt gegenüber, wobei allein Letzteres seit dem Aufkommen des Gewaltenteilungssystems als gesetzgebende, ausführende und richterliche Gewalt unterschieden werde.[16] Heute wird allgemein nicht mehr bestritten, dass die auswärtige Gewalt keine eigenständige Gewalt darstellt, vielmehr haben die bestehenden drei Organgruppen auch die Pflege der internationalen Beziehungen mit zu erledigen.[17]

Diskutiert wurde ferner, ob unter dem Begriff der auswärtigen Gewalt die Zuständigkeiten hinsichtlich der auswärtigen Angelegenheiten zu verstehen sind oder die auf Grund dieser Zuständigkeiten folgende Tätigkeit.[18] Diese Differenzierung ist freilich nur künstlicher Art, denn eine Zuständigkeit besteht immer für eine Tätigkeit. So wie die Finanzgewalt nicht irgendeine Befugnis, sondern die Befugnis umfasst, in finanziellen Angelegenheiten tätig zu werden, so beinhaltet die auswärtige Gewalt die Befugnis, in auswärtigen Angelegenheiten Entscheidungen zu treffen bzw. zu handeln.

[11] Der Begriff der auswärtigen Gewalt tauchte erstmals in der deutschen Staatsrechtslehre in 1892 in einer Überschrift des Lehrbuches von *Albert Haenel* auf. Unter diesem Begriff fasste *Haenel* die Gesamtheit aller Zuständigkeit und Funktionen staatlicher Organe zusammen, welche die auswärtigen Beziehungen betrafen (*Haenel,* Die Grundlagen des deutschen Staates und die Reichsgewalt, Bd. 1, Leipzig 1892, Kap. V.); vgl. *Grewe*, in: Isensee/Kirchhof a.a.O. (Kap. 1, Fn. 15), § 77, Rn. 1.

[12] Vgl. dazu *Fastenrath,* Kompetenzverteilung im Bereich der auswärtigen Gewalt, München 1986, S. 62.

[13] *Locke,* Two Treatises of Government, P. Laslett (Hrsg.), Cambridge 1988, Second Treatise (II), § 147.

[14] *S. Weiß,* a.a.O. (Kap. 1, Fn. 18), S. 61; So auch *Stüben,* Die Grenze der parlamentarischen Kontrolle beim Abschluss von Verträgen der Bundesrepublik mit dem Ausland, Göttingen 1957, S. 1, 103.

[15] *S. Weiß, ibid*., S. 61 m. w. N.

[16] *Wolgast,* Die auswärtige Gewalt der Bundesrepublik, Diskussionsbeitrag, VVDStRL 12 (1954), S. 222; *Schiffmann,* Die Frage der Mitwirkung der parlamentarischen Körperschaften bei der Aufhebung völkerrechtlicher Verträge. Untersuchungen zur vertragschließenden Gewalt nach dem Grundgesetz der Bundesrepublik Deutschland, Tübingen 1962, S. 102; *S. Weiß, ibid.*, S. 61.

[17] *S. Weiß, ibid.,* S. 62; *Ehrenzeller,* Legislative Gewalt und Außenpolitik, Eine rechtsvergleichende Studie zu den parlamentarischen Entscheidungskompetenzen des deutschen Bundestages, des amerikanischen Kongresses und der schweizerischen Bundesversammlung im auswärtigen Bereich, Basel/Frankfurt am Main 1993, S. 18; *Röben,* Außenverfassungsrecht, Eine Untersuchung zur auswärtigen Gewalt des offenen Staates, Tübingen 2007, S. 1.

[18] So *Bleckmann*, Grundgesetz und Völkerrecht, Ein Studienbuch, Berlin 1975, S. 201.

Der Begriff der auswärtigen Gewalt lässt sich aber nach internationalen und innerstaatlichen Bestandsteilen differenzieren. International betont der Begriff der auswärtigen Gewalt die Handlungsfähigkeit des einzelnen Staates, also die Fähigkeit im internationalen Verkehr politisch und rechtlich wirksam zu handeln.[19] Hingegen umschreibt sie innerstaatlich die Befugnis, Entscheidungen unterschiedlichster Art mit bindender Wirkung über die territorialen und personalen Grenzen des eigenen Hoheitsgebiets hinaus zu treffen.[20] Die internationale Komponente der auswärtigen Gewalt konzentriert sich auf die Frage der Rechtsformen internationalen Handelns, während die innerstaatliche sich mit der Frage der inneren Zuständigkeit und den Trägern der auswärtigen Gewalt beschäftigt.[21] Sie bildet daher die maßgebliche Komponente für die Herausarbeitung der rechtlichen Stellung der Akteure der Außenpolitik, denn sie betrifft die Frage der Entscheidungsbefugnis über die auswärtigen Angelegenheiten, das heißt die Gesamtheit aller Zuständigkeiten und staatlicher Funktionen, die die Gestaltung der Beziehungen eines Staates zu anderen Staaten oder anderen Völkerrechtssubjekten anbelangen.[22] Daher ist der Vorschlag, den Begriff der auswärtigen Gewalt durch die „Zuständigkeit in auswärtigen Angelegenheiten" zu ersetzen[23], in der Sache berechtigt. In den wissenschaftlichen Sprachgebrauch hat er sich freilich kaum integriert.[24]

C. Die nationalstaatliche Tradition der auswärtigen Gewalt – Eine vergleichende Analyse

Die Entscheidung der europäischen Verträge über eine bestimmte institutionelle Zuordnung der auswärtigen Gewalt, konkret über die rechtliche Stellung des Europäischen Parlaments in den europäischen Außenbeziehungen wird vor der Folie

---

[19] *Kewenig,* Auswärtige Gewalt, in: Schwarz (Hrsg.), Handbuch der deutschen Außenpolitik, München 1975, S. 37.

[20] *Ibid.,* S. 37.

[21] *Ibid.,* S. 37.

[22] Zum Begriff der auswärtigen Gewalt vgl. *Tomuschat,* Auswärtige Gewalt, in: Ergänzbares Lexikon des Rechts, Neuwied 1984, Nr. 5/30, S. 1-5; *Grewe,* in: Görres Gesellschaft, a.a.O. (Kap. 2, Fn. 3), Sp. 463; *Grewe,* in: Isensee/Kirchhof a.a.O. (Kap. 1, Fn. 15), § 77, Rn. 1; *Reichel,* a.a. O. (Kap. 2, Fn. 1), S. 21 ff; *Schuppert,* Die verfassungsgerichtliche Kontrolle der Auswärtigen Gewalt, Baden-Baden 1973, S. 19 ff; *Pilz,* Der Auswärtige Ausschuss des Deutschen Bundestages und die Mitwirkung des Parlaments an der auswärtigen und internationalen Politik, Berlin 2008, S. 101 ff.

[23] So *Kewenig,* Auswärtige Gewalt, *ibid.,* S. 39; Bedenken gegen den Begriff der auswärtigen, Gewalt finden sich bei *Bültmann,* Der Abschluss völkerrechtlicher Verträge nach dem Grundgesetz, Köln 1968, S. 9.

[24] *S. Weiß* lehnt Bedenken gegen den Begriff der auswärtigen Gewalt mit dem Argument ab, es hätten sich in gleicher Weise Begriffe wie „Wehrgewalt", „Finanzgewalt", „Prüfungsgewalt" und „Organisationsgewalt" zur Bezeichnung der Wahrnehmung eines bestimmten Sachbereichs staatlicher Tätigkeit eingebürgert, ohne dass damit eine Auflösung der traditionellen Dreiteilung angenommen worden wäre (a.a.O. (Kap. 1, Fn. 18), S. 13, Anm. 1.).

der nationalstaatlichen Tradition der auswärtigen Gewalt und der außenpolitischen Befugnisse nationaler Parlamente besonders deutlich. Die vergleichende Analyse dient der späteren Bewertung der außenpolitischen Rolle des Europäischen Parlaments im Vergleich zu nationalstaatlichen Parlamenten. Zu diesem Zweck werden zwei föderale Regierungssysteme, die parlamentarische Demokratie der Bundesrepublik Deutschland und die präsidiale Demokratie der Vereinigten Staaten, als Referenzsysteme bemüht. Dabei soll kein sklavischer Vergleich der Referenzsysteme erfolgen. Im Mittelpunkt der rechtsvergleichenden Darstellung stehen die Rechte und Funktionen der Parlamente einschließlich der jüngsten Entwicklungen im Verhältnis zur Exekutive.

I. Parlamentarische Demokratie der Bundesrepublik

Dass die Außenpolitik originär eine Domäne der Exekutive ist, stellte noch zu Zeiten von Bismarck einen indiskutablen Fakt dar.[25] Obgleich bis 1914 die Außenpolitik selbst in wesentlichen Fragen in der Regel ohne Konsultation und Information des Parlaments betrieben wurde, war dem Parlament nicht jeglicher Einfluss hinsichtlich außenpolitischer Fragen entzogen. Auch zu dieser Zeit stellte das Budgetrecht eine „Hintertür" dar, über die das Parlament auf die Außenpolitik des Bundes einwirken konnte.[26] Denn die Regierung war zur Ausführung der Außenpolitik und vor allem der außenpolitischen Geschäfte auf die Zuweisung der hierfür nötigen Mittel durch das Parlament angewiesen.[27]

Ein Durchbruch gelang dem Parlament aber erst mit der Umwandlung des Kaiserreichs in eine parlamentarische Monarchie.[28] Das verfassungsändernde Reichgesetz vom 28.10.1918 setzte die Zustimmung des Bundesrats und des Reichstages zur Kriegserklärung voraus. Teilweise wurde damit schon von einer Parlamentarisierung der auswärtigen Gewalt in vollem Umfang gesprochen.[29] Dies ist zwar in der Sache irreführend, zeigt jedoch den Durchbruchscharakter anfänglicher Parlamentarisierungsversuche. Neue Entwicklungen hinsichtlich der auswärtigen Gewalt brachte dann die Weimarer Verfassung mit sich. Neben der weitergehenden Zentralisierung der Außenkompetenzen und deren Zuordnung zu Reichspräsident und Reichsregierung erweiterte die Weimarer Verfassung die parlamentarischen

---

[25] *Pilz*, a.a.O. (Kap. 2, Fn. 22), S. 28 m. w. N.

[26] *Ibid.*, S. 30.

[27] *Huber,* Deutsche Verfassungsgeschichte seit 1789, Bismarck und sein Reich Bd. 3, 3. Aufl., Stuttgart [et. al.] 1988, S. 100, 957, 943; *Rieder*, Die Entscheidung über Krieg und Frieden nach deutschem Verfassungsrecht, Berlin 1984, S. 213; *Pilz, ibid.*, S. 30 f.

[28] Ausführlich zu der verfassungsgeschichtliche Entwicklung der auswärtigen Gewalt im Hinblick auf die föderale Struktur in Deutschland *Grewe*, in: Isensee/Kirchhof, a.a.O. (Kap. 1, Fn. 15), § 77, Rn. 19-32.

[29] So *Huber, ibid.,* S. 944; Vgl. dazu *Grewe* in: Isensee/Kirchhof, a.a.O. (Kap. 1, Fn. 15), § 77, Rn. 19, Anm. 19.

Mitwirkungsrechte.[30] Die Entwicklung parlamentarischer Teilhaberechte und Informationsrechte zeichnete sich ferner in der Einrichtung eines ständigen Auswärtigen Ausschusses des Reichstages für die auswärtige Angelegenheiten ab[31], welcher die Führung der Außenpolitik durch die Regierung begleiten und kontrollieren sollte und darüber hinaus als ein Untersuchungsausschuss agieren konnte.[32]

1. Die auswärtige Gewalt nach dem Grundgesetz

Mit dem Grundgesetz ist die außenpolitische Rolle des Parlaments weiter aufgewertet worden. Der Terminus der auswärtigen Gewalt findet sich nicht im Grundgesetz. Er wird aus den Begriffen „Pflege der Beziehungen", in Art. 32 Abs. 1, „völkerrechtliche Vertretung" in Art. 59 und „auswärtige Angelegenheiten" in Art. 73 Ziff. 1 hergeleitet. Das Grundgesetz enthält keine zusammenhängende Kompetenzzuordnung für die auswärtigen Angelegenheiten.[33] Daher wird die Zuordnung der auswärtigen Gewalt erst anhand von einzelnen Befugnisnormen und aus den Grundprinzipien der Verfassung, insbesondere aus dem im Art. 20 Abs. 2 S. 2 GG verankerten Gewaltenteilungsprinzip[34] hergeleitet.[35] Art. 20 Abs. 2 GG begründet zwar ein System der geteilten Gewalten, freilich ohne sich zu einer konkreten Komposition zu bekennen. Deshalb hat die auswärtige Gewalt erst durch die Rechtsprechung des Bundesverfassungsgerichts eine konkrete institutionelle Zuordnung erhalten.[36]

---

[30] *Grewe, ibid.,* § 77, Rn. 25. Hervorzuheben ist insbesondere die Verankerung des Mitentscheidungsrechts des Reichstags in Art. 45 WRV, der für die Kriegserklärung und Friedensschluss ein Reichsgesetz vorsah. Zudem dehnte Art. 45 Abs. 2 WRV das Erfordernis eines Reichsgesetzes zum Abschluss von Staatsverträgen, die sich auf Gegenstände der Reichsgesetzgebung bezogen, auf Bündnisse aus, siehe Art. 11 WRV (*ibid.,* Rn. 27).

[31] Art. 35 WRV: „Der Reichstag bestellt einen ständigen Ausschuss für auswärtige Angelegenheiten, der auch außerhalb der Tagung des Reichstages und nach Beendigung der Wahlperiode oder der Auflösung des Reichtages tätig werden kann. Die Sitzungen dieses Ausschusses sind nicht öffentlich, wenn nicht der Ausschuss mit Zweidrittelmehrheit die Öffentlichkeit beschließt. Der Reichstag bestellt ferner zur Wahrung der Rechte der Volksvertretung gegenüber der Reichsregierung für die Zeit außerhalb der Tagung und nach Beendigung einer Wahlperiode oder der Auflösung des Reichtages bis zum Zusammentritt des neuen Reichtages einen ständigen Ausschuss. Diese Ausschüsse haben die Rechte von Untersuchungsausschüssen." (Fassung des Änderungsgesetzes vom 15.12.1923, BGBl. 1923, S. 1185).

[32] Zur Bestrebungen zur Einsetzung eines Ausschusses für auswärtige Angelegenheiten in der Kaiserzeit siehe *Pilz,* a.a.O. (Kap. 2, Fn. 22), S. 35-44.

[33] Aus Art. 73 Ziff. a GG kann nicht hergeleitet werden, dass die auswärtigen Angelegenheiten der Legislative übertragen sind, denn Art. 73 regelt das Bund-Länder-Verhältnis.

[34] Zur legitimationstheoretischen Begründung der Gewaltenteilung vgl. *Möllers,* Gewaltengliederung, Legitimation und Dogmatik im nationalen und internationalen Rechtsvergleich, Tübingen 2005; *ders,* Die Drei Gewalten, a.a.O. (Kap. 1, Fn. 18).

[35] *Baade,* a.a.O. (Kap. 1, Fn. 9), S. 122.

[36] Zur Kritik der Rolle des Bundesverfassungsrechts in der BRD vgl. *Jestaedt/Lepsius/Möllers/Schönberger,* Das entgrenzte Gericht, a.a.O. (Kap. 1, Fn. 20); zur Bedeutung des Richterrechts vgl. *Hirsch,* Weder Diener des Gesetzes, noch Komponist - Richter und Gesetzgeber bilden eine Symbiose mit flexibler Arbeitsteilung, ZRP 2009, S. 253-254; *ders.,* Der Richter wird's schon richten, ZRP 2006, S. 161.

2. Die auswärtige Gewalt in der Rechtsprechung des Bundesverfassungsgerichts

Nach der ständigen Rechtsprechung des Bundesverfassungsgerichts habe das Grundgesetz im Bereich der auswärtigen Politik in Anknüpfung an die traditionelle Staatsauffassung der Regierung einen weit bemessenen Spielraum zu eigenverantwortlicher Aufgabenwahrnehmung überlassen. Die Rolle des Parlaments als Gesetzgebungsorgan sei schon aus Gründen der Funktionsgerechtigkeit in diesem Bereich beschränkt.[37]

Diese Ansicht geht auf die Kernbereichstheorie des Bundesverfassungsgerichtes zurück, der zufolge in der parlamentarischen Demokratie grundsätzlich dem Parlament die Rechtssetzung und der Exekutive die Regierung und Verwaltung vorbehalten sei. Nach Art. 65 GG bestimme der Bundeskanzler die Richtlinien der Politik und trage dafür Verantwortung. Die Vermutung spreche für die Ausschließlichkeit dieser ausdrücklichen Zuständigkeit der Regierung. Hierzu gehöre auch die Führung der Außen- und Handelspolitik. Der Bundestag könne diese Funktion der Regierung nicht übernehmen, soweit ihm nicht ausdrücklich Regierungsaufgaben zugewiesen seien. Das Parlament könnte sein Unbehagen nur über Ausübung seiner Kontrollrechte zum Ausdruck bringen, in dem es einen neuen Kanzler wähle oder auf seine Haushaltskompetenzen zurückgreife.[38]

Eine Ausnahmebefugnis des Parlaments im Bereich der auswärtigen Gewalt begründe Art. 59 Abs. 2 GG[39], der im Lichte des Art. 20 Abs. 2 GG auszulegen sei.[40] Allerdings nähert sich das Bundesverfassungsgericht bei der Auslegung der in Art. 20 Abs. 2 GG verankerten Gewaltenteilung – abweichend von seiner ursprünglich vertretenen Kernbereichstheorie[41] – der Lehre von funktions- und organadäquate Kompetenzordnung[42] an, als es bemerkt: „Die dort [in Art. 20 Abs. 2 GG] als Grundsatz normierte organisatorische und funktionelle Unterscheidung und Trennung der Gewalten dient zumal der Verteilung von politischer Macht und Verantwortung sowie der Kontrolle der Machtträger; sie zielt darauf ab, dass staatliche

---

[37] BVerfGE 68, 1 (87); 49, 89 (125); BVerfGE 104, 151 (207); zuletzt bestätigt im Urteil v. 21.10.2014 – 2 BvE 5/11- Rüstungsexporte, Rn. 136 ff. und Beschluss v. 13.10.2016 – 2 BvE 2/15- NSA-Sektorenlisten, Rn. 130 ff.

[38] BVerfGE 1, 372 (394); 49, 89 (124 f.); 68, 1 (87 f.); *Urteil* v. 21.10.2014 – 2 BvE 5/11-Rüstungsexporte, Rn. 136 f.

[39] BVerfGE 1, 372 (394).

[40] BVerfGE 49, 89 (124 ff.); BVerfGE 68, 1, Rn. 137.

[41] BVerfGE 3, 225 (247); 7, 183 (188); 9, 268 (279 f.); kritisch dazu *Hesse,* Grundzüge des Verfassungsrechts der Bundesrepublik Deutschland, 20. Aufl., Heidelberg 1999, Rn. 481 ff.; *Kewenig,* Staatsrechtliche Probleme parlamentarischer Mitregierung am Beispiel der Arbeit der Bundestagsausschüsse, Bad Homburg 1970, S. 18 ff.; *Ehrenzeller*, a.a.O. (Kap. 2, Fn. 17), S. 12 ff.

[42] *Hesse, ibid.*, Rn. 484 ff.; *Ehrenzeller, ibid,* S. 16; in diesem Sinne auch *Stern,* Das Staatsrecht der Bundesrepublik Deutschland, Bd. 1, 2. Aufl., München 1980/1984, § 36, III, 3; *Zimmer,* Funktion - Kompetenz -Legitimation. Gewaltenteilung in der Ordnung des Grundgesetzes, Berlin 1979, 55 f: von einem organisatorischen Zusammenwirken geht *Böckenförde* aus (Gesetz und gesetzgebende Gewalt, Berlin 1958, S. 138); ebenfalls *S. Weiß,* a.a. O. (Kap. 1, Fn. 18), S. 52; *Friesenhahn,* Parlament und Regierung im modernen Staat, VVDStRL 16 (1958), S. 37 f.

Entscheidungen möglichst richtig, das heißt von den Organen getroffen werden, die dafür nach ihrer Organisation, Zusammensetzung, Funktion und Verfahrensweise über die besten Voraussetzungen verfügen, und sie will auf eine Mäßigung der Staatsgewalt insgesamt hinwirken."[43] Freilich hat das Bundesverfassungsgericht seine Kernbereichstheorie nicht aufgegeben, wie es sich seinem Urteil vom 21.10.2014 – 2 BvE 5/11, Rn. 137 – und seinem Beschluss vom 13.10.2016 – 2 BvE 2/15, Rn. 119 – entnehmen lässt, in denen es von einem *Kernbereich exekutiver Eigenverantwortung* spricht.

Nach Auffassung des Bundesverfassungsgerichts stellt die Begrenzung der den gesetzgebenden Körperschaften im Rahmen des Art. 59 Abs. 2 S. 1 GG eingeräumten Befugnisse ein Element der Gewaltenteilung dar, wie es das Grundgesetz vorsieht. „Die Konzentration politischer Macht, die darin läge, dem Bundestag in auswärtigen Angelegenheiten – über die im Grundgesetz zugeordneten Befugnisse hinaus – zentrale Entscheidungsbefugnisse exekutivischer Natur zuzuordnen, liefe dem derzeit vom Grundgesetz normierten Gefüge der Verteilung von Macht, Verantwortung und Kontrolle zuwider."[44] Schließlich begründet das Gericht die grundsätzliche Zuordnung der auswärtigen Gewalt zur Exekutive damit, „dass institutionell und auf Dauer typischerweise allein die Regierung in hinreichendem Maße über die personellen, sachlichen und organisatorischen Möglichkeiten verfügt, auf wechselnde äußere Lagen zügig und sachgerecht zu reagieren und so die staatliche Aufgabe, die auswärtigen Angelegenheiten verantwortlich wahrzunehmen, bestmöglich zu erfüllen."[45]

3. Die auswärtige Gewalt des Parlaments

Der soeben dargestellten Rechtsprechung des Bundesverfassungsgericht zufolge stellt Art. 59 Abs. 2 GG den Ausgangspunkt und zugleich die Grenze außenpolitischer Rechte der gesetzgebenden Körperschaften dar. Demnach bedürfen Verträge, welche die politischen Beziehungen des Bundes regeln oder sich auf Gegenstände der Bundesgesetzgebung beziehen, der Zustimmung oder der Mitwirkung der jeweils für die Bundesgesetzgebung zuständigen Körperschaften in Form eines Bundesgesetzes. Dabei wird der Begriff der politischen Beziehungen sehr eng ausgelegt. Darunter fallen Verträge, die die Existenz des Staates, seine territoriale Integrität, seine Unabhängigkeit, seine Stellung oder sein maßgebliches Gewicht in der Staatengemeinschaft berühren.[46] Das Politische muss Inhalt und Zweck des Vertrages erfassen.[47] Nicht ausreichend ist, wenn die politische Dimension nur eine Nebenwirkung des Vertrages darstellt.[48]

---

[43] BVerfGE 68, 1 (86).

[44] BVerfGE 68, 1 (86).

[45] BVerfGE 68, 1 (87).

[46] BVerfGE 1, 372 (381); 90, 286 (359).

[47] BVerfGE 1, 372 (382); *Nettesheim*, in: Maunz/Dürig, GG, Art. 59, Rn. 98 ff.

[48] *Streinz*, in: Sachs, GG, Art. 59, Rn. 29; *Schweitzer*, Staatsrecht III, 10. Aufl., Heidelberg [et. al.] 2010, Rn. 164; *Nettesheim*, in: Maunz/Dürig, GG, Art. 59, Rn. 100.

Während bei den politischen Verträgen im Sinne des Art. 59 Abs. 2, 1. Alt. GG die Intensität der Auswirkung des Vertrages auf die Außenbeziehungen der Bundesrepublik und deren Stellung als souveräner Staat im Verhältnis zu anderen Völkerrechtssubjekten im Mittelpunkt steht, liegt der Schwerpunkt bei Art. 59 Abs. 2, 2. Alt GG (sog. gesetzesinhaltlichen Verträgen) auf der innerstaatlichen Rechtswirkung, ohne dass die beiden Arten von Verträgen sich gegenseitig ausschließen.[49] Die ebengenannte 2. Alt stellt zum einen die Übereinstimmung des Völkerrechts mit dem Landesrecht sicher, und zum anderen hindert sie die Exekutive daran, im Außenverhältnis Verpflichtungen einzugehen, die sie im Innenverhältnis ohne die Mitwirkung der Legislative nicht erfüllen kann.[50] Die gesetzgebenden Körperschaften sind nach ihrer Zustimmung gefragt, nicht nur wenn für die Umsetzung der Verträge im Inland der Erlass eines Gesetzes erforderlich ist, sondern schon dann, wenn ein Vertrag sich auf Gegenstände der Bundesgesetzgebung bezieht. Letzteres bemisst sich danach, ob die entsprechende Materie innerstaatlich durch oder aufgrund eines förmlichen Bundesgesetzes geregelt werden müsste.[51] Dadurch soll die gesetzgeberische Entscheidungsfreiheit und die sich aus der Gewaltenteilung ergebende Kompetenzverteilung bewahrt werden. Denn könnte die Exekutive gesetzesinhaltliche Verträge in alleiniger Zuständigkeit abschließen, dann wäre aufgrund einer außenpolitisch herbeigeführten faktischen Zwangslage die Entscheidung der Legislative antizipiert.[52]

Aus Art. 59 Abs. 2 GG folgert das Gericht weiter, dass – neben dem ausdrücklichen und formellen Recht des Bundestages zur Feststellung und Beendigung des Verteidigungsfalles nach Art. 115a Abs. 1 GG und Art. 115l Abs. 2 GG einschließlich der Entscheidungsbefugnis über den Friedensschluss nach Art. 115l Abs. 3 GG – lediglich in dort normierten Fällen der Legislative gestattet sei, mittels eines Gesetzes in die außenpolitische Tätigkeit der Exekutive einzugreifen. Darüber hinaus gewähre das Grundgesetz der Legislative kein Recht, in die außenpolitische Zuständigkeit der Regierung zu intervenieren. Dem Bundestag verblieben insofern die allgemeinen verfassungsmäßigen Kontrollinstrumente. Er regiere und verwalte nicht selbst, sondern kontrolliere die Regierung. Missbillige er deren Politik, so könne er dem Bundeskanzler das Misstrauen aussprechen (Art. 76 GG) und dadurch die Regierung stürzen. Er könne aber nicht selbst die Politik führen.[53] Der Legislative bleibt es allerdings unbenommen, sich vermittels unverbindlicher Beschlüsse mit der Außenpolitik zu befassen.

[49] *Nettesheim*, in: Maunz/Dürig, GG, Art. 59, Rn. 103 f.

[50] *Nettesheim*, in: Maunz/Dürig, GG, Art. 59, Rn. 104.

[51] BVerfGE 1, 372 (388 f.); *Pieper*, in: Epping/Hillgruber, GG, Art. 59, Rn. 32, 33.

[52] *Nettesheim*, in: Maunz/Dürig, GG, Art. 59, Rn 104 m. w. N.

[53] BVerfGE 1, 372 (394), ebenfalls BVerfGE 68, 1 (86): „Über die Befugnis hinaus, die Exekutive in Gesetzesform verfassungsrechtlich zum Abschluss von Verträgen der genannten Art zu ermächtigen oder nicht zu ermächtigen, verleiht Art. 59 Abs. 2 Satz 1 GG den gesetzgebenden Körperschaften keine Initiativ-, Gestaltungs- oder Kontrollbefugnis im Bereich der auswärtigen Beziehungen.“

Das Bundesverfassungsgericht erkennt zwar an, dass sich geschichtlich in der Regelung des Art. 59 Abs. 2 S. 1 GG eine Tendenz zur verstärkten Parlamentarisierung der Willensbildung im auswärtigen Bereich ausdrücke, gleichwohl sei diese Mitwirkung sowohl inhaltlich auf eine bloße Zustimmung in Form eines Gesetzes als auch sachlich auf die dort genannte Art von Verträgen beschränkt.[54] Dabei könne der Bundestag kraft Art. 59 Abs. 2 S. 1 GG weder verhindern oder erzwingen, dass die Bundesregierung Vertragsverhandlungen unterlasse, aufnehme oder abbreche oder Vertragsentwürfe bestimmten Inhalts gestalte, noch könne er erzwingen, dass ein Vertrag, zu dem ein Zustimmungsgesetz im Sinne Art. 59 Abs. 2 S. 1 GG ergangen sei, von der Exekutive auch abgeschlossen oder nach seinem Abschluss völkerrechtlich beendet oder aufrechterhalten werde. Die Regelung des Friedensschlusses in Art. 115 Abs. 3 GG bleibe insofern eine Sonderregelung.[55] Aus dieser beschränkten Reichweite leitet das Gericht her, dass die Regelung des Art. 59 Abs. 2 S. 1 GG erst recht nicht auf einseitige völkerrechtliche Erklärungen anwendbar ist.[56] Diese enge Auslegung legt das Gericht ebenfalls hinsichtlich der Frage der Zustimmungsbedürftigkeit von Fortschreibungen eines Vertrages ohne förmliche Änderung an.[57]

Hinsichtlich der Beendigung der Verträge hält das Bundesverfassungsgericht sowie der überwiegende Teil der Lehre eine erneute Beteiligung der gesetzgebenden Körperschaften mit Hinweis auf den außenpolitischen Handlungsspielraum der Exekutive für entbehrlich.[58]

4. Die auswärtige Gewalt nach der Staatsrechtslehre

Demgegenüber wird in der Lehre vertreten, dass die Annahme der alleinigen Zuständigkeit der Exekutive im Bereich der auswärtigen Gewalt mit der modernen

---

[54] BVerfGE 68, 1 (84); *Cremer,* Das Verhältnis von Gesetzgeber und Regierung im Bereich der auswärtigen Gewalt in der Rechtsprechung des Bundesverfassungsgerichts: Eine kritische Bestandsaufnahme., in: Geiger (Hrsg.), Neuere Probleme der parlamentarischen Legitimation im Bereich der auswärtigen Gewalt, Leipzig 2002, S. 15.

[55] BVerfGE 68, 1 (85 f.).

[56] BVerfGE 68, 1, (85 f.); *Cremer, ibid.,* S. 15.

[57] BVerfGE 104, 151 (207). Mit dieser Entscheidung hat das BVerfG das neue strategische Konzept der NATO gebilligt: „Eine erweiternde Auslegung von Art. 59 Abs. 2 Satz 1 GG auf die Beteiligung der Bundesregierung an nichtförmlichen Fortentwicklungen der Vertragsgrundlage eines Systems gegenseitiger kollektiver Sicherheit [würde] nicht nur Rechtsunsicherheit hervorrufen und die Steuerungswirkung des Zustimmungsgesetzes in Frage stellen, sondern die außen- und sicherheitspolitische Handlungsfähigkeit der Bundesregierung ungerechtfertigt beschneiden und auf eine nicht funktionsgerechte Teilung der Staatsgewalt hinauslaufen." Diese Entscheidung des BVerfG ist im Schrifttum bereits kontrovers diskutiert und zunehmend abgelehnt worden. Vgl. dazu ausführlich *Nettesheim,* in: Maunz/Dürig, GG, Art. 59, Rn. 127-138 m. w. N.

[58] BVerfGE 68, 1 (83 ff.); Zur Problematik der Beendigung der Verträge vgl. *Nettesheim,* in: Maunz/Dürig, GG, Art. 59, Rn. 139-140 m. w. N.

Entwicklung nicht im Einklang stehe.[59] Insbesondere angesichts der allgemeinen Tendenz zu zunehmender „Demokratisierung" des Staatslebens seien die verfassungsmäßigen Kompetenzen der Legislative im Bereich auswärtiger Beziehungen extensiv auszulegen. Aus diesem Grunde haben manche die auswärtige Gewalt als eine kombinierte Gewalt[60], eine von der Exekutive und der Legislative gemeinsam auszuübende Staatsfunktion verstanden.[61] Die eigentlichen staatsleitenden Entscheidungen in der Außenpolitik müssen stets durch einen parlamentarischen Zustimmungsakt mitverantwortet werden.[62] Die Regierung müsse das Parlament so weit wie möglich laufend über die auswärtige Angelegenheiten informieren.[63]

5. Neue Tendenzen einer Parlamentarisierung

Eine nicht zu unterschätzende Revision erfuhr die Rechtsprechung des Bundesverfassungsgerichts in seiner höchst umstrittenen Entscheidung vom 12.7.1994 zum Einsatz von Streitkräften im Ausland.

a) Parlamentarische Zustimmung bei Auslandseinsätzen

In dieser Entscheidung stellt das Bundesverfassungsgericht die These auf, dass der Einsatz bewaffneter Streitkräfte grundsätzlich der vorherigen Zustimmung des Bundestages bedürfe.[64] Die Bundesregierung sei aber bei Gefahr im Verzug berechtigt, vorläufig den Einsatz von Streitkräften zu beschließen. Allerdings bleibe es dem Gesetzgeber unbenommen, die Voraussetzungen eines solchen Notfalls und das dabei zu beobachtende Verfahren näher zu regeln.[65]

---

[59] *Menzel*, Die auswärtige Gewalt der Bundesrepublik in der Deutung des Bundesverfassungsgerichts, AöR 70 (1954), S. 348; *ders.*, Die Auswärtige Gewalt der Bundesrepublik, VVDStRL 12 (1954), S. 179-220. *Friesenhahn*, Parlament und Regierung im modernen Staat, VVDStRL 16 (1958), 37 f., 68; *Ehrenzeller*, a.a.O. (Kap. 2, Fn. 17), S. 178 f; *Pilz*, a.a.O. (Kap. 2, Fn. 22), S. 103m.w. N; dagegen *Grewe*, Die auswärtige Gewalt der Bundesrepublik, VVDStRL 12 (1954), S. 135, 174; *Backsmann*, Über die Mitwirkung des Gesetzgebers bei der Änderung völkerrechtlicher Verträge, DVBL 1956, S. 317; *Reichel*, a.a. O. (Kap. 2, Fn. 1), S. 29; *Mosler*, Die Auswärtige Gewalt im Verfassungssystem der Bunderepublik Deutschland, in: MPI, Völkerrechtliche und staatsrechtliche Abhandlungen, FS für Bilfinger, Köln [et. al] 1954, 243 f., 292.

[60] *S. Weiß*, a.a.O. (Kap. 1, Fn. 18), S. 66.

[61] *Menzel*, Die auswärtige Gewalt der Bundesrepublik in der Deutung des Bundesverfassungsgerichts, AöR 70 (1954), S. 348; *Baade*, a.a.O. (Kap. 1, Fn. 9), S. 118.

[62] *Wolfrum*, Kontrolle der auswärtigen Gewalt, VVDStRL 56 (1997), S. 53.

[63] *Cremer*, in: Geiger, a.a.O. (Kap. 2, Fn. 54), S. 30.

[64] BVerfGE 90, 286 (381 f.).

[65] BVerfGE 90, 286 (388).

Begründet hat das Bundesverfassungsgericht die konstitutive Zustimmung des Deutschen Bundestages mit der Verfassungstradition und dem Gesamtzusammenhang wehrverfassungsrechtlicher Vorschriften des Grundgesetzes. „Während die auswärtige Gewalt von der Verfassung weitgehend dem Kompetenzbereich der Exekutive zugeordnet wird, sehen die grundgesetzlichen Regelungen über die Wehrverfassung für den Einsatz bewaffneter Streitkräfte grundsätzlich eine Beteiligung des Parlaments vor. Die auf die Streitkräfte bezogenen Regelungen des Grundgesetzes sind – in den verschiedenen Stufen ihrer Ausformung – stets darauf angelegt, die Bundeswehr nicht als Machtpotential allein der Exekutive zu überlassen, sondern als ‚Parlamentsheer' in die demokratisch rechtsstaatliche Verfassungsordnung einzufügen, das heißt dem Parlament einen rechtserheblichen Einfluss auf Aufbau und Verwendung der Streitkräfte zu sichern."[66]

b) Kritik der Rechtsprechung

Diese Entscheidung und vornehmlich der darin ausgeführte Begründungsansatz entfachten eine lebhafte Diskussion.[67] Während die Stützung eines solchen Parlamentsvorbehalts auf die Verfassungstradition und wehrverfassungsrechtlichen Vorschriften vornehmlich wegen fehlender Voraussetzung einer Analogie zu Art. 45a, 45b, 87a und 115a GG auf vehemente Kritik stieß[68], wurde ein solcher Parlamentsvorbehalt überwiegend für wünschenswert und sachgerecht gehalten – freilich mit anderer Begründung.[69]

---

[66] BVerfGE 90, 286 (381 f.), bestätigt zuletzt im AWACS-II-Beschluss: BVerfGE 108, 34 (42); so bereits *Böckenförde* vgl. Die Organisationsgewalt im Bereich der Regierung, Berlin 1964, S. 154 ff., 259 ff.; siehe dazu *Wieland,* Die Beteiligung der Bundeswehr an gemischtnationalen Einheiten, Rechtsfragen offener Staatlichkeit auf militärischem Gebiet, in: Grawert/Schlink/Wahl/Wieland (Hrsg.), Offene Staatlichkeit, FS für Böckenförde, Berlin 1995, S. 225.

[67] Vgl. dazu. *Cremer,* in: Geiger a.a.O. (Kap. 2, Fn. 54), S. 11 ff.; *Biermann*, Der Deutsche Bundestag und die Auslandseinsätze der Bundeswehr, ZParl 2004, S. 607 ff.; *Blumenwitz,* Das Parlamentsheer nach dem Urteil des Bundesverfassungsgericht, in: Majoros [et. al.] (Hrsg.), FS für Ritter, Würzburg 1995, S. 311 ff.; *S. Böckenförde,* Die War Powers Resolution als mögliches Modell für ein Entsendegesetz/Parlamentsbeteiligungsgesetz, Osnabrück 2004; *Dau,* Parlamentsheer unter dem Mandat der Vereinten Nationen, NZWehrR 1994, S. 177 ff.; *Dreist,* AWACS-Einsatz ohne Parlamentsbeschluss?, ZaöRV 2004, S. 1001 ff.; *ders.,* Der Bundestag zwischen „Vorratsbeschluss" und Rückholrecht, KritV 2004, S. 79 ff; *Depenheuer,* in: Maunz/Dürig, Art. 87a GG, Rn. 142 m. w. N.

[68] Vgl. dazu *Depenheuer,* in: Maunz/Dürig, Art. 87a GG, Rn. 142 ff; *Epping,* in: Epping/Hillgruber, GG, Art. 87a, Rn. 24 ff.

[69] *Epping,* in: Epping/Hillgruber, GG, Art. 87a, Rn. 26; *Kokott,* in: Sachs (Hrsg.), GG, Art. 87a, Rn. 38; *Heun*, Anmerkung zum Urteil des BVerfG v. 12.07.1994, JZ 1994, 1073 f.; *Epping,* AöR 124 (1999), 423 ff.; *Depenheuer*, in: Maunz/Dürig, Art. 87a GG, Rn. 146, 147.

c) Parlamentsvorbehalt auf der Grundlage der Wesentlichkeitslehre

Konstituiert wurde ein Parlamentsvorbehalt vorzugsweise mit der bereits vom Bundesverfassungsgericht entwickelten „Wesentlichkeitstheorie“[70]. „Die normative Grundsatzentscheidung für oder gegen die rechtliche Zulässigkeit der friedlichen Nutzung der Kernenergie im Hoheitsbereich der Bundesrepublik Deutschland ist wegen ihrer weitreichenden Auswirkung auf die Bürger, insbesondere auf ihren Freiheitsbereich und ihren Geltungsbereich, auf die allgemeinen Lebensverhältnisse und wegen der notwendigerweise damit verbundenen Art und Intensität der Regelung eine grundlegende und wesentliche Entscheidung im Sinne des Vorbehalts des Gesetzes. Sie zu treffen ist allein der Gesetzgeber berufen.“[71]

Gegen die Anwendung der Wesentlichkeitslehre beim Einsatz der Streitkräfte im Ausland wurde allerdings teilweise eingewandt, dass diese weder eine Theorie noch einen staatsrechtlichen Universalgrundsatz darstelle, sie formuliere lediglich die verfassungsrechtlich herausgearbeiteten Voraussetzungen für die Rechtfertigung von Grundrechtseingriffen, sie laufe gerade nicht auf einen totalen Parlamentsvorbehalt hinsichtlich politisch wichtiger oder auch nur umstrittener Entscheidungen hinaus.[72] Gleichwohl wird zugestanden, dass das Erfordernis einer grundsätzlich vorherigen parlamentarischen Zustimmung in der Sache überzeugend sei: „Wenn deutsche Soldaten unter Lebensgefahr deutsche Sicherheitsinteressen verteidigen, müssen sie sich der Unterstützung einer parlamentarischen Mehrheit sicher sein können. Sie haben einen Anspruch darauf, dass Staat und Gesellschaft für Kampfeinsätze deutscher Soldaten hinreichend bestimmt deutsche Sicherheitsinteressen darlegen und öffentlich Verantwortung dafür übernehmen. Nur die parlamentarische Rückendeckung für ihren Einsatz gibt ihnen die Sicherheit, dass sie nicht für beliebige politische Interessen instrumentalisiert und missbraucht werden. Deshalb muss die Beschlussvorlage der Bundesregierung ebenso wie die parlamentarische Zustimmung die genauen Gründe und die militärische Zielsetzung des Einsatzes jedenfalls in den Grundzügen klar bestimmen.“[73]

Nähert man sich dieser Begründung an, stellt man fest, dass sie im Grunde nichts anderes als den Wesentlichkeitsgedanken beinhaltet. Hervorgehoben werden zum einen die Interessen der deutschen Soldaten, denn durch deren Einsatz wird deren

---

[70] So *Kokott,* in: Sachs, GG, Art 87a, Rn. 41 f; *Kokott*, Kontrolle auswärtiger Gewalt, DVBl 1996, 937, 939; *Nowrot,* Verfassungsrechtliche Vorgaben für die Mitwirkung des Deutschen Bundestages bei Auslandseinsätzen der Bundeswehr gegen den internationalen Terrorismus, NZWehrR 2003, 65, 72 f; *Paulus,* Die Parlamentszustimmung zu Auslandseinsätzen nach dem Parlamentsbeteiligungsgesetz, in: Weingärtner (Hrsg.), Einsatz der Bundeswehr im Ausland, Baden-Baden, 81, 96; *Wagner,* Parlamentsvorbehalt und Parlamentsbeteiligungsgesetz, Die Beteiligung des Bundestages bei Auslandseinsätzen der Bundeswehr, Berlin 2009, 31 ff; ähnlich auch *Limpert,* Auslandseinsatz der Bundeswehr, Berlin 2002, S. 108.

[71] BVerfGE 49, 89 (127).

[72] *Depenheuer*, in: Maunz/Dürig, GG, Art. 87a, Rn. 146.

[73] *Depenheuer*, in: Maunz/Dürig, GG, Art. 87a, Rn. 147.

Leben und körperliche Unversehrtheit gefährdet – der Einsatz ist also von höchster Grundrechtrelevanz gegenüber den deutschen Soldaten. Zum anderen geht es um den Schutz deutscher Sicherheitsinteressen und damit einhergehend um den Schutz der deutschen Bevölkerung, zu dem der Staat verfassungsrechtlich verpflichtet ist. Der Grundrechtsrelevanz eines Einsatzes der Streitkräfte relativiert sich auch nicht infolge der Aussetzung der Wehrpflicht[74], denn auch die Berufssoldaten, die aufgrund eines Beamtenverhältnisses zu einem Einsatz verpflichtet werden, sollen nicht willkürlich einer Gefahr für ihr Leib und Leben ausgesetzt werden. Gerade aufgrund der Grundrechtssensibilität eines Einsatzes bedarf es folglich einer solchen parlamentarischen Rückendeckung und Verantwortung. Diese Aussage deckt sich insoweit mit der Grundaussage des Wesentlichkeitsgedankens. Soweit das Gericht auf die wehrverfassungsrechtliche Besonderheit abstellt, nimmt es auf den Willen des Gesetzgebers Bezug, der ursprünglich mit der Regelung des Art. 59a GG a. F. in dem Gesetz zur Ergänzung des Grundgesetzes vom 19.03.1956[75] im Sinne hatte, dass schicksalhafte politische Entscheidungen über Krieg und Frieden – soweit im Krisenfall überhaupt noch politische Entscheidungen gefällt werden können – von der obersten Vertretung des ganzen Volkes, um dessen Schicksal es geht, also von dem Parlament, getroffen werden.[76] Legt man den Begründungsansatz des Gerichtes zugrunde, so drängt sich die Frage auf, warum er sich nicht auf die gesamte Außenpolitik anwenden lässt.[77]

II. *Präsidialdemokratie der Vereinigten Staaten*

Ganz anders verhält sich mit der Entwicklung der auswärtigen Gewalt des US-amerikanischen Kongresses.[78] Während in der Bunderepublik das Parlament sich außenpolitische Befugnisse erst durch das Eindringen in die Domäne der Exekutive erkämpfen musste, ist in den USA die auswärtige Gewalt der Legislative langsam der Exekutive überführt worden. Diese Entwicklung hängt mit der Entstehung der einstigen amerikanischen Konföderation zusammen, denn die Führung der Außenpolitik war ursprünglich dem Kontinentalkongress übertragen, der an sich das Legislativorgan und zugleich das einzige politische Organ der späteren Konföderation darstellte.

Der Kontinentalkongress verfügte über einen Ausschuss für die Außenkorrespondenz, genannt das *Committee of Secret Correspondence*[79], welches im Jahre 1777 in

[74] WehrRÄndG 2011v. 28.4.2011, BGBl I 678.

[75] BGBl. I S. 111; die Vorgängernorm von Art. 115 a GG.

[76] Berichterstatterin *Schwarzhaupt*, Deutscher Bundestag, 2. WP, 132. Sitzung vom 6. März 1956, Sten. Ber. S. 6820 A; BVerfGE 90, 286 (384).

[77] Dazu unten Kap. 5 D. I.

[78] Zur Entwicklung der außenpolitischen Rolle des Kongresses vgl. *Henehan*, Foreign Policy and Congress, An International Relations Perspective, Michigan 2000.

[79] November 29, 1775, Secret Journals of Congress, II, S. 5.

Committee of Foreign Affairs umbenannt wurde.[80] Schon in 1778 schloss der Kontinentalkongress selbst Verträge.[81] Daneben wurden aber viele spezielle Ausschüsse bestellt, die nebeneinander agierten. Aufgrund der existierenden Parteilichkeit sowie häufiger Wechsel der Mitglieder und vor allem, weil der Kontinentalkongress über unterschiedliche Agenten mit Europa kommunizierte, die meist unterschiedliche Interessen repräsentierten und damit eine konstruktive Politikgestaltung verhinderten[82], fehlte ihm eine kohärente Führung der Außenpolitik. Mangels eines Exekutivorgans war er auch nicht in der Lage gegebenenfalls eilige Entscheidungen zu treffen. Um der Ineffizienz entgegenzuwirken, gründete der Kontinentalkongress im Jahr 1781 das *Department of Foreign Affairs*[83], welches an den Kontinentalkongress und dessen politische Standpunkte gebunden war und ein Minimum an exekutiven Spielräumen besaß.[84] Allerdings wurden weiterhin Ausschüsse zu speziellen Problemen der Außenpolitik bestellt. Diese Praxis der Bestellung von diversen Ausschüssen und die beschränkte Autonomie des *Departments of Foreign Affairs* hat letztlich den Ruf nach einer Zentralisierung und Bestellung eines Exekutivorgans und damit des Präsidenten in der Verfassung von 1787 verstärkt.[85]

1. Die auswärtige Gewalt nach der amerikanischen Verfassung

Ähnlich wie im Grundgesetz lässt sich der Verfassung der Vereinigten Staaten keine klare horizontale Zuweisung der auswärtigen Gewalt entnehmen. Vielmehr wird sie anhand der einzelnen verfassungsrechtlichen Bestimmungen und vornehmlich über das Prinzip der Gewaltenteilung konkretisiert. Zwar gibt es keine ausdrückliche Bestimmung zum Grundsatz der Gewaltenteilung[86], Artikel 1, 2, 3 der Verfassung der Vereinigten Staaten qualifizieren aber drei Staatsfunktionen der Legislative, Exekutive und Judikative und übertragen diese jeweils dem Kongress, dem Präsidenten und den Gerichten.[87] Darüber hinaus bezeugen die *Federlist Papers*, dass

---

[80] April 17, 1777, Journals of Continental Congress, 1774-1789 (Washington, 1904-1934), VII., 274, zit. nach *Westphal*, The House Committee on Foreign Affairs, NY 1942, S. 14.

[81] *Hunter Miller*, Treaties and Other International Acts of the Unites States of America, Washington 1931, II, S. 29; *Westphal, ibid.*, S. 14.

[82] Vgl. dazu *Wood*, Congressional Control of Foreign Relations during the American Revolution 1774-1789, Allentown 1919.

[83] January 10, 1781. Journal of Continental Congress, XIX, S. 3.

[84] *Westphal, ibid.*, S. 15.

[85] *Wood, ibid.*, Chap. IX. Cf.; *Hunt*, The Department of State, New Haven 1914, S. 52.

[86] *Attanasio/Goldstein*, Understanding Constitutional Law, 4. Aufl., NY [et. al.] 2012. S. 275.

[87] Siehe Springer v. Philippine Islands, 277 U.S. 189, 201 (1928): "It may be stated then, as a general rule inherent in the American Constitutional system that […] the Legislative cannot exercise either executive or judicial power; the executive cannot exercise either legislative or judicial power; the judiciary cannot exercise either executive or legislative power."; *Baade*, a.a.O. (Kap. 1, Fn. 9), S. 177, 178; *Ehrenzeller*, a.a.O. (Kap. 2, Fn. 17), S. 29.

die Verfassungsväter über nichts anderes sich so einig waren als die Konzentration der Staatsgewalt in einer Hand zu vermeiden[88], wobei – anders als die Bezeichnung der *separation of powers* vermuten lässt – die Verfassung von 1787 eher „a government of separated institutions *sharing* powers"[89] geschaffen hat. Damit soll ein permanentes Spannungsverhältnis der drei Gewalten sichergestellt werden.[90] Indessen darf die Gewaltenteilung nicht auf ein System des *checks and balances* beschränkt werden. Mit der Gewaltenteilung setzt die Verfassung sowohl Gewaltanmaßungen[91] als auch Gewaltendelegationen[92] Grenzen. Insofern verfügt jede Gewalt über einen eigenständigen und separaten Aufgabenbereich[93], mit den Worten des Bundesverfassungsgerichts ausgedrückt, über einen Kernbereich. Freilich wird seit der Entstehung der Verfassung über die Reichweite der einzelnen Kompetenzen und deren Überschneidung kontrovers diskutiert.[94] Zwar verleiht die Verfassung dem Kongress die legislative Gewalt und dem Präsidenten die exekutive Gewalt ohne eine Unterscheidung nach Innen- und Außenpolitik vorzunehmen, jedoch lassen sich der

---

[88] *Madison,* Federalist No. 47, 48, 51, The Federalist Papers, Cooke (Hrsg.), Middletown 1961; *Sullivan/Gunther,* Constitutional Law, 7. Aufl., NY 2010, S. 248; *Prakash/Ramsey,* The Executive Power over Foreign Affairs, YLJ 111 (2001), S. 266.

[89] *Neustadt*, Presidential Power and the Modern Presidents; The Politics of Leadership from Roosvelt to Reagan, NY 1990, S. 29; Ebenso *Attanasio/Goldstein, ibid.,* S. 275; *Casper,* An Essay in Separation of Powers: Some Early Versions and Practices, Wm. & Mary L. Rev. (30), S. 230; *Verkuil*, Separation of Powers, The Rule of Law and the Idea of Independence, Wm. & Mary L. Rev. 30 (1989), S. 301.

[90] *Schultz/Vile/Deardorff,* Constitutional Law in Contemporary Amerika, Oxford 2010, S. 247.

[91] Meyers v. United States, 272 U.S. 52 (1925); Steel Seizure Case, 343 U.S. 579 (1952); *Schutz/Vile/Deardorff, ibid.,* S. 265.

[92] Vgl. zur Vereinbarkeit der Gewaltendelegationen mit der Gewaltenteilung Hampton, Jr. Co. v. United States, 276U.S: 394, 1928; Clinton v. City of New York, 524 U.S. 417, 1988; Schechter Paulty v. United States, 295 U.S. 495, 1935; INS v. Chadha, 462 U.S. 919, 1983; *Schutz/Vile/Deardorff, ibid.,* S. 248-250.

[93] So auch *Madison, ibid,* Federalist Paper No. 48: "It is agreed on all sides that the power belonging to one of the departments ought not to be directly and completely administered by either of the other departments. It is equally evident, that none of them ought to possess, directly or indirectly, an overruling influence over the others, in the administration of their respective powers."

[94] Das wohl am weitesten gehende Argument für eine uneingeschränkte Befugnis des Kongresses im Hinblick auf die Außenpolitik geht auf *Madison* zurück. Er wies zum einen darauf hin, dass alle Befugnisse nach der Verfassung vom 1787 beim Kongress bleiben, wenn sie nicht ausdrücklich einer anderen Gewalt übertragen werden. Zum anderen zog er aus der Tatsache, dass die Verfassung die wichtigste Frage der Außenbeziehungen, nämlich die Kriegserklärung, dem Kongress übertragen hat, den Schluss, dass damit dem Kongress auch das Recht zusteht, nicht in den Krieg zu ziehen (*Henkin,* Foreign Affairs and the United States Constitution, 2. Aufl., Oxford Online Ed. 1996, S. 77 f.). Legt man dieses Verständnis zugrunde, so könnte man meinen, dass dem Kongress auch die Befugnis zusteht, die nationale Politik zu bestimmen, mit anderen Worten die Leitentscheidungen zu treffen. Die Schranken der Befugnisse des Kongresses finden sich aber in den Grundrechten und Verfassungsprinzipien wie der Gewaltenteilung. Eine solche Befugnis würde bedeuten, dass während der Kongress die Außenpolitik erzeugt, der Präsident sie ausführt. (*Ibid.,* S. 78 f.).

Verfassungspraxis und der Rechtsprechung des Supreme Courts entnehmen, dass die Gewaltenteilung, wie sie in der Innenpolitik bekannt ist, keine Entsprechung in der Außenpolitik findet.[95]

Trotz der sich mehrenden Stimmen, die ein kooperatives Verhältnis des Kongresses und des Präsidenten hinsichtlich der Außenbeziehungen fordern[96], bildet die auswärtige Gewalt in der amerikanischen Lehre noch überwiegend einen der Gliederungspunkte präsidialer Befugnisse.[97] Schon eine solche Zuordnung der auswärtigen Gewalt legt eine Vorrangstellung des Präsidenten und damit der Exekutive nahe.[98] Der Präsident ist der Oberbefehlshaber der Armee und der Marine (*Commander-in-Chief*)[99], er ist kraft Verfassung ermächtigt Versandte zu empfangen[100] und andere Staaten anzuerkennen.[101] Damit hat er Befugnisse inne, die weitreichende, nicht nur außenpolitische, sondern auch innenpolitische Bedeutung haben. Gedacht sei hier nur an die Prozessführungsbefugnis, die mit der Anerkennung von Staaten einhergeht. Ferner schließt der Präsident im Namen der Vereinigten Staaten Verträge mit anderen Völkerrechtssubjekten und Personen ab.[102] Allerdings sind sowohl der Empfang von Gesandten als auch der Abschluss von Verträgen an die Konsultation und Zustimmung des Senats geknüpft.[103]

2. Analyse der auswärtigen Gewalt in der Rechtsprechung des Supreme Courts

Wenngleich die Verfassung dem Kongress vergleichsweise weitreichende außenpolitische Befugnisse zuspricht[104], wird in der Praxis eine übergeordnete Rolle des Präsidenten in den Außenbeziehungen angenommen, die sich vor allem auf die Entscheidung des Supreme Courts in der Rechtssache *U.S. v. Curtiss-Wright Export Corporation*[105] von 1936 stützt, in der es um die Zulässigkeit der Übertragung legislativer Befugnisse auf den Präsidenten hinsichtlich des Außenhandels mit Waffen ging.

---

[95] *Barron/Dienes/McCormack/Redish,* Constitutional Law: Principles and Policy Cases and Materials, 8. Aufl., NY 2012, S. 350.

[96] Siehe z. B. *Henkin, ibid.*

[97] So *Tribe,* American Constitutional Law, 3. Aufl., NY 2000; *Henkin, ibid; Rich,* Modern Constitutional Law, Vol. 3, 3. Aufl., NY 2011; Anders *Barron/Dienes/McCormack/Redish, ibid.*

[98] Für die Prärogative der Exekutive in der Außenpolitik vgl. *Prakash/Ramsey,* YLJ 111 (2001), 231.

[99] U.S. CONST. Art. 2, Section 2, Cl. 1.

[100] U.S. CONST. Art. 2, Section 3.

[101] Banco National de Cuba v. Sabbatino, 376 U.S. 398, 410 (1964).

[102] U.S. CONST. Art. 2, Section 2, Cl. 2.

[103] U.S. CONST. Art. 2, Section 2, Cl. 2.

[104] Dazu gleich unten C. II. 3.

[105] 299 U.S. 304, (1936).

a) *Presidential dominance*

Der Supreme Court hielt die Übertragung für verfassungsmäßig.[106] Dies begründete er vor allem mit „presidential dominance in the foreign affairs", denn anders als die Innenpolitik seien die Außenbeziehungen der Nation keinen Einschränkungen unterworfen. Schon vor der Verfassung besitze der Bund externe Souveränität und daher habe die auswärtige Gewalt schon vor der Verfassung existiert. Ferner führte das Gericht aus, dass die auswärtige Gewalt einen unterschiedlichen Charakter im Vergleich zur Innengewalt aufweise und deren Ausübung wegen außenpolitischer Besonderheiten erheblich eingeschränkt sei.[107]

Darüber hinaus betonte das Gericht, dass es hier nicht nur um eine Befugnis gehe, die durch die Legislative an den Präsidenten übertragen würde, sondern hinzu komme „the very delicate, plenary and executive power of the President as the sole organ of the federal government in the field of international relations".[108] Eine exekutivische Befugnis, die keines Akts des Kongresses als Grundlage bedürfe, aber gewiss wie jede andere staatliche Befugnis den maßgeblichen Bestimmungen der Verfassung unterliege.[109]

Dieses *Obiter Dictum* wurde vielfach kritisiert. Die Kritiker dieser Entscheidung weisen zu Recht darauf hin, dass die Außenpolitik eine verfassungsrechtliche Aufgabe darstellt, die seine Grundlage und seine Schranken auch in der Verfassung findet.[110] Es darf auch nicht übersehen werden, dass in dem Fall eine Ermächtigung des Kongresses bereits vorlag.[111]

b) Einschränkung der Prärogative der Exekutive

Die spätere Entscheidung des Supreme Courts in der Rechtssache *Steel Seizure*[112] legt hingegen ein anderes Verständnis von der auswärtigen Gewalt nahe. In dieser Entscheidung hatte der Supreme Court über eine Anordnung des Präsidenten zu befinden. Dieser hatte zur Vermeidung eines nationalen Streiks der Stahlarbeiter während des Koreakrieges die Beschlagnahme und das Betreiben von den meisten Stahlhütten mit eigenen Kräften angeordnet. Begründet wurde die Anordnung mit der eventuellen Gefährdung der Verteidigung des Landes durch den geplanten Streik. Dabei war der Anordnung keine gesonderte Ermächtigung des Kongress

---

[106] 299 U.S. 304, (1936).

[107] Curtiss-Wright, 299 U.S., 319.

[108] Curtiss-Wright, 299 U.S., 319-320.

[109] *Ibid.*

[110] *Fisher*, Presidential War Power, 2. Aufl., Kansas 2004, S. 57-61; *Attanasio/Goldstein,* a.a.O. (Kap. 2, Fn. 86), S. 253, Fn. 180; Vgl. *Ehrenzeller*, a.a. O. (Kap. 2, Fn. 17), S. 218 m. w. N.

[111] *Ehrenzeller, ibid.,* S. 239, Anm. 85.

[112] 343 U.S. 579, 635-638 (1952).

vorausgegangen, sondern sie wurde lediglich auf die verfassungsrechtlichen Kompetenzen des Präsidenten als *Commander in Chief of the Armed Forces* gestützt. Der Supreme Court hat die Anordnung des Präsidenten für verfassungswidrig erklärt und damit den außenpolitischen Befugnissen der Exekutive Einhalt geboten: „The President's power, if any, to issue the order must stem either from an act of Congress or from the Constitution itself.[113] [...] In the framework of our Constitution, the President's power to see that the laws are faithfully executed refutes the idea that he is to be a lawmaker. The Constitution limits his functions in the lawmaking process to the recommending of laws he thinks wise and the vetoing of laws he thinks bad. And the Constitution is neither silent nor equivocal about who shall make laws which the President is to execute."[114]

Wie die skizzierten Rechtssachen aufzeigen, fehlt es an einer kohärenten Gewaltenteilungsdoktrin im Hinblick auf die Außenbeziehungen. Erschwerend kommt hinzu, dass die *political question doctrine*[115] in den Außenbeziehungen sehr weit ausgelegt wird und daher die sich stellenden Fragen des Öfteren als nicht justiziabel abgewiesen werden.[116] Denn in der Außenpolitik fehle dem Gericht meist die nötige Information zu einer Entscheidung und im Terrain der Außenpolitik sei erwünscht, dass der Staat mit einer Stimme rede.[117]

Aus diesem Grund sind im Folgenden die außenpolitischen Befugnisse des Kongresses vermittels einzelner Verfassungsvorschriften herauszuarbeiten.

---

[113] 343 U.S. 579, 585 (1952).

[114] 343 U.S. 579, 587 f. (1952). Abweichend von der Meinung des Gerichts hat Justice *Jackson* die außenpolitischen Befugnisse des Präsidenten sehr differenzierend beurteilt. Demzufolge sei die auswärtige Gewalt des Präsidenten am stärksten, wenn eine Autorisierung durch den Kongress vorliege und am geringsten, wenn der Kongress sie verweigere. Im letzten Fall sei der Präsident gar nicht handlungsbefugt, es sei denn, dass die Verfassung ausschließlich ihn dazu ermächtige [343 U.S. 579, 635-638 (1952)]. Dieser Ansatz birgt jedoch in sich die Gefahr, dass ausschließliche Rechte der Exekutive weit ausgelegt und damit eine Vermutung zugunsten der Exekutive angenommen werden könnte.

[115] Vgl. dazu *Tribe,* a.a.O. (Kap. 2, Fn. 97), S. 365 ff.; *Redish*, Judicial Review and the Political Question, Nw. U. L. Rev. 79 (1985), 1031; *Tigar*, The Political Question and Foreign Relations, UCLA L. Rev. 17 (1970), 1135; *Simard,* Standing Alone: Do we still need the Political Question Doctrine?, Dick. L. Rev. 11 (1996), 303, 306. Die *political question doctrine* geht auf die Aussage des Chief Justice *Marschall* in der Rechtssache *Marbury v. Madison* zurück, demzufolge gewisse Fragen als politisch gelten und daher nicht justiziabel sind (5 U.S. (1Cranch) 137, 170 (1803)). Dies ist unter anderem der Fall, wenn ein uneingeschränktes Ermessen der Exekutive oder Legislative gegeben ist (5 U.S. (1Cranch) 137, 170 (1803); *Attanasio/Goldstein, ibid.,* S. 83).

[116] Chicago & Southern Air Lines v. Waterman S.S. Cop., 333 U.S. 103, 114 (1948); "the final orders embody Presidential discretion as to political matters beyond the competence of the courts to adjudicate."; dementsprechend wurde die *political question doctrine* auf Fälle der Anerkennung fremder Staaten angewandt (U.S. v. Belmont, 301 U.S. 324, 330 (1937). Anders aber später in Banco National de Cuba v. Sabbatino, 376 U.S. 398, 410 (1964), in der das Gericht feststellte, dass das Recht der Anerkennung "exclusively a function of the Executive." ist; zuletzt bestätigt in Zivotofsky et ux. v. Kerry, 8.6.2015, U.S. 576 (2015).

[117] *Attanasio/Goldstein, ibid.,* S. 87; vgl. Williams v. Suffolk Ins. Co., 38 U.S. (13 Pet.) 415, 420 (1839).

3. Die auswärtige Gewalt des Kongresses im Einzelnen

a) *Treaty making power*

Die amerikanische Verfassung hat die Vertragsgewalt gemeinsam an die Exekutive und den Senat übertragen. Der Präsident kann Verträge mit anderen Völkerrechtssubjekten schließen. Dabei können alle politischen Bereiche zum Gegenstand der Verträge werden.[118] Er entscheidet über welche Gegenstände er Verträge schließt.[119] Entgegen der Formulierung des Art. 2, Sec. 2, Cl. 2 der Verfassung: „He shall have power, *by and with* the advice and consent of the Senate, to make treaties." hat sich die Mitwirkung des Senats größtenteils auf die Zustimmung zum Vertragsabschluss beschränkt. Schon seit 1787 wurde der Senat nicht an den Vertragsverhandlungen beteiligt.[120] Fehlende Bestrebungen zur rechtzeitigen Einbeziehung des Senats bleiben allerdings nicht ohne Auswirkung auf das Abstimmungsverhalten des Senats.[121] Daher werden in der Praxis einzelne Senatsmitglieder oder Mitglieder des Komitees für die Außenbeziehungen des Senats zur Beratung herangezogen.

Der Senat ratifiziert die Verträge mit zwei Dritteln der anwesenden Senatsmitglieder.[122] Die Besonderheit der Ratifikation besteht darin, dass dem Senat nicht nur das Recht zusteht dem Vertrag zuzustimmen oder seine Zustimmung zu verweigern, sondern er kann Modifizierungen und Änderungen beantragen. Dies bestätigte auch der Supreme Court: „In this Country [...] the Senate are not required to adopt it or reject it as a whole, but may modify and amend it."[123] Nicht selten hat der Senat seiner Zustimmung Vorbehalte hinzugefügt. Erkennen der Präsident

---

[118] Nach dem *Supremacy Clause* gehören völkerrechtliche Verträge – neben der Verfassung und verfassungsmäßigen Gesetzen der Vereinigten Staaten – zum „Supreme Law of the Land", soweit ein Vertrag zu dessen Wirksamkeit keines internen legislativen Akts bedarf (U.S. CONST. Art. 6, Cl. 2); *Attanasio/Goldstein, ibid.,* S. 112.

[119] Holmes v. Jennison, 39 U.S. 540, 569, 10L Ed. 579, 1840 WL 4626 (1840): "The power to treaties is given by the Constitution in general terms; without any description of the objects intended to be embraced by it; and, consequently it was designed to include all those subjects which, in the ordinary intercourse of nations, had usually been made subjects of negotiation and treaty; and which are consistent with the nature of our institutions, and the distribution of powers between the general and state governments."; der Supreme Court bestätigte diese Auffassung in Asukara v. City of Seattle, 265 U.S. 332, 341, 44 S. Ct. 515, 68L, Ed. 1041 (1924); Missouri v. Holland, 252 U.S. 416, 40S. Ct. 382, 64L. Ed. 641, 11 A.L.R. 984 (1920); Vgl. *Rich,* a.a.O. (Kap. 2, Fn. 97), § 38:48, S. 519.

[120] Vgl *Corwin,* The President, Office and Powers, 3. Aufl., NY 1948, S. 254-257; *Henkin,* a.a.O. (Kap. 2, Fn. 94), S. 177, Fn. 7-9.

[121] *Henkin, ibid.*, S. 177.

[122] U.S. CONST. Art. 2, Sec. 2.

[123] Haver v. Yaker, 76 U.S. 32, 35, 19L.Ed. 571, 1869 WL 11.604 (1869). Vgl. aber auch die concurring opinion von Justice *Brown* in The Diamond Rings, 183 U.S. 176, 183, 22S. Ct. 59, 46L. Ed. 138 (1901): "The Senate has no right to ratify the treaty and introduce new terms into it, which shall be obligatory upon the other power, although it may refuse its ratification or make such ratification conditional upon the adoption of amendments to the treaty."

und der Vertragspartner sie nicht an, dann werden sie allerdings nicht zum Gegenstand der Verträge.[124]

Obwohl die Verfassung dem Repräsentantenhaus keine Befugnisse hinsichtlich des Abschlusses völkerrechtlicher Verträge zuweist, wird das Repräsentantenhaus während der Entwicklung der Verträge konsultiert[125], denn der Senat und die Exekutive sind zur Sicherstellung der internen Umsetzung der Verträge und der Bereitstellung der hierfür notwendigen Finanzmittel auf die Kooperation des Repräsentantenhauses angewiesen. Neben diesem verfassungsrechtlich vorgesehenen Vertragsabschlussverfahren wird häufig wegen der Schwierigkeiten, die mit dem Erfordernis der Zwei-Drittel-Mehrheit im Senat einhergehen, der Abschluss von sog. *congressional executive agreement* bevorzugt, welches die Zustimmung beider Häuser mit einfacher Mehrheit voraussetzt.[126] Noch weiter geht das sogenannte *Fast Track* Verfahren, in welchem der Kongress dem Präsidenten ein zeitlich begrenztes, exakt definiertes Verhandlungsmandat erteilt. Der Präsident kann dann unter Einbeziehung der Mitglieder des Kongresses innerhalb der gesetzten Frist und im Rahmen des näher bestimmten Mandates ohne ein weiteres Zustimmungserfordernis des Kongresses einen Vertrag abschließen.[127]

Überdies ist die Vertragsschlusskompetenz des Senats durch die Praxis der *executive agreements*[128] weitgehend eingeschränkt, denn was Gegenstand eines Vertrags oder eines *executive agreements* ist, liegt im Ermessen des Präsidenten. Eine beachtliche Vielzahl von Abkommen wird in der Praxis als *executive agreement* und damit ohne Zustimmungserfordernis des Senats abgeschlossen.[129]

Die Verfassung bestimmt zwar, wer die Verträge schließt, regelt aber nicht, wer sie kündigt. Daher ist diese Frage schon seit der Entstehung der Verfassung umstritten. Verträge sind in den Vereinigten Staaten von dem Präsidenten, von dem Präsidenten mit der Zustimmung des Senats, von dem Präsidenten mit der Zustimmung des Kongresses und schließlich aufgrund einer Initiative des Kongresses mit der

---

[124] New York Indians v. U.S., 170 U.S. 1, 23, 18S. Ct. 531, 42L. Ed. 927 (1898); The Diamond Rings, 183 U.S. at 179-180.

[125] *Rich,* a.a.O. (Kap. 2, Fn. 97), S. 521, § 38:50.

[126] *Henkin, ibid.,* S. 195 f.

[127] *Henkin, ibid.,* S. 195, Anm. 82, Fn. 82; *Möllers,* Gewaltengliederung, a.a.O. (Kap. 2, Fn. 34), S. 367; *Koh,* The Fast Track und Unites States Trade Policy, Brooklyn Journal of International Law 18 (1992), 143 ff.; *Ackerman/Golove,* Is NAFTA Constitutional?, Harvard L. Rev. 108 (1995), 799.

[128] Die *executive agreements* werden wie *treaties* zu *Laws of the Land* – insofern findet der *Supremacy Clause* von Art. 6 der Verfassung Anwendung. Allerdings anders als *treaties* sind die *executive agreements* gegenüber kollidierenden *treaties* oder *federal statues* nachrangig. Vgl. *Henkin,* a.a.O. (Kap. 2, Fn. 94), S. 215-224.

[129] Dames & Moore v. Regan, 453 U.S. 654, 101S. Ct. 2972, 69L. Ed 2d 918 (1981); U.S. v. Pink, 315 U.S. 203, 229, 62S.Ct. 552, 86L. Ed. 796 (1924); U.S. v. Belmont, 301 U.S. 324, 330, 57S. Ct. 758, 81L.Ed. 1134 (1937); B. Altman & Co v. U.S., 224 U.S. 583, 601, 32S. Ct. 593, 56L. Ed. 894 (1912); *Rich,* a.a.O. (Kap. 2, Fn. 97), S. 529, § 38:55; kritisch dazu *Henkin, ibid.,* S. 215-218, der darauf hinweist, dass der Verfassungstext neben den *treaties* keine anderweitigen internationalen Vereinbarungen vorsieht.

Einwilligung des Präsidenten beendigt worden.[130] Es fehlt nach wie vor an einer Regelung hinsichtlich des Verfahrens, durch welches ein Vertrag gekündet wird. Die Verfassung legt jedoch die Vermutung nahe, dass der Präsident wie beim Abschluss ebenfalls bei der Kündigung die Zustimmung des Senats einholen muss.[131] Inzwischen scheint es aber in der Verfassungspraxis anerkannt zu sein, dass der Präsident infolge seines ausschließlichen Rechts zur Repräsentation der Vereinigten Staaten nach außen und zur Anerkennung anderer Staaten, auch die Befugnis hat, internationale Verträge zu kündigen.[132]

b) Weitere außenpolitische Befugnisse

Während dem Senat ausdrücklich Befugnisse hinsichtlich der Außenpolitik zustehen, entsteht der Eindruck, dass dem Repräsentantenhaus jegliche außenpolitische Machtmittel fehlen. Dem steht aber die weitreichende Legislativgewalt des Repräsentantenhauses entgegen. Über Art. 1, Sec. 1 der Verfassung der Vereinigten Staaten kann der Kongress in allen Zuständigkeitsbereichen des Bundes Gesetze erlassen, und darüber hinaus hat er über das *necessary and proper clause* die Möglichkeit, „to make all Laws which shall be necessary and proper for carrying into Execution the foregoing Powers, and all other Powers vested by this Constitution in the Government of the United States, or in any Department or Officer thereof."

Vor allem über die *commerce, taxing and spending power* kommt dem Repräsentantenhaus ein sehr weiter Handlungsspielraum mit direktem Einfluss auf die Außenbeziehungen zu. Diese Rechte des Kongresses gehen über die Vertragsschlusskompetenz des Senats weit hinaus und sichern dem Kongress die Gestaltungsbefugnis. Konnte sich der Präsident im Hinblick auf die Außenpolitik inhärente politische Vorteile sichern, hat der Kongress kraft der Verfassung explizite Befugnisse inne[133], die ihm auch hinsichtlich der Außenpolitik weitgehende Gestaltungsmöglichkeiten einräumen. Dazu zählen vornehmlich den Handel mit fremden Ländern zu regeln[134], Seeräuberei und andere Kapitalverbrechen auf hoher See sowie Verletzungen des Völkerrechts begrifflich zu bestimmen und zu ahnden[135], sowie Kriege zu erklären.[136] Dabei stellte der Außenhandel schon von Anbeginn einen Kernbereich der Außenpolitik der Vereinigten Staaten dar, den zu regulieren, dem Kongress verfassungsrechtlich zusteht. Mit der Zunahme der Bedeutung des internationalen Außenhandels der Vereinigten Staaten potenzierte sich zugleich das Gewicht der Stimme des Kongresses. Dabei umfasst der Außenhandel unumstritten alle Aspekte der

[130] *Henkin, ibid.*, S. 211 f. m. w. N.; zur Beendigung völkerrechtlicher Verträge siehe *Kraft,* The U.S. Constitution and Foreign Policy, Terminating the Taiwan Treaty, NY [et. al] 1991.

[131] *Rich, ibid.*, S. 527, § 38:54.

[132] *Henkin, ibid.*, S. 214.

[133] U.S. CONST. Art. 1, Sec. 8.

[134] U.S. CONST. Art. 1, Sec. 8, Cl. 3.

[135] U.S. CONST. Art. 1, Sec. 8, Cl. 10.

[136] U.S. CONST. Art. 1, Sec. 8, Cl. 11.

Verkehrspolitik.[137] Auf Grundlage seiner *commerce power* ist der Kongress ermächtigt internationale Transporte, Luftfahrt, alte sowie neue Medien zu regeln, Tarife festzulegen, die Exekutive zum Abschluss von Handelsabkommen zu autorisieren, und schließlich Embargos gegen feindliche Staaten auszusprechen.[138] Jenseits von dem Recht des Kongresses zur Kriegserklärung, kann er innenpolitisch alle notwendigen und angemessenen Maßnahmen zur erfolgreichen Kriegsführung treffen. Aufgrund der sehr weitgehenden legislativen Gewalt des Kongresses existiert kein Bereich, in dem der Kongress nicht legislativ tätig werden konnte.[139] Hinzukommt dessen Budgetrecht, dem in einem Präsidialdemokratie eine weitergehende Bedeutung zukommt.[140]

Daneben wirkt der Kongress durch sogenannte „sense" Resolutions an der Gestaltung der Außenpolitik mit, die dem Selbstbefassungsrecht des Kongresses einen Ausdruck verleihen und trotz ihres nichtbindenden Charakters das Potential haben, zur *national policy* zu werden.[141] Indessen zeigt sich in der Praxis, dass der parlamentarische Einfluss auf die Außenpolitik gleichsam von dem jeweiligen Präsident und seinem zeitgenössischen Kongress abhängt. So kann es durchaus vorkommen, dass der Präsident ein *„sole executive agreement"* plant, wenn er mit einer Unterstützung des Senats nicht rechnen kann.[142] Ist der Kongress der Meinung, dass der Präsident dazu nicht ermächtigt ist, dann kann er ihm die Finanzierung der mit dem *executive agreement* verbundenen Pflichten verweigern oder falls ein Umsetzungsakt notwendig ist, den nötigen Legislativakt unterlassen. Darüber hinaus kann er mit qualifizierter Mehrheit, dem *executive agreement* entgegenwirkende Gesetze über das Veto des Präsidenten hinweg erlassen. Schließlich steht dem Kongress[143] die Möglichkeit des Amtsenthebungsverfahrens gegen den Präsidenten zu, dessen Anwendungsbereich nach wie vor umstritten und weitgehend beschränkt ist.[144]

c) *War power*

Eine umstrittene auswärtige Gewalt des Kongresses stellt seine *war power* dar. Auch wenn die Verfassung dem Kongress die Kriegserklärung[145] und Verantwortung

---

[137] Gibbons v. Ogden, 22 U.S. (9. Wheat.) 1, 189 at 193 (1824).

[138] *Henkin*, a.a.O. (Kap. 2, Fn. 94), S. 66.

[139] *Ibid.*, S. 67, 72.

[140] Vgl. *Möllers*, Gewaltengliederung, a.a.O. (Kap. 2, Fn. 34), S. 366.

[141] z. B. the Lodge Resolution in 1912, S. Res. 371, 62d Cong., ed Sess., 48 CONG. REC., 10046-7 (1912); Vgl. *Henkin, ibid,* S. 81, Anm. 80 m. w. N.

[142] Berichtet von Prof. *Pnina Lahav*, Völkerrechtlerin an Boston University Law School, im Rahmen eines Interviews mit der Verf.

[143] U.S. CONST. Art. 1. Sec. 2, Cl. 5; U.S. CONST. Art. 1, Sec. 3, Cl. 6.

[144] U.S. CONST. Art. 2, Sec. 4: "The President, Vice President and all civil Officers of the Unites States, shall be removed from Office on Impeachment for, and Conviction of, Treason, Bribery, or other high Crimes and Misdemeanor." Umstritten ist, ob der Anwendungsbereich auf "statutary crime" beschränkt ist. Vgl. dazu *Massey*, American Constitutional Law: Powers and Liberties, 3. Aufl., NY 2009, S. 53-54; *Choper/Fallon/Kamisar/Shiffrin,* Constitutional Law, Cases-Comments-Questions, U.S.A. 2006, S. 217 f.

[145] U.S. CONST. Art. 1, Sec. 8, Cl. 11.

für die Verteidigung überlässt[146], beansprucht der Präsident als *Commander-in-Chief* die dominante Rolle in militärischen Angelegenheiten und Verteidigung.[147] Während die Verfassung ausschließlich dem Kongress das Recht zuspricht, Kriege zu erklären, ist dem Präsidenten vorbehalten, Angriffe abzuwehren.[148] In Anlehnung daran hat sich in der Praxis die militärische Gewalt des Präsidenten manifestiert, vor allem weil der Supreme Court sich bei militärischen Fragen unter Berufung auf die *political question doctrine* weitgehend zurückgehalten und dabei dem Präsidenten einen weiten Spielraum belassen hat: „The authority to decide whether the exigency has arisen, belongs exclusively to the President."[149] Kritik zog diese Rechtsprechung seit dem Ende des zweiten Weltkriegs und insbesondere während des Vietnamkriegs auf sich, als die Exekutive das Konzept der Verteidigung auf den Schutz von amerikanischen Interessen und Eigentum ausgedehnt hatte, mit der Konsequenz, dass militärische Kräfte auch zu diesem Zweck im Ausland eingesetzt werden konnten.[150]

Diese Entwicklung veranlasste der Kongress zum Erlass der *War Powers Resolution* von 1973, welche trotz des Vetos des Präsidenten *Nixon* mit der qualifizierten Mehrheit des Kongresses Gesetzeskraft erlangte. Die *War Powers Resolution* setzte sich das Ziel, die *war power* des Präsidenten hinsichtlich militärischer Auslandseinsätze, die faktisch den Kriegsfall ersetzt haben, zu regulieren.[151] Neben dem grundsätzlichen Erfordernis einer parlamentarischen Zustimmung zum Einsatz von Streitkräften in Feindseligkeiten oder ausländischen Territorien begründete die Resolution weitgehende Informations- und Berichtserstattungspflichten der Exekutive gegenüber dem Kongress.[152]

---

[146] U.S. CONST. Art. 1, Sec. 8, Cl. 12-16.

[147] U.S. CONST. Art. 2, Sec. 2.

[148] The Prize Cases, 67 U.S. 635: 2 Black 635 (1863).

[149] Martin v. Mott, 25 U.S.: 12 Wheat. 19 at 30 (1827).

[150] So Justice *Thurgood Marshall* in Hotzmann v. Schlesinger, 414 U.S. 1304, at 1311-1314; Ebenso Justic *Douglasin* at 1317; vgl. dazu *Attanasio/Goldstein,* a.a.O. (Kap. 2, Fn. 86), S. 259.

[151] Pub. L. No. 93-148, 87 Stat. 555 (1973), 50 U.S.C. §§ 1541 et seq. (1988).

[152] Die Verfassungsmäßigkeit dieser Resolution wurde vor allem vom Präsidenten *Nixon* bestritten, der darin eine weitgehende Einschränkung der präsidialen Befugnisse als *Commander-in-Chief* und damit eine Verletzung des Prinzips der Gewaltenteilung erblickte. Dem wurde aber entgegengehalten, dass die Verfassung dem Präsident auferlege, „that the Laws be faithfully executed." (U.S. CONST. Art. 2, Sec. 3), sie nehme also Gesetze nicht aus, die den Einsatz von militärischer Gewalt im Ausland regulieren würden. *Attanasio/Goldstein, ibid.*, S. 260. Das Prinzip, dass die exekutive Handlung einer gesetzlichen Grundlage bedürfe, sei nicht beschränkt auf die zivilen Aktionen im Inland, sondern gelte ebenfalls bei militärischen und nichtzivilen Aktionen jenseits des Staatsgebiets (*Ibid.*). Zu dem Meinungsstreit hinsichtlich inhärenter Befugnisse des Präsidenten vgl. *Chemerinsky,* Constitutional Law: Principles and Policies, 4. Aufl., NY 2011, S. 345-349. Allerdings dürfte die in der *War Power Resolution* vorgesehene Möglichkeit der Anordnung des Rückzugs der Streitkräfte durch eine bloße *concurrent resolution* den Anforderungen des *Chadha*-Entscheidung [462 U.S. 919 (1983)], nämlich die Wahrung von Grundsätzen des *bicameralism* und *presentment* nicht standhalten (*Attanasio/Goldstein, ibid.*, S. 260). Es darf aber nicht übersehen werden, dass selbst die Kriegserklärung nach dem Wortlaut der Verfassung keiner Mitwirkung des Präsidenten bedarf.

Allerdings wurde die *War Powers Resolution* nicht immer von der Exekutive beachtet. Das jüngste Beispiel bildet der Libyen-Einsatz in 2011, der von dem Präsidenten *Barack Obama* angeordnet wurde, ohne eine vorherige oder nachträgliche Ermächtigung des Kongresses einzuholen. Dies dürfte dafür sprechen, dass der Kongress in der Kriegsführung und Verteidigung an Einfluss verloren hat. Auch wenn mangels einer kohärenten Doktrin der Gewaltenteilung des Supreme Courts und wegen dessen Zurückhaltung hinsichtlich außenpolitischer Fragen das Spannungsverhältnis zwischen dem Kongress und dem Präsidenten in der Praxis größtenteils den politischen Machtkämpfen überlassen bleibt, darf hier nicht eilfertig eine Prärogative des Präsidenten angenommen werden, zumal in dem genannten Beispielfall eine Ermächtigung des Sicherheitsrats der Vereinten Nationen vorlag.

d) Neue Tendenzen einer Parlamentarisierung

Eine neue Tendenz zur Parlamentarisierung lässt sich allerdings in der jüngsten Entscheidung des Präsidenten *Obama* über den militärischen Einsatz in Syrien erblicken[153], in der er den Einsatz von der vorherigen Zustimmung des Kongresses abhängig machte.[154] Die Entscheidung hat unterschiedliche Reaktionen ausgelöst und wurde entsprechend kontrovers diskutiert.[155] Ob sie den außenpolitischen Einfluss des Kongresses nachhaltig aufwertet, bleibt jedoch abzuwarten.[156]

---

[153] Vgl. dazu. *DeYoung,* Obama's decision to turn to Congress on Syria decision triggers debate, in *The Washington Post* v. 4.9.2013.

[154] Vgl. die Mitteilung „Obama macht Einsatz von Kongressvotum abhängig", in *SZ* v. 1.9.2013. Von Interesse ist vor allem die Entscheidungsbegründung: „[...] after careful deliberation, I have decided that the United States should take military action against Syrian regime targets. [...] But having made my decision as Commander-in-Chief based on what I am convinced is our national security interests, I'm also mindful that I'm the President of the world's oldest constitutional democracy. I've long believed that our power is rooted not just in our military might, but in our example as *a government of the people, by the people, and for the people.* And that's why I've made a second decision: I will seek *authorization for the use of force from the American people's representatives in Congress.* [...] Yet, while I believe I have *the authority to carry out this military action without specific congressional authorization,* I know that the country will be stronger if we take this course, and our actions will be even more effective. We *should have this debate,* because the issues are too big for business– as usual. [We] agreed that this is *the right thing to do for our democracy.*" (The White House, Office of the Press Secretary, A Statement by the President Obama on Syria on August 31, 2013). Hervorhebungen v. Verf.

[155] Siehe *Baker/Weisman,* Obama Seeks Approval by Congress for Strike in Syria, in *The New York Times* v. 31.8.2013; *Larotonda/Garcia,* President Obama Seeks Congressional Approval for Syria Action, ABC News v. 31.08.2013 via Word News.

[156] Jedenfalls von Bedeutung ist diese Entscheidung im Hinblick auf das Postulat der Eilbedürftigkeit der Außenpolitik. Dazu unten Kap. 4 B. II. 5.

III. Zusammenfassung und Bewertung

Die Analyse der beiden Rechtsordnungen dokumentiert die grundsätzliche Unterstellung einer Prärogative der Exekutive in der Außenpolitik, indes mit einem unterschiedlichen Maß an Parlamentsbeteiligung. Deutliche Differenzen sind im Bereich der vertraglichen Außenpolitik zu beobachten, wohingegen im Bereich der Kriegsführung und Friedenspolitik sich die beiden Referenzsysteme anzunähern scheinen. Von besonderer Bedeutung bleibt die Ausübung des parlamentarischen Haushaltsrechts in beiden Referenzsystemen.

Nach dem deutschen Verfassungsrecht ist die parlamentarische Beteiligung an vertraglicher Außenpolitik dezimiert auf ein Zustimmungsrecht, das sowohl sachlich als auch inhaltlich beschränkt ist. Darüber hinaus werden der Legislative keine Initiativ- und Gestaltungsrechte eingeräumt. Insofern verbleiben der Legislative lediglich die allgemeinen Kontrollbefugnisse, denen in einem parlamentarischen Regierungssystem eine nicht allzu große Bedeutung zukommt. Hingegen erfahren im amerikanischen Verfassungsrecht die Beteiligungsrechte des Kongresses keine ausdrückliche Einschränkung; seine Einflussnahme auf die vertragliche Außenpolitik beschränkt sich nicht auf eine bloße nachträgliche Ratifikation der Verträge. Neben der Möglichkeit des Vorbringens von Vertragsmodifikationen, kann der Kongress mittels *Fast Track* Verfahrens Verhandlungs- und Abschlussmandate erteilen, im Ergebnis also initiativ auf die Außenpolitik Einfluss nehmen.

Hinsichtlich der Sicherheitspolitik lassen sich dagegen Parallelen ziehen. In beiden Referenzrechtssystemen ist die Tendenz zu erkennen, dass der Einsatz von Streitkräften im Ausland einer parlamentarischen Ermächtigung bedarf. Während in der Bundesrepublik erst richterrechtlich ein konstitutiver Parlamentsvorbehalt etabliert wurde, hat sich der Kongress ein solches Recht durch einen Legislativakt zugesprochen.

In beiden Rechtssystemen kann die Volksvertretung über das Haushaltsrecht mittelbar die Außenpolitik beeinflussen. Indessen kommt dem Budgetrecht in einer Präsidialdemokratie, die durch die Unabhängigkeit der Regierung von dem Parlament gekennzeichnet ist, eine besondere Bedeutung zu[157], wobei sie von bestehenden politischen Mehrheiten abhängt. Dadurch gebührt dem Kongress größere außenpolitische Gestaltungsmöglichkeit. Schließlich steht dem Kongress über seine weitgefasste Legislativfunktion die Möglichkeit zu, durch Erlass von *Laws* die Außenpolitik zu gestalten.

[157] So auch *Möllers*, Gewaltengliederung, a.a.O. (Kap. 2, Fn. 34), S. 366.

Kapitel 3 Außenpolitik und auswärtige Gewalt – Die supranationale Prägung

Ist die nationalstaatliche Konzeption der Außenpolitik und der auswärtigen Gewalt als Referenz soeben dargestellt worden, so widmet sich dieses Kapitel der supranationalen Prägung der Außenpolitik und der auswärtigen Gewalt.

A. Die Außenpolitik der Europäischen Union

Die gängige Definition der Außenpolitik bezieht sich wie gesehen auf staatliche Handlungen. Daher stellt sich die Frage, ob diese Definition sich auf die Europäische Union übertragen lässt. Denn trotz aller funktionalen Ansätze besitzt die Europäische Union nach herrschender Meinung keine Staatsqualität,[1] sondern sie stellt eine Organisation *sui generis* dar.[2] Dennoch erscheint der Begriff der Außenpolitik in Titel V des EUV, der die Grundsätze der europäischen Außenpolitik umschreibt. Die Übertragung der staatlichen Besonderheiten und Begrifflichkeiten wie die der Außenpolitik auf die Europäische Union lässt sich allein mit der übertragenen Hoheitsgewalt der Europäischen Union *kraft* und zugleich *ungeachtet* des Prinzips der begrenzten Einzelermächtigung rechtfertigen. Kraft des Prinzips der begrenzten *Einzelermächtigung*, denn die Mitgliedstaaten haben einzelne originär staatliche Kompetenzen auf die Europäische Union übertragen und ungeachtet des Prinzips der *begrenzten* Einzelermächtigung, weil die Tatsache, dass die Europäische Union keine allumfassende staatliche Kompetenz hat, die vorhandenen einzelnen originär staatlichen Kompetenzen nicht beeinträchtigt. Sind der Europäischen Union außenpolitische

[1] BVerfGE 89, 156 – Maastricht; BVerfGE 123, 267 – Lissabon; EuGH, Gutachten 2/13 v. 18.12.2014, Beitritt der EU zur EMRK.

[2] Zur Kritik des *sui generis* Ansatzes vgl. *Schütze*, From dual to cooperative federalism: The changing structure of the European Law, Oxford 2010.

R. Sangi, *Die auswärtige Gewalt des Europäischen Parlaments*, Beiträge zum ausländischen öffentlichen Recht und Völkerrecht,
https://doi.org/10.1007/978-3-662-54423-5_3

Kompetenzen übertragen und ist sie zu außenpolitischen Handlungen ermächtigt worden, sei es nur partiell, so kann sie auch auf Grundlage dieser übertragenen Befugnisse eine eigene Außenpolitik ausüben. Was zu außenpolitischen Handlungen ermächtigt, darf berechtigterweise auch Außenpolitik genannt werden.

So wird hier der Begriff der Außenpolitik politikfeldunabhängig als nach außen gerichtete individuelle Handlungen und kollektive Maßnahmen einer politischen Institution verstanden.[3] Außenpolitik in diesem Sinne ist damit auch nicht auf Staaten begrenzt, sondern kann auch von dem Staatenverbund der Europäischen Union als kollektiver Akteur verfolgt werden.[4] Soweit hier der Begriff der europäischen Außenpolitik verwendet wird, ist damit ausschließlich die EU-Außenpolitik gemeint.

B. Die auswärtige Gewalt im institutionellen Gefüge der Europäischen Union

Der Begriff der auswärtigen Gewalt kommt in den europäischen Verträgen nicht vor. „*In ihren Beziehungen* zur übrigen Welt schützt und fördert die Union ihre Werte und Interessen und trägt zum Schutz ihrer Bürgerinnen und Bürger bei“ heißt es in Art. 3 Abs. 5 EUV. Damit wird auf die Außenbeziehungen der Union Bezug genommen, ohne explizit die auswärtige Gewalt der Union zu erwähnen. Ausdrücklich jedoch sprechen die europäischen Verträge von dem *auswärtigen Handeln* der Europäischen Union.[5] Die auswärtige Gewalt umschreibt aber die Zuständigkeit in auswärtigen Angelegenheiten und lässt sich, wie eben hinsichtlich des Begriffs der Außenpolitik begründet, auf die Europäische Union anwenden. Wer für die auswärtigen Angelegenheiten der Union zuständig ist, ergibt sich aus den einzelnen Vorschriften des Primärrechts. Zwar gibt es keinen institutionellen Kompetenzkatalog in den europäischen Verträgen, jedoch hat der Vertrag von Lissabon in Art. 21 EUV allgemeine Bestimmungen über das auswärtige Handeln der Union aufgenommen, von denen sich das auswärtige Handeln der Union leiten lassen muss.

C. Das auswärtige Handeln der Europäischen Union

Das Handeln der Europäischen Union auf internationaler Ebene richtet sich gemäß Art. 21 EUV nach Grundsätzen, die für ihre eigene Entstehung, Entwicklung und Erweiterung maßgebend waren, und denen sie auch weltweit zur stärkeren Geltung

---

[3] *Soetendorp*, Foreign Policy in the European Union, London 1999, S. 3; *Algieri*, Die Gemeinsame Außen- und Sicherheitspolitik der EU, Wien 2010, S. 27; *Krajewski*, in: v. Arnauld, EnzEuR Bd. 10, § 3, Rn. 3.

[4] *Hill*, The Changing Politics of Foreign Policy, Houndmills 2003, S. 3; *Krajewski, ibid.*, § 3, Rn. 3.

[5] Vgl. Art. 21 EUV.

verhelfen soll: Demokratie, Rechtsstaatlichkeit, die universelle Gültigkeit und Unteilbarkeit der Menschenrechte und Grundfreiheiten, die Achtung der Menschenwürde, der Grundsatz der Gleichheit und der Solidarität sowie die Achtung der Grundsätze der Charta der Vereinten Nationen und des Völkerrechts. Dabei gelten diese Grundsätze nicht nur im Rahmen der intergouvernementalen Politikbereiche, die im EUV geregelt sind, sondern sie bestimmen gemäß Art. 205 AEUV auch das Handeln der Europäischen Union auf internationaler Ebene in supranationalen Politikbereichen. Somit wird das auswärtige Handeln der Union nach einheitlichen Grundsätzen gestaltet. Was vom auswärtigen Handeln der Europäischen Union umfasst wird, hängt jedoch von den außenpolitischen Kompetenzen der Europäischen Union ab.

D. Die Arten der außenpolitischen Kompetenzen der Europäischen Union

Neben den expliziten Kompetenzen der Europäischen Union, die sich über verschiedene Abschnitte in EUV und AEUV verstreuen, bestehen implizite Kompetenzen. Trotz anfänglicher Zweifel und Kontroversen[6] über die Vereinbarkeit der impliziten Kompetenzen mit dem Grundsatz der begrenzten Einzelermächtigung[7] – welche sowohl bei Innen- als auch Außenkompetenzen relevant werden[8] –, haben sie sich ihre Geltung ertrotzt. Denn der Grundsatz der begrenzten Einzelermächtigung bekräftigt zwar die fehlende Kompetenz-Kompetenz der Europäischen Union, er verbietet jedoch nicht die Auslegung einzelner Kompetenznormen nach rechtlich zulässigen Auslegungsmethoden, zu denen ebenfalls die *implied powers* Lehre gehört.[9]

Die Anwendung dieser Lehre als Auslegungsmethode findet sich parallel im Völkerrecht sowie im deutschen Recht, das von der Zuständigkeit kraft Sachzusammenhanges spricht.[10] Entsprechend legte der Gerichtshof die *implied powers*

[6] *Wohlfahrt,* in: Wohlfahrt/Everling/Glaesner/Sprung, EWG, Art. 228, Rn. 3; *Brunner,* in: v. d. Groeben/v. Boeckh, EWG, Art. 228, Rn. 1.

[7] Ex-Art. 5 EGV; Art. 5 Abs. 1, S. 1 und Abs. 2, S. 1 EUV.

[8] *Mögele,* in: Streinz, EGV, Art. 300, Rn. 12; *Dashwood,* The Attribution of External Relations Competence, in: Dashwood/Hillion (Hrsg.), The General Law of E.C. External Relations, London 2002, S. 116. Vgl dazu auch *Hahn/Dudenhöfer,* in: v. Arnauld, EnzEuR Bd. 10, § 15, Rn. 6 ff.

[9] Zur Entwicklung der *implied powers* Lehre vgl. *Dörr,* Die Entwicklung der ungeschriebenen Außenkompetenzen der EG, EuZW 1996, S. 39; *Nicolaysen,* Zur Theorie von den implied powers in den Europäischen Gemeinschaften, EuR 1966, S. 129; *Boysen,* in: v. Arnauld, EnzEuR Bd. 10, § 9, Rn. 18; *Wouters/Coppens/De Meester,* The European Union´s External Relations after the Lisbon Treaty, in: Griller/Ziller (Hrsg.), The Lisbon Treaty– EU Constitutionalism without a Constitutional Treaty?, Wien [et. al.] 2008, S. 143, 174 ff.

[10] *Metz,* Die Außenbeziehungen der Europäischen Union nach dem Vertrag über eine Verfassung für Europa: Eine Untersuchung aus kompetenzrechtlicher Sicht - mit Erläuterungen zu den Außenkompetenzen nach dem Vertrag von Nizza, Berlin 2007, S. 114 m. w. N.

Lehre seinem *Fédéchar*-Urteil zugrunde.[11] Demnach steht einem Hoheitsträger eine Kompetenz dann zu, wenn und soweit dies zur sinnvollen und wirksamen Umsetzung einer ausdrücklichen Kompetenz erforderlich ist.[12] Dabei geht es weniger um Schaffung neuer Kompetenzen, als um die Auslegung bestehender Kompetenzen.

Was die Außenpolitik anbelangt, wurden die impliziten Kompetenzen vom Gerichtshof der Europäischen Union, beginnend mit der *AETR*-Rechtsprechung[13] über das *Kramer*-Urteil[14] und *Stilllegungsfonds*-Gutachten[15] bis zum *WTO*-Gutachten[16] weiterentwickelt.[17] Inzwischen sind die vom Gerichtshof in seiner Rechtsprechungslinie entfalteten Grundsätze der impliziten Außenkompetenzen der Europäischen Union in Art. 3 Abs. 2 und Art. 216 Abs. 1 AEUV verankert. Nach Art. 3 Abs. 2 AEUV besteht eine ausschließliche Zuständigkeit der Union für den Abschluss internationaler Übereinkünfte, „wenn der Abschluss einer solchen Übereinkunft in einem Gesetzgebungsakt der Union vorgesehen ist, wenn er notwendig ist, damit sie ihre interne Zuständigkeit ausüben kann, oder soweit er gemeinsame Regeln beeinträchtigen oder deren Tragweite verändern könnte." Ergänzend kommt die Regelung des Art. 216 Abs. 1 AEUV hinzu, in dem der einst im *Stilllegungsfonds*-Gutachten[18] entwickelte Grundsatz der Parallelität der Innen- und Außenkompetenzen normiert wird: „Die Union kann mit einem oder mehreren Drittländern oder einer oder mehreren internationalen Organisationen eine Übereinkunft schließen, wenn dies in den Verträgen vorgesehen ist oder wenn der Abschluss einer Übereinkunft im Rahmen der Politik der Union entweder zur Verwirklichung eines der in den Verträgen festgesetzten Ziele erforderlich oder in einem verbindlichen Rechtsakt der Union vorgesehen ist oder aber gemeinsame Vorschriften beeinträchtigen oder deren Anwendungsbereich ändern könnte."[19]

Sind die Arten von außenpolitischen Kompetenzen der Union dargelegt worden, so gilt es als Nächstes deren Inhalt zu beleuchten.

---

[11] EuGH, Slg. 1956, 297.

[12] *Nicolaysen, ibid.*, S. 129, 134.

[13] EuGH, Slg. 1971, 263.

[14] EuGH, Slg. 1976, 1279.

[15] EuGH, Slg. 1977, 741.

[16] EuGH, Slg. 1994, I-5267.

[17] Siehe Überblick bei *Schmalenbach,* in: Callies/Ruffert, AEUV, Art. 216 Rn. 10 ff; *Bleckmann*, Die Kompetenz der Europäischen Gemeinschaft zum Abschluss völkerrechtlicher Verträge, EuR 1977, S. 109-121; *Daues*, Die Beteiligung der Europäischen Gemeinschaften an multilateralen Völkerrechtsübereinkommen, EuR 1979, S. 138-170; *Geiger*, Vertragsschlusskompetenzen der Europäischen Gemeinschaft und auswärtige Gewalt der Mitgliedstaaten, JZ 1995, S. 973-982; *Hilf/Schorkopf,* Das Europäischen Parlament in den Außenbeziehungen der Europäischen Union, EuR 1999, S. 185-202.

[18] EuGH, Slg. 1977, 741, Rn. 4; Vgl. dazu ausführlich *Lorz/Meurers*, in: v. Arnauld, EnzEuR Bd. 10, § 2, Rn. 14 ff.; *Hahn/Dudenhöfer*, in: v. Arnauld, EnzEuR Bd. 10, § 15, Rn. 4 ff,.

[19] Zur andauernden Relevanz der Rechtsprechung des EuGH trotz dieser vertraglichen Normierungen vgl. *Lorz/Meurers,* in: v. Arnauld, EnzEuR Bd. 10, § 2, Rn. 16; *Callies,* in: Callies/Ruffert, AEUV, Art. 3, Rn. 17; *Vedder,* in: Vedder/Heintschel v. Heinegg, AEUV, Art. 3, Rn. 8; *Mögele,* in: Streinz/Mögele, AEUV, Art. 216, Rn. 29.

E. Der Inhalt der Außenkompetenz der Europäischen Union

Zwar enthält Art. 3 AEUV einen Kompetenzkatalog, daraus ergibt sich allerdings den Gegenstand und die Reichweite der jeweiligen Entscheidungskompetenzen im Einzelnen nicht. Daher gilt auch hinsichtlich der außenpolitischen Kompetenzen Art. 2 Abs. 6 AEUV, demnach der Umfang der Zuständigkeit der Union und die Einzelheiten ihrer Ausübung sich aus den Bestimmungen der Verträge zu den einzelnen Bereichen ergeben. Im Folgenden werden die europäischen Verträge daraufhin untersucht, was den Gegenstand der europäischen Außenpolitik und damit das Aktionsfeld außenpolitischer Akteure bildet.

I. Die Gemeinsame Außen- und Sicherheitspolitik

Nach Art. 2 Abs. 4 AEUV ist die Europäische Union für die Gemeinsame Außen- und Sicherheitspolitik einschließlich der sich noch in Entwicklung befindenden Verteidigungspolitik nach Maßgabe des EUV zuständig. Damit bemisst sich die Kompetenz der Union für die Gemeinsame Außen- und Sicherheitspolitik jenseits der Systematik des AEUV in erster Linie nach Art. 24 EUV,[20] der für diesen Bereich besondere Bestimmungen und Verfahren zulässt. Dabei handelt es sich um eine besondere Kategorie von Kompetenzen, die die einzelne mitgliedstaatliche Kompetenz hinsichtlich der Außen-und Sicherheitspolitik unberührt lässt und sie lediglich ergänzt.[21] Diese Sonderstellung der Gemeinsamen Außen- und Sicherheitspolitik deutet auf die Kontinuität der Säulenstruktur auch nach dem Inkrafttreten des Vertrages von Lissabon hin.[22]

Die Kompetenz der Europäischen Union im Bereich der Gemeinsamen Außen- und Sicherheitspolitik erstreckt sich gemäß Art. 24 Abs. 1 EUV auf alle Bereiche der Außenpolitik sowie auf sämtliche Fragen im Zusammenhang mit der Sicherheit der Union, einschließlich der schrittweisen Festlegung einer gemeinsamen Verteidigungspolitik. Zur Wahrnehmung der Gemeinsamen Außen- und Sicherheitspolitik sieht Art. 25 EUV bestimmte, jedoch nicht abschließende Handlungsinstrumente vor. Hierzu zählt auch der Abschluss von Übereinkünften mit Drittstaaten.[23] Ferner

[20] *Thym,* in: v. Arnauld, EnzEuR Bd. 10, § 16, Rn. 27; *Lorz/Meurers,* in: v. Arnauld, EnzEuR Bd. 10, § 2, Rn. 32.

[21] *Thym, ibid.,* § 16, Rn. 27; *Lorz/Meurers, ibid.,* § 2, Rn. 73; *Streinz/Ohler/Hermann,* Der Vertrag von Lissabon zur Reform der EU, 3. Aufl., München 2010, Teil 4, § 17 II. 1; *Ludwigs,* ZEuS 2004, S. 211, 235 f.

[22] *Lorz/Meurers, ibid.,* § 2, Rn 73; *Nettesheim,* in: Grabitz/Hilf/Nettesheim, AEUV, Art. 2 Rn. 43; *Streinz,* in: Streinz, AEUV, Art. 2 Rn. 16.

[23] *Lorz/Meurers, ibid.,* § 2, Rn. 76; zu weiteren Instrumenten vgl. *Kaufmann-Bühler,* in Grabitz/Hilf/Nettesheim, EUV, Art. 25, Rn. 13 f.; *Hummer,* in: Vedder/Heintschel von Heinegg, EUV, Art. 25, Rn. 8.

ist die Europäische Union nach Art. 2 Abs. 4 AEUV für die Gemeinsame Sicherheits- und Verteidigungspolitik zuständig, die als integraler Bestandteil der Gemeinsamen Außen- und Sicherheitspolitik der Union eine auf zivile sowie militärische Mittel gestützte Operationsfähigkeit sichert.[24]

II. Die Gemeinsame Handelspolitik

Die Gemeinsame Handelspolitik lässt sich in autonome und vertragliche Außenhandelspolitik einteilen.[25] Während die autonome Handelspolitik die einseitige Bestimmung der gemeinsamen Handelspolitik der Europäischen Union durch Annahme von Rechtsakten mit interner Wirkung umfasst,[26] hat die vertragliche Handelspolitik die Aushandlung von Abkommen mit Drittländern oder internationalen Organisationen zum Inhalt. Nach herkömmlichem Verständnis stellt die autonome Handelspolitik keine Außenpolitik dar, denn sie setzt zwar Recht, aber dieses erstreckt sich nur auf das Hoheitsgebiet der Union und ist daher unabhängig vom Willen anderer Subjekte. Hingegen kommt die vertragliche Handelspolitik erst in Interaktion mit anderen Völkerrechtssubjekten zustande und verkörpert daher nach der tradierten Differenzierung die Außenpolitik.

Die Gemeinsame Handelspolitik bildet das Herzstück der Außenbeziehungen der Europäischen Union.[27] Schon vor dem Inkrafttreten des Vertrags von Lissabon prägte die Gemeinsame Handelspolitik die Stellung der Europäischen Union in ihren globalen ökonomischen Beziehungen, denn die Zuständigkeit der Europäischen Union im Bereich der Gemeinsamen Handelspolitik hat sich bereits infolge der Verträge von Amsterdam und Nizza erweitert. Im Vordergrund dieser Ausweitung stand stets die Handlungsfähigkeit der Union in internationalen Verhandlungsgremien sowie die Sicherstellung der Einheitlichkeit und Effektivität des Außenauftritts der Europäischen Union zur Wahrung europäischer Interessen.[28] In Zeiten globalen Handels erfordert ein einheitlicher Wirtschaftsraum nicht nur die Beseitigung interner Handelsbeschränkungen, sondern auch ein System des gemeinsamen Außenhandels,[29] welches das Binnenmarktkonzept nach außen fortsetzt.

---

[24] Siehe Art. 42 EUV.

[25] Vgl. Art. 207 Abs. 2 und Abs. 3 AEUV.

[26] *Weiß,* in: Grabitz/Hilf/Nettesheim, AEUV, Art. 207, Rn. 63.

[27] Zur Rolle der EU als Akteurin im globalen Handel vgl. *Molynneux*, The Trade Barriers Regulation: The European Union as a Player in the Globalisation Game, ELJ 5 (1999), S. 375-418; zur internationalen Handelspolitik der EU nach dem Verfassungsvertrag vgl. *Krajewski*, External Trade Law and the Constitution treaty: towards a federal and more democratic common commercial policy?, CMLR 2005, S. 91.

[28] *Weiß,* in: Grabitz/Hilf/Nettesheim, AEUV, Art. 207, Rn. 1.

[29] *Weiß,* in: Grabitz/Hilf/Nettesheim, AEUV, Art. 207, Rn. 28.

Mit dem Vertrag von Lissabon wurde versucht, den Bedürfnissen des internationalen Handels Rechnung zu tragen.[30] Indem der Union die ausschließliche Zuständigkeit über die Gemeinsame Handelspolitik übertragen wurde,[31] wurde eine Kongruenz zwischen der Materie des WTO-Abkommens und der handelspolitischen Kompetenzen der Europäischen Union herbeigeführt.[32] Während nach der Vertragsfassung von Nizza bereits Teile der Gemeinsamen Handelspolitik unter die ausschließliche Zuständigkeit fielen,[33] bezieht sich die ausschließliche Zuständigkeit nach der Vertragsfassung von Lissabon auf die gesamte Gemeinsame Handelspolitik. Dies hat allerdings zur Folge, dass neue Kompetenzen der Union partiell eng ausgelegt werden.[34]

Dieser weitgehende außenhandelspolitische Kompetenzzuwachs der Union ist vor allem vor dem Hintergrund der Parallelität der Außen- und Innenkompetenzen verständlich, denn der Außenhandel ist das Pendant zum Binnenmarkt.[35] Es fehlt indes nach wie vor an einem einheitlichen Rechtssetzungsverfahren. Wird im Rahmen der autonomen Handelspolitik das ordentliche Gesetzgebungsverfahren eingesetzt, ist die vertragliche Handelspolitik, wie der Name schon verrät, durch Verhandlungen und den Abschluss von bi- und multilateralen Verträgen gekennzeichnet.

1. Die Reichweite der Gemeinsamen Handelspolitik

Der Rechtsprechung des Gerichtshofs der Europäischen Union zufolge ist die Gemeinsame Handelspolitik ein Begriff, der im Hinblick auf das sich verändernde internationale Umfeld für neuere Entwicklungen offen steht.[36] Folglich verstand der Gerichthof unter dem Begriff der Handelspolitik nicht nur die herkömmlichen Aspekte des Außenhandels, sondern auch weiterentwickelte Mechanismen, die auf eine Regelung des Weltmarktes abzielen.[37]

Diese Rechtsprechung hat der Gerichtshof der Europäischen Union allerdings in seinem *WTO*-Gutachten insoweit eingeschränkt, als die Gemeinsame Handelspolitik nicht *per se* den gesamten Dienstleistungsverkehr, sondern lediglich die grenzüberschreitende Erbringung von Dienstleistungen umfassen sollte.[38]

---

[30] *Bungenberg,* Going Global? The EU Common Commercial Policy After Lisbon, in: Herrmann/Terhechte (Hrsg.), European Yearbook of International Economic Law, Heidelberg [et. al.] 2010, S. 124.

[31] Siehe Art. 3 Abs. 1, lit. e., a. AEUV.

[32] *Hahn,* in: Callies/Ruffert, AEUV, Art. 206, Rn. 3; *Lorz/Meurers,* in: v. Arnauld, EnzEuR Bd. 10, § 2, Rn. 87.

[33] *Callies*, in: Callies/Ruffert, EGV, 3. Aufl. 2007, Art. 5, Rn. 27-28.

[34] So das BVerfG hinsichtlich des Begriffes der „ausländischen Direktinvestitionen" in seinem *Lissabon*-Urteil, BVerfGE 123, 267 (421).

[35] *Müller-Ibold,* in: Lenz/Borchardt, AEUV, Vorb. Art. 206-207, Rn. 1; *Hahn,* in: Callies/Ruffert, AEUV, Art. 206, Rn. 2; *Weiß,* in: Grabitz/Hilf/Nettesheim, AEUV, Art. 206, Rn. 10; so auch *Lorz/Meurers,* in: v. Arnauld, EnzEuR Bd. 10, § 2, Rn. 84.

[36] EuGH, Slg. 1979, 2871, 2913, Rn. 44 ff.- Gutachten 1/78, Internationales Naturkautschukübereinkommen.

[37] *Ibid.*

[38] EuGH, Slg. 1994, I-5267, 5401, Rn. 44.

2. Erweiterung der handelspolitischen Kompetenzen

Mit der Einführung des Art. 207 Abs. 1 AEUV durch den Vertrag von Lissabon wurde das Ende dieser vom Gerichtshof ins Leben gerufenen Einschränkung eingeläutet, welche bereits durch den Vertrag von Nizza teilweise aufgehoben wurde.[39] Art. 207 AEUV zählt nun die Hauptbereiche der Gemeinsamen Handelspolitik auf. Hierzu gehören die Änderung von Zollsätzen; der Abschluss von Zoll- und Handelsabkommen, die den Handel mit Waren und Dienstleistungen betreffen; die Handelsaspekte des geistigen Eigentums; die ausländischen Direktinvestitionen; die Vereinheitlichung der Liberalisierungsmaßnahmen sowie die Ausfuhrpolitik und schließlich die handelspolitischen Schutzmaßnahmen, etwa im Fall von Dumping und Subventionen.

Dabei unterliegt nun der Dienstleistungshandel bis auf den Bereich der Transportdienstleistungen einheitlich der ausschließlichen Zuständigkeit der Europäischen Union.[40] Das darf allerdings nicht zu der falschen Annahme verleiten, dass der Dienstleistungshandel damit dem Warenhandel gleichgestellt ist, denn durch das Einstimmigkeitserfordernis des Art. 207 Abs. 4 UAbs. 2 AEUV kann die Union im Hinblick auf solche Abkommen nicht autonom agieren. Dies bedeutet jedoch nicht unbedingt, dass die Gemeinsame Handelspolitik in diesem Bereich weniger effektiv ist, denn das Einstimmigkeitserfordernis greift nur beim Abschluss solcher Abkommen, bei denen für die Annahme interner Vorschriften Einstimmigkeit erforderlich ist.[41] An dieser Stelle tritt erneut die Parallelität der Außen- und Innenkompetenzen hervor. Darüber hinaus fallen Handelsaspekte des geistigen Eigentums sowie ausländische Direktinvestitionen – wenn auch nur mit besonderer Einstimmigkeitsregelung des Art. 207 Abs. 4 AEUV– unter die Gemeinsame Handelspolitik. Mithin ist mit der Einführung neuer Begriffe in den Art. 207 Abs. 1 AEUV das Bedürfnis nach einer offenen und dynamischen Auslegung des Begriffes der Handelspolitik zwar nicht ausgeschlossen aber weit dezimiert.

III. Die Zusammenarbeit mit Drittländern und humanitäre Hilfe

Einen weiteren Gegenstand der Außenpolitik der Europäischen Union bilden die Entwicklungszusammenarbeit, die wirtschaftliche, finanzielle und technische Zusammenarbeit mit Drittländern sowie die humanitäre Hilfe.[42] Die Zuständigkeit der Union für den Bereich der Entwicklungszusammenarbeit und der humanitären Hilfe ist trotz deren Normierung unter dem Titel der geteilten Zuständigkeit in

[39] Art. 133 Abs. 6 UAbs. 2 EGV a. F. ordnete allerdings eine Reihe von Dienstleistungen der gemischten Zuständigkeit von Mitgliedstaaten und Gemeinschaft zu. Vgl. dazu *Hahn,* in: Callies/Ruffert, AEUV, Art. 207, Rn. 12 f.

[40] Siehe *Hahn, ibid.* Rn. 12 ff.

[41] *Ibid.*

[42] Vgl. Art. 208- 214 AEUV.

Art. 4 Abs. 4 AEUV paralleler Natur, denn Art. 4 Abs. 4 AEUV sieht vor, dass die Mitgliedstaaten nicht daran gehindert sind, ihre Zuständigkeit in diesen Bereichen auszuüben, wenn die Union von ihrer Zuständigkeit Gebrauch gemacht hat.[43]

Hinsichtlich der Entwicklungszusammenarbeit stattet Art. 209 AEUV die Union mit zwei Typen von Handlungsinstrumenten aus. Zum einen werden durch dessen Abs. 1 das Europäische Parlament und der Rat ermächtigt, gemäß dem ordentlichen Gesetzgebungsverfahren die zur Durchführung der Politik im Bereich der Entwicklungszusammenarbeit erforderlichen Maßnahmen zu erlassen. Zum anderen und für die Außenpolitik der Union von Brisanz ist die in Art. 209 Abs. 2 AEUV vorgesehene Kompetenz zum Abschluss internationaler Übereinkünfte.

Was den Bereich der wirtschaftlichen, finanziellen und technischen Zusammenarbeit mit Drittländern angeht, ist ebenfalls eine parallele Zuständigkeit der Union anzunehmen.[44] Auch in diesem Bereich hat die Europäische Union neben der Kompetenz zu allgemeinen Maßnahmen[45] die Befugnis zum Abschluss völkerrechtlicher Abkommen mit Drittländern und internationalen Organisationen. Außenpolitisch relevant ist gleichermaßen die parallele Zuständigkeit der Union im Bereich der humanitären Hilfe.[46]

IV. Sanktionen und restriktive Maßnahmen

Von besonderer außenpolitischer Bedeutung ist Art. 215 AEUV. Dieser autorisiert die Europäische Union zur Verhängung von wirtschaftlichen Sanktionen gegen Drittstaaten sowie gegen nichtstaatliche Personen und Gruppen. Dabei beschränken sich die wirtschaftlichen Sanktionen nicht nur auf den Bereich des Kapital- und Zahlungsverkehrs. Vielmehr umfassen sie Wirtschaftssanktionen aller Art. Damit sind Eingriffe in die Freiheit des Waren- und Dienstleistungsverkehrs sowie der Niederlassungsfreiheit von Unternehmen denkbar.[47] In diesem Zusammenhang kommt dem Art. 75 AEUV ebenfalls eine besondere außenpolitische Relevanz zu, der die Union zur Einschränkung der Kapitalfreiheit natürlicher und juristischer Personen, Gruppierungen und nichtstaatlicher Einheiten zur Bekämpfung des Terrorismus ermächtigt. Insoweit ist Art 75 AEUV *lex specialis* zu Art. 215 AEUV, welcher der Union eine Rechtsgrundlage zur Umsetzung von Sanktionen der Vereinten Nationen verschafft. Ergreift die Union auf dieser Grundlage eine restriktive Maßnahme, so ist die Zuständigkeit der Mitgliedstaaten ausgeschlossen.[48]

[43] So auch *Nettesheim,* in: Grabitz/Hilf/Nettesheim, AEUV, Art. 4, Rn. 26; *Schmalenbach,* in: Callies/Ruffert, AEUV, Art. 209, Rn. 11.

[44] *Lorz/Meurers,* in: v. Arnauld, EnzEuR Bd. 10, § 2, Rn. 108; vgl. hierzu *Dann/Wortmann,* in: v. Arnauld, EnzEuR Bd. 10, § 8, Rn. 14 ff.

[45] Siehe Art. 212 Abs. 1 AEUV.

[46] Vgl. Art. 4 Abs. 4, Art. 214 AEUV.

[47] *Lorz/Meurers,* in: v. Arnauld, EnzEuR Bd. 10, § 2, Rn. 118.

[48] *Ibid.,* Rn. 116.

V. Die Währungspolitik

Eine weitere außenpolitische Kompetenz der Union ergibt sich aus Art. 219 AEUV, der der Union die Befugnis zur Vereinbarungen auf dem Gebiet der Wechselkurspolitik einräumt. Die Mitgliedstaaten sind aber befugt, unbeschadet der Unionszuständigkeit und der Unionsvereinbarungen über die Wirtschafts- und Währungsunion in internationalen Gremien Verhandlungen zu führen und internationale Vereinbarungen zu treffen.[49]

VI. Die Assoziierungs- und Nachbarschaftspolitik

Zu den außenpolitischen Kompetenzen zählen ferner die Assoziierungs- und Nachbarschaftspolitik. Das Gebot der Entwicklung besonderer Beziehungen zu den Ländern in der Nachbarschaft der Europäischen Union ist in Art. 8 EUV verankert,[50] welcher Wohlstand und gute Nachbarschaft auf Grundlage der Werte der Europäischen Union gewährleisten soll. Die Europäische Union baut auf Grundlage des Art. 21 EUV Partnerschaften zu Drittländern sowie zu regionalen und internationalen Organisation auf. Ferner autorisiert Art. 8 Abs. 2 EUV die Europäische Union zum Abschluss von Nachbarschaftsabkommen zur Ausgestaltung nachbarschaftlicher Beziehungen.[51] Daneben besitzt die Europäische Union nach Art. 217 AEUV die Kompetenz zum Abschluss von Assoziierungsabkommen.[52]

VII. Sonstige außenpolitische Kompetenzen

Überdies bestehen Außenkompetenzen der Union auch im Rahmen der internen Politiken.[53] Dazu zählen insbesondere die auswärtigen Kompetenzen zur Förderung der Zusammenarbeit mit Drittstaaten und internationalen Organisationen wie im Bereich der Bildung und des Sport,[54] der Kultur[55] des Gesundheitswesens,[56] der transeuropäischen Netze,[57] der Forschung[58] sowie der Umwelt.[59] In allen diesen

[49] Art. 219 Abs. 4 AEUV.

[50] Siehe dazu nur *Kotzur,* in: v. Arnauld, EnzEuR Bd. 10, § 7, Rn. 9 ff.

[51] Vgl. *ibid.,* § 7, Rn. 26 ff.

[52] Näheres dazu *Schmalenbach,* in: v. Arnauld, EnzEuR Bd. 10, § 6, Rn. 16 ff.

[53] Ausführlich dazu *Hahn/Dudenhöfer*, in: v. Arnauld, EnzEuR Bd. 10, § 15.

[54] Siehe Art. 165 Abs. 3, 166 Abs. 3 AEUV.

[55] Siehe Art. 167 Abs. 3 AEUV.

[56] Siehe Art. 168 Abs. 3 AEUV.

[57] Siehe Art. 170, Art. 171 Abs. 3 AEUV.

[58] Siehe Art. 180 lit. b, Art. 186 AEUV.

[59] Siehe Art. 191 Abs. 4 AEUV.

Bereichen fördert die Union die Zusammenarbeit mit Drittländern und zuständigen internationalen Organisationen. Man könnte insoweit von einer außenpolitischen Komponente der internen Politiken sprechen.

Als weitere außenpolitische Kompetenz der Europäischen Union ist Art. 6 Abs. 2 EUV zu erwähnen, der die Union zum Beitritt zu der *Europäischen Menschrechtskonvention* ermächtigt. Schließlich können außenpolitische Kompetenzen der Europäischen Union auf Grundlage der nun in Art. 352 AEUV normierten Kompetenzergänzungsklausel gewonnen werden, welche nur dann zur Anwendung kommt, wenn keine andere geschriebene oder ungeschriebene Kompetenz eingreift, und insofern einen subsidiären Charakter hat.[60]

VIII. Zwischenbilanz und erster Ausblick

Wie soeben aufgezeigt, ist das Aktionsfeld der Außenpolitik und der auswärtigen Gewalt der Europäischen Union von beachtlichem Ausmaß. Es beschränkt sich vor allem nicht etwa auf den Bereich der *high politics*: der diplomatischen und konsularischen Beziehungen sowie der Kriegs- und Friedenspolitik. Ganz im Gegenteil zeigt die vorangegangene Darstellung, dass die europäischen Außenbeziehungen in erster Linie aus wirtschaftlichen Beziehungen zu anderen Staaten und internationalen Organisationen bestehen. Ein Umstand, der darauf zurückzuführen ist, dass die Entfaltung der europäischen Außenbeziehungen vornehmlich die wirtschaftliche Integration im Sinn hatte. Gleichzeitig erbringt die Untersuchung einzelner außenpolitischer Kompetenzen der Europäischen Union den Nachweis über die Parallelität der Entwicklung der Außenpolitik zur Innenpolitik.

Begleitet wird die Vielfältigkeit der europäischen Außenpolitik von einer Verflechtung des Gegenstandes der europäischen Außenpolitik mit dem Gegenstand der europäischen Innenpolitik. Denn kann die Europäische Union im Rahmen ihrer außenpolitischen Kompetenzen über Aspekte des Binnenmarktes, wie zum Beispiel die Grundfreiheiten völkerrechtliche Abkommen schließen, so werden originäre Gegenstände der Innenpolitik mittels außenpolitischer Handlungsinstrumente reguliert. Dieser Prozess wird zudem durch die zunehmende Internationalisierung der rechtlichen und wirtschaftlichen Verhältnisse der Staaten beschleunigt. Erschwerend kommt hinzu, dass nicht nur binnenmarktrelevante und handelspolitische Aspekte betroffen sind, vielmehr haben sich mit der Erweiterung der Zusammenarbeit der Union mit Drittländern und internationalen Organisationen in internen Politiken wie der Bildung und Kultur selbst Aspekte der europäischen Identität in außenpolitische Komponenten gewandelt.

Vor diesem Hintergrund erweist sich die herkömmliche Differenzierung zwischen Innen- und Außenpolitik als unberechtigt. Denn die Folgen einer solchen Differenzierung sind nicht allein begrifflicher Natur. Gestützt auf diese Differenzierung

[60] *Lorz/Meurers*, in: v. Arnauld, EnzEuR Bd. 10, § 2, Rn. 154 m. w. N.

gelten nach wie vor unterschiedliche Grundsätze und Verfahren für die beiden Bereiche. Zu denken ist hier an die unterschiedlichen Handlungsinstrumente der Union einerseits in autonomer anderseits in vertraglicher Handelspolitik.[61]

F. Die Binnenorganisation der europäischen Außenpolitik

Mit der Binnenstruktur der Union hinsichtlich der auswärtigen Angelegenheiten sind Aufgaben und Funktionen der Institutionen der Europäischen Union in den auswärtigen Beziehungen,[62] sprich die unionsinterne Zuständigkeit für die auswärtigen Angelegenheiten gemeint. Ähnlich wie in den bereits erörterten Referenzsystemen gibt es keinen außenpolitischen Zuständigkeitskatalog der Unionsorgane, vielmehr sind die außenpolitischen Funktionen und Befugnissen der Organe anhand einzelner Normen zu ermitteln.[63]

Während anfangs die Europäischen Kommission alleine die Aufgabe innehatte, „zweckdienliche Beziehungen zu den Organen der Vereinten Nationen, ihrer Fachorganisationen und des Allgemeinen Zoll- und Handelsabkommens aufzunehmen und soweit zweckdienlich, Beziehungen zu allen internationalen Organisationen zu unterhalten,[64] musste die Kommission sie im Laufe der Zeit mit der jeweiligen Ratspräsidentschaft teilen und sich vor allem mit Bereichen der ausschließlichen Gemeinschaftszuständigkeit begnügen.[65] Anders als die Außenvertretung war das Verfahren zum Abschluss völkerrechtlicher Verträge bereits von Anbeginn durch die Dualität von Kommission und Rat, die zusammen die europäische Exekutive bilden, ausgezeichnet. Erst mit dem Vertrag von Maastricht und schließlich mit dem Vertrag von Lissabon wurde die Vertragspolitik um einen weiteren Akteur nämlich das Europäische Parlament ergänzt.[66]

Grundverschieden von supranationalen Bereichen war die Gemeinsame Außen- und Sicherheitspolitik in der Fortsetzung der Tradition der Europäischen Politischen Zusammenarbeit intergouvernemental durch den Europäischen Rat und den Rat dominiert.[67] Als weiterer außenpolitischer Akteur hat bereits der Vertrag von Amsterdam das Amt des Generalsekretärs des Rats und Hohen Vertreters für die Gemeinsame Außen- und Sicherheitspolitik geschaffen, das der Vertrag von

---

[61] Dazu ausführlich unten Kap. 5 A. I. 2. b).

[62] *Krajewski*, in: v. Arnauld, EnzEuR Bd. 10, § 3, Rn. 7.

[63] Siehe Art. 13 Abs. 2 EUV zur Organkompetenz sowie Art. 5 Abs. 1 zur Verbandskompetenz der EU.

[64] Art. 229 EWG-Vertrag i. d. F. v. 1995; zu ähnlichen Bestimmungen im EGKS-Vertrag und Euratom-Vertrag siehe *Hoffmeister,* Die Wahrnehmung der Europäischen Institutionen im Rahmen der Vereinten Nationen 1951-1992, in: Ahmann/Schulze/Walter (Hrsg.), Rechtliche und politische Koordinierung der Außenbeziehungen der Europäischen Gemeinschaften 1951-1992, Berlin 2010, S. 93 f.; *Krajewski*, in: v. Arnauld, EnzEuR Bd. 10, § 3, Rn. 12.

[65] *Hoffmeister, ibid.,* S. 13; *Krajewski*, in: v. Arnauld, EnzEuR Bd. 10, § 3, Rn. 13.

[66] Dazu eingehend unten Kap. 5.

[67] *Krajewski*, in: v. Arnauld, EnzEuR Bd. 10, § 3, Rn. 17.

Lissabon konstitutionell aufgewertet und durch das Amt des Hohen Vertreter der Union für die Außen- und Sicherheitspolitik ersetzt hat.[68] Entsprechend der nationalstaatlichen Tradition stellt sich allerdings die Frage, ob jenseits der einzelnen Befugnisse der Organe eine bestimmte institutionelle Verteilung der auswärtigen Gewalt verfassungsprinzipiell verankert und daher geboten erscheint.

G. Maßstab einer institutionellen Zuordnung der auswärtigen Gewalt

Als ein solches Verfassungsprinzip fällt zunächst der Gewaltenteilungsgrundsatz ins Auge. Nimmt man an, dass das Prinzip des institutionellen Gleichgewichts gleichsam ein Äquivalent des Gewaltenteilungsprinzips im Unionsrecht darstellt,[69] könnte man zunächst überlegen, ob sich daraus eine bestimmte Zuordnung der auswärtigen Gewalt, insbesondere eine Vorrangstellung des Gesetzgebers herleiten lässt. Obgleich ein solcher Vorrang des Gesetzgebers nicht *per se* eine Besserstellung des Europäischen Parlaments zur Folge hätte, denn das Europäische Parlament agiert im institutionellen Gefüge der Union nicht als Alleingesetzgeber, sondern in Co-Gesetzgeberschaft mit dem Rat, würde ein verfassungsprinzipieller Vorrang des europäischen Gesetzgebers für das Verhältnis der Co-Gesetzgeber nicht folgenlos bleiben. Denn die Co-Gesetzgeber können, wie es zu zeigen sein wird, aufgrund ihrer unterschiedlichen institutionellen Ausgestaltung einen solchen Vorrang nicht in gleicher Weise rechtfertigen.[70]

Freilich lässt sich ein solcher Vorrang allein anhand des vom Gerichtshof der Europäischen Union ins Leben gerufenen Prinzips des institutionellen Gleichgewichts nicht konstruieren. Zwar hat der Gerichtshof ursprünglich das Prinzip des institutionellen Gleichgewichts generiert, um die Verfahrensrechte des Europäischen Parlaments zu stärken, indem er betonte, dass die Beachtung der Beteiligungsrechte des Europäischen Parlaments am europäischen Rechtsetzungsverfahren nicht zur Disposition der anderen an diesem Verfahren beteiligten Organe stehe,[71] dennoch lässt sich diesem Gedanken keine konkrete institutionelle Zuordnung bestimmter Befugnisse entnehmen. Denn das Prinzip des institutionellen Gleichgewichts zielt

[68] *Ibid.*, § 3, Rn. 18.

[69] Ausführlich dazu siehe *Goeters*, Das institutionelle Gleichgewicht – seine Funktion und Ausgestaltung im Europäischen Gemeinschaftsrecht, Berlin 2008; zur Funktion des Prinzips des institutionellen Gleichgewichts vgl. *Hatje/v. Förster*, in: Hatje/Müller-Graff (Hrsg.), Europäisches Organisations- und Verfassungsrecht, EnzEuR Bd. 1, § 10, Rn. 26 ff., die darin eine Beschreibung eines Rechtszustandes sehen, der sich aus der Anwendung aller geschriebenen und ungeschriebenen Normen über das Verhältnis der Organe zueinander ergibt. Anders *Möllers*, Gewaltengliederung, a.a.O. (Kap. 2, Fn. 34), S. 258 f.; *Callies*, in: Callies/Ruffert, EUV, Art. 13, Rn. 15 ff., die darin ein Verfassungsprinzip erblicken.

[70] Dazu unten G. IV.

[71] EuGH, Slg. 1980, 3333, Rn. 33; vgl. *Nettesheim*, in: Grabitz/Hilf/Nettesheim, EUV, Art. 13, Rn. 32.

zwar auf einen Zustand der Ausgewogenheit von Machtausübung und ihrer Kontrolle zwischen den Organen der Union,[72] vermag aber in seiner heutigen Ausprägung keine bestimmte Form der Gewaltenteilung und damit keine konkrete Zuordnung der Einzelbefugnisse zu den Organen der Union vorzuschreiben. Zudem stellt der Grundsatz der Gewaltenteilung genau so wenig wie sein unionales Äquivalent einen Selbstzweck dar. Vielmehr dient sie der individuellen und kollektiven Selbstbestimmung[73] des jeweiligen Legitimationssubjekts, und damit der übergeordneten Maxime: der Demokratie,[74] die durch den Vertrag vom Lissabon eine konkrete Gestaltung erfahren hat.

Ob und inwieweit das Europäische Parlament den europäischen Außenbeziehungen demokratische Legitimation verleiht, hängt davon ab, wie man die demokratischen Kapazitäten des Europäischen Parlaments überhaupt im Verhältnis zu den anderen beteiligten Organen, insbesondere dem Rat bewertet, der anders als der Bundesrat und der US-amerikanische Senat als erste Kammer agiert und gleichzeitig exekutive Funktionen innehat. Diese Frage ist wiederum eng mit dem Demokratieverständnis und Legitimationsmodell verknüpft, das man der europäischen Integration zugrunde legt.[75] Darin steckt nicht nur das primärrechtliche Modell der demokratischen Legitimation europäischer Gesetzgebung, sondern zugleich der primärrechtliche Maßstab der demokratischen Legitimation der europäischen Außenpolitik. Denn Letzteres stellt ebenfalls eine Handlungsebene der Ausübung von Hoheitsgewalt dar.

I. Das Demokratieprinzip

„Der Staat aber wandelt sich wohl so ungefähr von der Oligarchie in die Demokratie, aus Unersättlichkeit aus der in dem vorgesteckten Guten, nämlich den großmöglichen Reichtum.",[76] so beschreibt Sokrates die Geburtsstunde der Demokratie.

In der Tat stellt das Bestreben nach gleicher Freiheit den Ausgangspunkt der Demokratie dar. Sie verbindet Gleichheit und Freiheit,[77] denn der demokratische

---

[72] *Bergmann,* Institutionelles Gleichgewicht, in: ders. (Hrsg.), Handlexikon der Europäischen Union, 5. Aufl., Baden-Baden 2015.

[73] Vgl. dazu *Möllers*, Die Drei Gewalten, a.a.O. (Kap. 1, Fn. 18).

[74] Vgl. zum Verhältnis des Gewaltenteilung- und Demokratieprinzips *Baumbach*, Vertragswandel und demokratische Legitimation, Auswirkungen moderner völkerrechtlicher Handlungsformen auf das innerstaatliche Recht, Berlin 2008, S. 107 ff.

[75] *v. Achenbach*, Demokratische Gesetzgebung in der Europäischen Union: Theorie und Praxis der dualen Legitimationsstruktur europäischer Hoheitsgewalt, Heidelberg [et. al.] 2014, S. 317; zur Abhängigkeit der Demokratiekonzeption für die Europäische Union vom zugrunde gelegten Modell der europäischen Integration siehe *Oeter,* in: Bogdandy/Bast, a.a.O. (Kap. 1, Fn. 7), 93 f.

[76] *Platon*, Politeia, Achtes Buch, in: Otto/Grassi/Plamböck (Hrsg.), Sämtliche Werke, Reinbek 1957, S. 255, Rn. 555a.

[77] *Möllers,* Demokratie- Zumutungen und Versprechen, Berlin 2008, S. 16 f.

Wille ist das Resultat einer Verfahrensform gleicher Freiheit.[78] Dabei stellt die Demokratie ein offenes Konzept dar.[79] Die verschiedenen Formen der Demokratie konkretisieren dieses allgemeine Prinzip. Die Tatsache, dass die konkreten Ausgestaltungen dieses Prinzips meist historisch bedingt voneinander divergieren, darf nicht darüber hinweg täuschen, dass es sich um dasselbe Prinzip handelt.[80]

Die Frage der demokratischen Legitimation[81] stellt sich, sobald hoheitliche Gewalt ausgeübt wird,[82] sie setzt also weder Staatsqualität im Sinne der Staatslehre noch bestimmte Qualität der Staatsgewalt voraus.[83] Gegenstand der Legitimationsanforderung stellt richtigerweise das Recht[84]dar und Subjekt der demokratischen Legitimation ist das Individuum.[85] Unabhängig davon, mit welchem Konzept das demokratische Subjekt normativ begründet wird, bedürfen politische Institutionen eines Trägers bzw. eines Zurechnungssubjekts.[86]

Grundvoraussetzung für die Legitimität des Rechts ist, dass dieses als letzte Instanz als Ausdruck der Selbstgesetzgebung und Autonomie der Subjekte angesehen werden kann.[87] Da im Rahmen der Rechtsordnung die Freiheit des Individuums durch das Recht festgelegt wird,[88] bedarf es zur Sicherung gleicher Freiheit der Berechtigung zur gleichen Teilhabe an der hoheitlichen Gewalt. Jedes Rechtssubjekt soll Rechtsunterworfener und zugleich Erzeuger des Rechts sein.[89] Denn nur so lässt sich die Fremdbestimmung durch die Rechtsordnung legitimieren.

Der Demokratie wohnt zwar der Begriff des Volkes inne. Die Kernidee der Demokratie basiert aber auf der Idee der Selbstbestimmung, und zwar als Erstes

---

[78] *Ibid.*, S. 28.

[79] *Hatje*, Demokratie in der Europäischen Union, a.a.O. (Kap. 1, Fn. 23), S. 1; *Möllers, ibid.*, S. 29.

[80] *Bleckmann,* Studien zum Europäischen Gemeinschaftsrecht, Köln 1986, S. 161.

[81] Zur diskursethischen Legitimation des Rechts siehe *Habermas,* Faktizität und Geltung, Frankfurt am Main 1992, 17 ff.; *ders*., Über den internen Zusammenhang von Rechtsstaat und Demokratie, in: ders (Hrsg.), Die Einbeziehung des Anderen- Studien zur politischen Theorie, Frankfurt am Main 1999, 297 ff.

[82] Zum Gegenstand und Subjekt der demokratischen Legitimation siehe *Kelsen,* Vom Wesen und Wert der Demokratie, 2. Aufl., Tübingen 1929, S. 3 ff., 7, 17.

[83] *Müller-Graff,* Die Direktwahl des europäischen Parlaments, Genese und Perspektiven, Tübingen 1977, S. 28.

[84] *Kelsen*, Allgemeine Staatslehre, Berlin [et al.] 1966, S. 42; *ders.,* Hauptprobleme der Staatsrechtslehre, Tübingen, 1923, S. 253; zum Verhältnis von Recht und Staat bei *Kelsen* vgl. *Dreier,* Rechtslehre, Staatssoziologie und Demokratietheorie bei Hans Kelsen, 2. Aufl., Baden-Baden 1990, 208 ff.; *v. Achenbach, ibid.,* S. 359.

[85] *Ibid.*

[86] Eingehend dazu *v. Achenbach, ibid.,* S. 341.

[87] Zur diskurstheoretischen Legitimation des Rechts siehe *Habermas,* Faktizität und Geltung, a.a.O. (Kap. 2, Fn. 81), S. 17 ff. *Habermas* versteht das Recht als eine funktionale Ergänzung der Moral, siehe *Habermas,* Über den internen Zusammenhang von Rechtsstaat und Demokratie, *ibid.,* S. 297; eingehend *Marxsen*, Geltung und Macht: Jürgen Habermas' Theorie von Recht, Staat und Demokratie, Paderborn 2011.

[88] *Habermas*, Faktizität und Geltung, *ibid*, S. 109 ff.

[89] Dies bedarf einer Vermittlung der individuellen und kollektiven Rechte. Siehe *Habermas,* Über den internen Zusammenhang von Rechtsstaat und Demokratie, *ibid*, S. 298, 301.

die des Individuums. Das autonome Individuum, das in Anerkennung gleicher Freiheit anderer Individuen in der kollektiven Autonomie, die nichts anderes als gemeinschaftliche Rechtserzeugung ist,[90] zustimmt, ohne dabei seine Existenz zu verlieren, bildet die Substanz der Demokratie. Der Kerngehalt der Demokratie erschöpft sich nicht in der Volkssouveränität, sondern liegt zunächst in der Souveränität des Individuums begründet, das darüber zu entscheiden hat, mit wem es ein Gemeinwesen überhaupt gründen will, anders ausgedrückt: mit wem er sich identifiziert.

Demzufolge liegt der Arbeit in Anlehnung an *Habermas* die These zugrunde, dass ein Volk nicht die Bedingung einer solchen demokratischen Rechtsordnung darstellt.[91] „Ein vorgängiger durch kulturelle Homogenität gesicherter Hintergrundkonsens ist nicht nötig, weil die demokratisch strukturierte Meinungs- und Willensbildung ein vernünftiges normatives Einverständnis auch unter Fremden ermöglicht.“[92]

Dass *Habermas* für die komplexe Gesellschaften eine vernünftige Identität zu denken versucht,[93] bedeutet nicht, dass er konzeptionell einen Konsens über eine kollektive politische Selbstbeschreibung im Sinne einer „unkontroversen demokratischen Identität“ unterstellt.[94] Denn schon für Habermas ist „[...]die kollektive Identität heute nur noch in reflexiver Gestalt denkbar, nämlich so, dass sie *im Bewusstsein allgemeiner und gleicher Chancen der Teilnahme an solchen Kommunikationsprozessen begründet ist, in denen Identitätsbildung als kontinuierlicher Lernprozess* stattfindet.“[95]

Wird ein solches Demokratieverständnis der Arbeit zugrunde gelegt, bedeutet es keinesfalls, dass die Unionsbürger allein im Zentrum der Legitimationsfrage stehen bzw. den einzigen Legitimationsstrang der Union darstellen, denn das

---

[90] *Ibid.*, S. 299, 301.

[91] Im Gegensatz dazu steht die Position des Bundesverfassungsgerichts. Dazu unten G. II. 2.; zur historischen Entwicklung des Volksbegriffes vgl. *Suski,* Das Europäische Parlament, Volksvertretung ohne Volk und Macht?, Berlin 1995, S. 43 ff.

[92] *Habermas*, Inklusion – Einbeziehen oder Einschließen? Zum Verhältnis von Nation, Rechtsstaat und Demokratie, in: *ders.* (Hrsg.), Die Einbeziehung des Anderen, Frankfurt am Main 1999, S. 164.

[93] *Habermas,* Können komplexe Gesellschaften eine vernünftige Identität ausbilden?, in: ders. (Hrsg.), Zur Rekonstruktion des Historischen Materialismus, Frankfurt am Main 1976, S. 115.

[94] So aber will *v. Achenbach* ihn verstehen: „Während Habermas so *für komplexe Gesellschaften eine vernünftige Identität* zumindest *denkt* bzw. *zu denken versucht,* wird hier konzeptuell kein Konsens über eine kollektive politische Selbstbeschreibung im Sinne einer unkontroversen demokratischen Identität unterstellt.“ (a.a.O. (Kap. 3, Fn. 75), S. 369, Hervorhebungen im Original); dazu in Anm. 1260: „Anders eben *Habermas,* Können komplexe Gesellschaften eine vernünftige Identität ausbilden?, in: ders. (Hrsg.), Zur Rekonstruktion des Historischen Materialismus, 2001, der versucht, die *neue Identität einer staatenübergreifenden Gesellschaft* zu entwerfen, s. 115 ff.“ (Hervorhebungen im Original). Sie führt dann weiter aus: „Vielmehr wird davon ausgegangen, dass politische Identität dauerhaft in einem offenen Prozess verhandelt wird.“ (*Ibid.,* S. 369). Das ist aber gerade das Anliegen von *Habermas*.

[95] *Habermas,* Können komplexe Gesellschaften eine vernünftige Identität ausbilden?, *ibid*, S. 115. Hervorhebungen im Original.

Unionsrecht spricht, soweit das Demokratieprinzip thematisiert wird, zum einen von den Völkern der Mitgliedstaaten und zum anderen von den Unionsbürgern.[96] So beruht die Union gemäß Art. 10 Abs. 2 auf einer dualen Legitimationsstruktur: der Gesamtheit der Unionsbürger *und* den mitgliedstaatlich verfassten Völkern. Die Existenz der beiden Legitimationsstränge ist für die Beurteilung der demokratischen Legitimationsleistung der Unionsorgane von großer Bedeutung. Sie darf aber nicht darüber hinweg täuschen, dass es sich hier um dieselbe Legitimationsgrundlage handelt,[97] denn die Legitimationssubjekte sind letztendlich die Individuen,[98] die zwar eine staatliche Identität besitzen, die sich aber zugleich europäisch neu definiert haben.

II. Die duale Legitimationsstruktur der europäischen Hoheitsgewalt

Mit dem Vertrag von Lissabon hat das Demokratieprinzip der Union eine Konkretisierung erfahren. Neben dem Bekenntnis zur repräsentativen Demokratie[99] verankert er in Art. 10 Abs. 2 EUV die duale Legitimationsstruktur europäischer Hoheitsgewalt. Zugleich erhebt der Lissabon-Vertrag das Mitentscheidungsverfahren zum ordentlichen Gesetzgebungsverfahren und das Europäische Parlament neben dem Rat zum Mitgesetzeber.[100] Gleichwohl bleiben neben dem ordentlichen Gesetzgebungsverfahren das Zustimmungsverfahren und das Anhörungsverfahren als Formen besonderer Gesetzgebungsverfahren – entgegen Forderungen nach der Anwendung des Mitentscheidungsverfahrens auf alle legislativen Kompetenzen der Union[101] – weiterhin bestehen.[102] Während die Gesetzgebung im Verfahren der Anhörung und

[96] *v. Bogdandy,* Grundprinzipien, in: v. Bogdandy/Bast (Hrsg.), Europäisches Verfassungsrecht, Heidelberg [et. al.] 2009, S. 64.

[97] In diesem Sinne *v. Bogdandy, ibid.,* S. 64; näher dazu *v. Achenbach,* Theoretische Aspekte des dualen Konzepts demokratischer Legitimation für die Europäische Union, in: Vöneky/Hagedorn/Clados/dies. (Hrsg.), Legitimation ethischer Entscheidungen im Recht, Heidelberg 2009, S. 191; eingehend dazu *v. Achenbach,* a.a. O. (Kap. 3, Fn. 75), S. 372 ff. m. w. N.

[98] Zum exklusiven Charakter der Unionsbürgerschaft und der Frage der demokratischen Legitimation der EU gegenüber unionsrechtsunterworfenen Drittstaatsangehörigen siehe in Anlehnung an Kelsen *v. Achenbach,* a.a. O. (Kap. 3, Fn. 75), S. 422 m. w. N.

[99] Art. 10 Abs. 1 EUV.

[100] Art. 289 Abs. 1 A, Art. 294 EUV.

[101] Vgl. dazu *Habermas,* Zur Verfassung Europas, Ein Essay, Berlin 2011, 72; *Callies,* Das Demokratieprinzip im Europäischen Staaten- und Verfassungsverbund, in: Bröhmer/Bieber [et. al.] (Hrsg.), Internationale Gemeinschaft und Menschenrechte, FS für Ress, Köln 2005, 399, 407; *Pernice,* Die politische Vision von Europa und die notwendigen institutionellen Reformen, in: Pahl (Hrsg.), Grundfragen der europäischen Verfassungsentwicklung, Baden-Baden 2000, S. 79, 87; *v. Achenbach,* a.a.O. (Kap. 3, Fn. 75), S. 316, Anm. 1091 m. w. N.

[102] Art. 289 Abs. 1, Abs. 2 AEUV.

der Zustimmung allein vom Rat verantwortet wird,[103] stellt sie im Mitentscheidungsverfahren einen gemeinsamen Rechtsakt des Rats und des Europäischen Parlaments dar.[104] Über die organschaftliche Zurechnung der Rechtssetzungsakte hinaus[105] unterscheidet sich die *konstruktive Gestaltungsmacht*[106] des Europäischen Parlaments je nach dem angewandten Verfahren.[107] Im Mitentscheidungsverfahren kann das Europäische Parlament die Gesetzgebung nach seinen Präferenzen gestalten, hingegen ist dies ihm im Verfahren der Anhörung verwehrt, in dem der Rat an die Willensbildung des Europäischen Parlaments nicht gebunden ist.[108]

Hinsichtlich des Verfahrens der Zustimmung beschränkt sich die freie Willensbildung des Parlaments auf die Bewilligung oder Ablehnung der inhaltlich feststehenden Willensbildung des Rates und ist damit gestalterisch eingeschränkt. Allerdings hängt das Zustandekommen des Rechtsaktes von dem Willen des Parlaments ab. Dies eröffnet dem Parlament die Möglichkeit seine Vetoposition zur Inhaltsbestimmung gegenüber dem Rat einzusetzen.[109]

Die Beteiligung und davon abhängig die legitimationsstiftende Leistung des Europäischen Parlaments variiert daher je nach dem angewandten Verfahren der Rechtssetzung. Damit bleibt die duale Legitimation der Europäischen Union nur hinsichtlich des ordentlichen Gesetzgebungsverfahrens stringent.[110] Mithin sieht das Primärrecht kein einheitliches Legitimationsmodel vor.[111] Es besteht kein Konsens darüber, welche Bedeutung den beiden Legitimationssträngen für die demokratische Legitimation der europäischen Gesetzgebung zukommt und welches Konzept dem Demokratieprinzip der Union zugrunde liegt.[112] Weitgehend anerkannt ist, dass die Europäische Union über eine zweifache demokratische Rückbindung verfügt.[113]

---

[103] So zur organschaftlichen Zurechnung von Rechtsakten *v. Bogdandy/Bast/Arndt,* Handlungsformen im Unionsrecht, ZaöRV 2002, S. 78-161; *v. Achenbach, ibid.,* S. 59 ff; zu Unterzeichnung von Mitentscheidungsgesetzgebung siehe Art. 297 Abs. 1 AEUV.

[104] *v. Achenbach, ibid.,* S. 59.

[105] Bedeutung erlangt sie im Rahmen des Nichtigkeitsverfahrens nach Art. 263 AEUV.

[106] Begriff bei *v. Bogdandy/Bast/Arndt,* Handlungsformen im Unionsrecht, ZaöRV 2002, S. 78, 135.

[107] *v. Achenbach, ibid.,* S. 59 ff., 69.

[108] Zur Legitimationswirkung der demokratischen Gesetzgebung in der EU ausführlich *v. Achenbach, ibid.,* S. 57 ff., 66; *Härtel,* in: Hatje/Müller-Graff, EnzEuR Bd. 1, § 11, Rn. 81 ff.; zum früheren Integrationsstand vgl. *Maurer,* Das Europäische Parlament in der Gesetzgebung, in: Maurer/Nickel, Supranationalität, Repräsentation und Legitimation, Baden-Baden 2005, S. 93-120. Zur schwachen demokratischen Rückbindung des Rats an nationale Paramente unten G. IV.

[109] Zum Zustimmungsverfahren im Rahmen der Vertragspolitik unten Kap. 5 A. I. 2. b) bb).

[110] Ausführlich dazu siehe *v. Achenbach.* a.a.O. (Kap. 3, Fn. 75), S. 57 ff., 300 ff.

[111] *v. Achenbach, ibid.,* S. 300.

[112] Siehe die Übersicht bei *v. Achenbach, ibid.,* S. 300; *Härtel,* in: Hatje/Müller-Graff, EnzEuR Bd. 1, § 11, Rn. 81 ff.

[113] Siehe die Kommentarliteratur zu Art. 10 EUV: *Haag,* in: v. d. Groeben/Schwarze/Hatje, EUV, Art. 10, Rn. 9; *Nettesheim,* in: Grabitz/Hilf/Nettesheim, EUV, Art. 10, Rn. 65; Ebenso *Härtel,* in: Hatje/Müller-Graff, EnzEuR Bd. 1, § 11, Rn. 81. Ferner *v. Bogdandy,* Grundprinzipien, in: v. Bogdandy/Bast, a.a.O. (Kap. 3, Fn. 96), S. 13, 205 ff; *v. Achenbach, ibid.,* S. 300, Anm. 1031 m. w. N. auch über die Rechtslage vor dem Lissabonner Vertrag.

Neben dessen positivrechtlicher Verankerung erfuhr das Demokratieprinzip allerdings durch die Rechtsprechung sowohl des EuGH als auch des EGMR – dessen Bedeutung mit dem Beitritt der Union zur EMKR erstarken wird – eine Konzeptionierung.

1. Das Demokratieprinzip in der Rechtsprechung des EuGH und EGMR

Im Gemeinschaftsrecht galt das Demokratieprinzip schon als allgemeiner Rechtsgrundsatz, welcher vom Europäischen Gerichtshof in der Rechtssache *Roquette Frères*[114] anerkannt wurde. Der Gerichthof hatte darüber zu entscheiden, ob die Anhörung des Europäischen Parlaments stets eine wesentliche Formvorschrift darstellt. Dies bestritt der Rat mit der Begründung, nach der Rechtsprechung in einigen Mitgliedstaaten dürfe ein Konsultationsorgan den Entscheidungsprozess nicht lahm legen, so dass die Unvollständigkeit der Konsultation dieses Organs nicht zwangsläufig einen wesentlichen Formfehler darstelle. Im EWG-Vertrag sei zwar die Anhörung des Europäischen Parlaments vorgesehen, doch heiße es im Vertrag nicht, dass auch die betreffende Stellungnahme abgegeben werden müsse.[115]

Freilich hat sich der Gerichthof dieser Position des Rats nicht angeschlossen: „Die in Art. 43 Abs. 2 UAbs. 3 EWG-Vertrag und in entsprechenden Vertragsbestimmungen vorgesehene Anhörung ermöglicht dem Parlament *eine wirksame Beteiligung am Gesetzgebungsverfahren* der Gemeinschaft. Die Befugnis ist für das vom Vertrag gewollte *institutionelle Gleichgewicht wesentlich.* Sie spiegelt auf Gemeinschaftsebene, wenn auch in beschränktem Umfang, *ein grundlegendes demokratisches Prinzip* wider, nach dem die Völker durch eine Versammlung ihrer Vertreter an die Ausübung der hoheitlichen Gewalt beteiligt sind. Die ordnungsgemäße Anhörung des Parlaments in den vom Vertrag vorgesehen Fällen stellt somit eine wesentliche Formvorschrift dar, deren Missachtung die Nichtigkeit der betroffenen Handlungen zur Folge hat. Dieser Formvorschrift ist insbesondere dann Genüge getan, wenn das Parlament seiner Auffassung tatsächlich Ausdruck verleiht, nicht bereits dann, wenn der Rat es um Stellungnahme ersucht."[116]

Die Qualifizierung des Demokratieprinzips als *ein grundlegendes Prinzip* dergestalt kann doch nicht *per se* eine institutionelle Verschiebung der Befugnisse zugunsten des Europäischen Parlaments herbeiführen. Eine solche Modifikation ist einem Vertragsänderungsverfahren und damit den Mitgliedstaaten vorbehalten,[117] dennoch bleibt das Demokratieprinzip bei jeder Handlung der Union und Auslegung des Primärrechts und dessen Durchsetzung besonders zu berücksichtigen.[118]

---

[114] EuGH, Slg. 1980, 3333.

[115] EuGH, Slg. 1980, 3333, 3346.

[116] EuGH, Slg. 1980, 3333, 3360- Roquette Frères/Rat. Ebenso EuGH, Slg. 1980, 3394, 3424-MIZENA/Rat.

[117] Art. 48 EUV.

[118] In diesem Sinne auch *v. Achenbach, ibid.,* S. 305.

a) Parlamentsvorbehalt im Unionsrecht?

Aus der Folgerechtsprechung des EuGH lässt sich allerdings kein Vorbehalt parlamentarischer (Mit-)Entscheidung feststellen.[119] Der Fortbestand besonderer Gesetzgebungsverfahren, insbesondere des Anhörungsverfahrens deutet auch darauf hin, dass ein durchgehender Vorbehalt parlamentarischer Mitgesetzgebung, insbesondere auch hinsichtlich individualrechtsrelevanter Rechtsetzung nicht existiert,[120] welcher zur Sicherung demokratischer Legitimation hoheitlichen Handelns vorsieht, dass freiheitsrelevante Hoheitsgewalt sachlich-inhaltlich auf die Willensbildung des demokratischen Gesetzgebers zurückzuführen ist.[121]

Freilich begrenzt das Primärrecht die Delegation von Rechtsetzungsbefugnissen an die Europäische Kommission.[122] Gemäß Art. 290 Abs. 1 AEUV kann in *Gesetzgebungsakten* der Kommission die Befugnis übertragen werden, Rechtsakte ohne Gesetzgebungscharakter mit allgemeiner Geltung zur Ergänzung oder Änderung bestimmter *nicht wesentlicher Vorschriften* des betreffenden Gesetzgebungsaktes zu erlassen. Dabei müssen gemäß Art. 290, UAbs. 2, S. 1 AEUV in den betreffenden Gesetzgebungsakten Ziele, Inhalt, Geltungsbereich und Dauer der Befugnisübertragung ausdrücklich festgelegt werden.

Schließlich betont Art. 290, UAbs. 2, S. 2 AEUV den Wesentlichkeitsgedanken, der sich ohnehin aus dem bisher Gesagten erschließt: „Die *wesentlichen Aspekte* eines Bereichs sind dem Gesetzgebungsakt vorbehalten und eine Befugnisübertragung ist für sie deshalb ausgeschlossen." Dieser Wesentlichkeitsvorbehalt entspricht zwar konzeptionell dem des deutschen Verfassungsrechts, inhaltlich besteht aber eine Diskrepanz zwischen dessen Auslegung durch den Gerichthof der Europäischen Union einerseits und durch das Bundesverfassungsgericht andererseits.[123] Während der Wesentlichkeitsgrundsatz nach der Rechtsprechung des Bundesverfassungsgerichts sich vor allem durch dessen Grundrechtsbezug kennzeichnet, stellt der Gerichthof der Europäischen Union bei der Bestimmung der wesentlichen Aspekte auf die Bedeutung der Regelungsmaterie für die jeweilige Unionspolitik ab.[124] Dabei belässt der EuGH der Übertragung legislativer Befugnisse an

[119] Zum Gesetzesbegriff im Unionsrecht unten Kap. 4. B. I. 2.

[120] *v. Achenbach,* a.a.O. (Kap. 3, Fn. 75), S. 462.

[121] Zum Gesetzesvorbehalt im Gemeinschaftsrecht vgl. *Triantafyllou,* Vom Vertrags- zum Gesetzesvorbehalt, Beitrag zum positiven Rechtmäßigkeitsprinzip in der EG, Baden-Baden 1996. Zum Gesetzesvorbehalt nach dem Grundgesetz vgl. *Ossenbühl,* Vorrang und Vorbehalt des Gesetzes, in: Isensee/Kirchhof (Hrsg.), Handbuch des Staatsrechts der Bundesrepublik Deutschland, Heidelberg 2007, § 101. Für die Geltung des Gesetzesvorbehalts im Unionsrecht auch *v. Achenbach, ibid.,* S. 49.

[122] *v. Achenbach, ibid,* S. 50.

[123] *Nettesheim,* in: Grabitz/Hilf/Nettesheim, AEUV, Art. 290, Rn. 36.

[124] EuGH, Slg. 1970, 1161, Rn. 6; a. A. *Hetmeier,* in: Lenz/Borchardt, AEUV, Art. 290, Rn. 10. *Nettesheim,* in: Grabitz/Hilf/Nettesheim, AEUV, Art. 290 Rn. 37; *Möllers/v. Achenbach,* Die Mitwirkung des Europäischen Parlaments an der abgeleiteten Rechtsetzung der Europäischen Kommission nach dem Lissabonner Vertrag, EuR 2011, S. 39, 49; *Riedel,* EuR 2006, S. 512, 518; ausführlich *Rieckhoff,* Der Vorbehalt des Gesetzes im Europarecht, Tübingen 2007, S. 175 ff.

die Exekutive einen weiten Spielraum.[125] Dem Gerichtshof der Union zufolge sind solche Bestimmungen wesentlich, „durch die die grundsätzliche Ausrichtungen der Gemeinschaftspolitik umgesetzt werden."[126] Bei der Bestimmung der Wesentlichkeit lässt sich eine Tendenz zugunsten der Kommission feststellen. Dem Gerichthof kommt es darauf an, dem politischen Prozess die nötigen Spielräume zu belassen, damit dem funktionell zur Verwirklichung der Gemeinschaftsziele am besten geeigneten Organ die Kompetenzen übertragen werden können. Daher spielte der Schutz demokratischer Entscheidungsprärogativen und grundrechtlich-rechtstaatlicher Aspekte eine weniger bedeutsame Rolle.[127]

Nicht unberücksichtigt bleiben darf allerdings, dass die Rechtsprechung des Gerichtshofs sich vornehmlich an Besonderheiten der Agrarpolitik orientierte, wo der Gerichthof nur die Kommission zu ständiger Beobachtung und schneller Reaktion auf die Marktentwicklung in der Lage sah.[128] Vor diesem Hintergrund hat Generalanwältin *Kokott* dem Gerichtshof eine bereichsspezifische Interpretation des Wesentlichkeitsvorbehalts vorgeschlagen.[129] Demzufolge soll der Gerichtshof den Wesentlichkeitsvorbehalt nur dann weit auslegen, wenn die einschlägige Gemeinschaftspolitik von *Schnelligkeit und intensiven Interventionen* der Union geprägt ist.[130] Dieser Ansatz versucht zwar eine Differenzierung vorzunehmen. Diesem immaniert aber gleichfalls der funktionale Ansatz des Gerichtshofs, welcher nicht auf die Grundrechtsrelevanz und Entscheidungsprärogative der Legislative abstellt.

Geht man aber von der derzeitigen Rechtsprechung des Gerichtshofs aus, lässt sich der funktionale exekutivfreundliche Argumentationsansatz des Gerichtshofs im Hinblick auf die Delegationen an die Kommission mit demjenigen des Bundesverfassungsgerichts hinsichtlich der Gewaltenteilung und der Zuweisung der auswärtigen Gewalt vergleichen. Dies gilt ebenfalls für den bereichsspezifisch differenzierenden Ansatz, welcher auf das Erfordernis der Schnelligkeit und Interventionen abstellen will. Für eine grundrechtsbezogene Auslegung der wesentlichen Grundsätze sprechen aber die Neuformulierung – „Gesetzgebungsakte" – des Art. 290 AEUV und des Gesetzesvorbehalts nach Art. 52 Abs. 1 S. 1 GRC, demnach Einschränkungen der Unionsgrundrechte „gesetzlich" vorgesehen sein müssen. Legt man den Begriff des „gesetzlich" im Sinne der Gesetzgebungsakte des Art. 289 Abs. 3 AEUV[131] aus, dann sind Grundrechtseingriffe gemäß Art. 290 Abs. 1 S. 2 dem Gesetzgebungsakt vorbehalten.[132]

---

[125] *v. Achenbach,* a.a.O. (Kap. 3, Fn. 75), S. 50, vgl. *Rieckhoff, ibid.,* S. 177 ff.

[126] EuGH, Slg. 1992, I-5383, Rn. 37; EuGH, Slg. 2000, I-546, Rn. 21.

[127] *Nettesheim,* in: Grabitz/Hilf/Nettesheim, Art. 290 AEUV, Rn. 38 m. w. N.

[128] Vgl. z. B. EuGH, Slg. 1987, 1069, Rn. 14; *Nettesheim,* in: Grabitz/Hilf/Nettesheim, AEUV, Art. 290, Rn. 38.

[129] Vgl. GA *Kokott,* Schlussanträge, Rs. C-66/04, Slg. 2005, I-10553, Rn. 55 ff.

[130] *Ibid.,* vgl dazu *Nettesheim,* in: Grabitz/Hilf/Nettesheim, AEUV, Art. 290, Rn. 39 m. w. N.

[131] Art. 289 Abs. 3 AEUV: „Rechtsakte, die gemäß einem Gesetzgebungsverfahren angenommen werden, sind Gesetzgebungsakte."

[132] In diese Richtung auch *Nettesheim,* in: Grabitz/Hilf/Nettesheim, AEUV, Art. 290, Rn. 42.

b) Höhere Legitimationsleistung des Europäischen Parlaments?

Nicht nur an einem durchgehenden Vorbehalt parlamentarischer Mitgesetzgebung fehlt es in der Rechtsprechung des EuGH, überdies lässt er auch nicht erkennen, dass er den Legitimationsbeitrag des Europäischen Parlaments höher einschätzt als den der anderen Organe. Vielmehr setzt der EuGH das Demokratieprinzip lediglich zur Absicherung der vertraglich vorgesehen Rechte des Europäischen Parlaments ein.[133] Zwar sind die Beteiligungsrechte des Parlaments nach seiner Direktwahl ausgeweitet worden, für deren effektive Durchsetzung gegenüber dem Rat und der Kommission in der Praxis war das Parlament letztendlich auf die Unterstützung des EuGH angewiesen. Dennoch hat sich der EuGH zum Verhältnis des Rats und des Europäischen Parlaments nicht ausdrücklich geäußert.[134]

Im Gegensatz dazu sprach sich der Europäische Gerichtshof für Menschenrechte in der Rechtsache *Matthews* in Anwendung des Art. 3 des Zusatzprotokolls zur Europäischen Menschenrechtskonvention auf die Gesetzgebung der EU eindeutig für eine höhere Legitimationsleistung des Europäischen Parlaments aus: „As to the context in which the European Parliament operates, the *Court* is of the view that the European Parliament *represents the principal form of democratic, political accountability* in the Community system. The *Court* considers that whatever its limitations, the European Parliament, which derives democratic legitimation from the direct elections by universal suffrage, must be seen as that part of the European Community structure which best reflects concerns as to „*effective political democracy*".[135]

Indessen ist auch der Rechtsprechung des EuGH zu entnehmen, dass die stärkere Beteiligung des Europäischen Parlaments bei der Gesetzgebung durch das Verfahren der Zusammenarbeit[136] das Demokratieprinzip stärker verwirklicht als das Anhörungsverfahren.[137] Diese Position bekräftigt der EuGH in seinem Urteil aus 2008, indem er sich hinsichtlich der Wahl einer Rechtsgrundlage zur europäischen Gesetzgebung für eine kumulative Anwendung zweier Rechtsgrundlagen ausgesprochen hat, wenn eine das Mitentscheidungsverfahren und die andere das Anhörungsverfahren vorschreibt.[138] Die kumulative Anwendung zweier sachlich einschlägiger Rechtsgrundlagen sei möglich und geboten, wenn anders die intensivere Beteiligung des Parlaments bei Wahrnehmung der materiellen Reichweite der Ermächtigung des Gesetzgebers nicht zu gewährleisten sei.[139]

---

[133] Dazu ausführlich *v. Achenbach,* a.a.O. (Kap. 3, Fn. 75), S. 311.

[134] *Ibid.,* S. 309.

[135] EGMR, Urteil v. 18.2.1999 - 24833/94, Rn. 52. Hervorhebungen v. Verf.

[136] Vgl. ex-Art. 252 EG.

[137] vgl. EuGH, Slg. 1980, 3333; 1980, 3393; 1991, S. I-2867, Rn. 20. In diesem Zusammenhang weist *v. Achenbach* auf den Wegfall der Wendung des „beschränkten Umfanges" in der Formel des EuGH (s. o. das Urteil) hin, a.a.o (Kap. 3, Fn. 75), S. 309 Anm. 1064.

[138] EuGH, Slg. 2008, I-8103, 8155, Rn. 78 f.

[139] *Ibid.,* Rn. 80, 82; dagegen Generalanwalt *Maduro*, demzufolge gebiete die duale Legitimationsstruktur der EU keine grundsätzlich stärkere Beteiligung des Europäischen Parlaments, siehe den Schlussantrag in der Rs. C-411/06.

Auf den ersten Blick widerspricht dieses Urteil der früheren Rechtsprechung des EuGH, die eine kumulative Anwendung von Rechtsgrundlagen ablehnte,[140] bei näherer Betrachtung wohnt ihm aber dasselbe Ziel inne, nämlich die Verstärkung und Absicherung parlamentarischer Beteiligungsrechte. Denn der EuGH hatte in seinem Titandioxid-Urteil von 1991 eine kumulative Anwendung von Rechtsgrundlagen mit unterschiedlichen Parlamentsbeteiligungsrechten abgelehnt, wenn sie die Verfahrensposition des Europäischen Parlaments, die im Zusammenarbeitsverfahren stärker geprägt war als in dem Anhörungsverfahren, beeinträchtigen würde.[141] In der neueren Rechtsprechung wird zwar hingegen die kumulative Anwendung von zwei Rechtsgrundlagen, die einerseits das Mitentscheidungsverfahren, anderseits das Anhörungsverfahren vorschreiben, bejaht, allerdings nur zur Sicherung der intensiveren Beteiligung des Europäischen Parlaments. Eine kumulative Anwendung sei möglich und geboten, weil eine alternative Anwendung entweder die Rechte des Parlaments zur legislativen Mitentscheidung beeinträchtigen oder aber die inhaltliche Kompetenz des Gesetzgebers beschränken würde.[142]

Folglich lässt sich feststellen, dass der EuGH zur stärkeren Einbeziehung des Europäischen Parlaments in das Gesetzgebungsverfahren beigetragen hat, auch wenn er, wie zu Recht darauf hingewiesen wird,[143] nicht so weit geht, aus dem Demokratieprinzip ein Gebot der legislativen Mitentscheidung des Europäischen Parlaments für alle Gesetzgebungskompetenzen der Union – mit der Folge der Nichtanwendbarkeit besonderer Gesetzgebungsverfahren – abzuleiten und damit ein einheitliches Prinzip der dualen Legitimationsstruktur der europäischen Hoheitsgewalt zu begründen.

2. Die Position des BVerfG zur Legitimationsstruktur der EU

Bereits in seinem Maastricht-Urteil hat das Bundesverfassungsgericht anerkannt, dass mit dem Zusammenwachsen der europäischen Nationen zunehmend auch das Europäische Parlament der Europäischen Union demokratische Legitimation vermittele,[144] obgleich das Gericht konstatiert, dass im Staatenverbund der Europäischen Union die demokratische Legitimation notwendig durch die Rückkoppelung des Handelns europäischer Organe an die Parlamente der Mitgliedstaaten erfolge.[145] Dem Europäischen Parlament komme in der zum Zeitpunkt der Entscheidung gegenwärtigen Phase der Entwicklung legitimatorisch eine stützende Funktion zu.[146]

---

[140] EuGH, Slg. 1991, I-2867- Titandioxid-Urteil.

[141] EuGH, Slg. 1991, S. I-2867, Rn. 18 ff.

[142] EuGH, Slg. 2008, I-8103, 8155 f., Rn. 73-85. Ausführlich dazu *v. Achenbach*, a.a.O. (Kap. 3, Fn. 75), S. 304, Anm. 1042; S. 310.

[143] Siehe *v. Achenbach, ibid.*, S. 310 f.

[144] BVerfGE 89, 155 (186).

[145] BVerfGE 89, 155 (185 f.).

[146] BVerfGE 89, 155 (186).

Mit seinem Lissabon-Urteil verlieh das Bundesverfassungsgericht dem Standpunkt Nachdruck, dass die Rückbindung an die nationalen Parlamente und Regierungen der primäre und hinreichende Legitimationsmechanismus supranationaler Hoheit sei. Solange die Union auf der Grundlage der Geltung des Prinzips der begrenzten Einzelermächtigung ein Verbund souveräner Staaten mit ausgeprägten Zügen exekutiver und gouvernementaler Zusammenarbeit sei, reiche grundsätzlich die über die nationalen Parlamente und Regierungen vermittelte Legitimation der Mitgliedstaaten aus.[147] Das Europäische Parlament leiste demokratische Legitimation lediglich ergänzend und abstützend.[148]

Diese Position des Bundeverfassungsgerichts geht auf ein Demokratieverständnis zurück, demnach die Demokratie einer vorrechtlichen kollektiven Einheit und Identität, spricht eines Volkes bedarf.[149] Ausgehend von diesem Verständnis wird dann die Existenz eines europäischen Volkes und dessen Repräsentation durch das Europäische Parlament abgelehnt.[150] Das Europäische Parlament bleibe Vertretung der miteinander vertraglich verbundenen Völker.[151] So dann wird für die demokratische Legitimation der Union primär auf die Vertretung der Staatsvölker durch die Mitgliedstaaten in dem Rat und Europäischen Rat abgestellt.[152] Mit Blick auf das Parlament verleiten vor allem die fehlende Gleichheit der Wahl und die degressiv proportionale Verfassung des Europäischen Parlaments das Bundesverfassungsgericht dazu, dessen demokratische Legitimationsleistung in Zweifel zu ziehen.[153]

3. Kritik des Standpunkts des Bundeverfassungsgerichts

Die Sichtweise des Bundesverfassungsgerichts stieß nicht zuletzt im Hinblick auf den Entwicklungsstand des Europäischen Parlaments, die föderale Einheit der Union sowie die vertraglich verankerte duale Legitimationsstruktur der EU auf Kritik.[154] Im Übrigen steht sie im Widerspruch zu der oben bereits dargelegten Position des EGMR und kann wohl angesichts der parlamentarischen Deutung des Demokratieprinzips durch den Gerichtshof der Europäischen Union nicht die Hoffnung hegen,

---

[147] BVerfGE 123, 267 (364).

[148] *Ibid.*

[149] Eingehend dazu *v. Achenbach*, a.a.O. (Kap. 3, Fn. 75), S. 404 ff., 418 ff.; zur Kritik der Koppelung demokratischer Verfasstheit an souveräne Staatlichkeit siehe *Halberstam/Möllers*, German Law Journal 10 (2009), 1241, 1247 ff.

[150] So führt das Gericht aus: „Das Europäische Parlament ist auch nach der Neuformulierung in Art. 14 Abs. 2 EUV-Lissabon und entgegen dem Anspruch, den Art. 10 Abs. 1 EUV-Lissabon nach seinem Wortlaut zu erheben scheint, kein Repräsentationsorgan eines souveränen europäischen Volkes.“, BVerfGE 123, 267 (372).

[151] BVerfGE 123, 267 (371).

[152] BVerfGE 123, 267 (348, 364).

[153] BVerfGE 123, 267 (374).

[154] Siehe z. B. *v. Bogdandy*, Grundprinzipien, in: Bogdandy/Bast, a.a.O. (Kap. 3, Fn. 96), S. 13, 66; *Härtel*, Handbuch europäischer Rechtssetzung, Heidelberg [et. al.] 2006, § 3, Rn. 35 ff, 42 f.; v. *Achenbach*, a.a.O. (Kap. 3, Fn. 75), S. 301 ff.; *Härtel*, in: Hatje/Müller-Graff, EnzEuR Bd. 1, § 11, Rn. 82.

bei diesem eine Resonanz zu finden. Schließlich ist sie auch demokratietheoretisch mit guten Gründen kritisierbar.[155] Diese Kritik ist für den Gegenstand der hiesigen Untersuchung insoweit von großer Bedeutung, als die rechtliche Stellung des Europäischen Parlaments in den Außenbeziehungen nicht unabhängig von dessen grundsätzlichen Rolle in der Legitimationsstruktur der Union beurteilt werden kann.

Indem das Bundesverfassungsgericht die demokratische Legitimationsleistung des Parlaments als ergänzend und abstützend qualifiziert, ignoriert es die demokratische Willensbildung der Mitgliedstaaten und deren Staatsvölker, die in den europäischen Verträgen sich dahingehend geäußert haben, dass sie sich als Bürger der Europäischen Union verstehen und das Europäische Parlament als ihre direkte Vertretung ansehen wollen.[156] Hintangestellt hat damit das Bundesverfassungsgericht die duale Legitimationsstruktur, die der ordentlichen Gesetzgebung der Union zugrunde gelegt ist, welche nun ausdrücklich Eingang in die Verträge gefunden hat. Dass das Bundesverfassungsgericht diesen veränderten Umständen in seinem Urteil kein großes Gewicht beimisst, ist vor allem dessen Demokratieverständnis geschuldet, das die Existenz eines Volks bzw. einer vorrechtlichen kollektiven Einheit und Identität zur Grundvoraussetzung der Demokratie erhebt.[157] Dies ist aber, wie bereits erörtert, keine Notwendigkeit einer demokratischen Rechtsordnung. Vielmehr wird die gemeinsame Identität erst durch die Gründung des Gemeinwesens generiert.[158]

Zu Recht wird vom Bundesverfassungsgericht die degressiv-proportionale Verfasstheit des Europäischen Parlaments in den Mitgliedstaaten problematisiert, die dem Grundsatz der gleichen Teilhabe an der demokratischen Willensbildung entgegensteht. Denn sie führt dazu, dass in größeren Mitgliedstaaten relativ zu ihrer Einwohnerzahl weniger Sitze als in kleineren Mitgliedstaaten zur Verfügung stehen.[159] Daraus aber den Schluss zu ziehen, dass das Europäische Parlament zur einheitlichen Repräsentation des Volkes nicht fähig sei,[160] trägt der föderalen Dimension der Konstitution des Europäischen Parlaments nicht Rechnung.[161] Denn die degressiv-proportionale Verfasstheit des Europäischen Parlaments ist der Ausdruck zweier Grundsätze: der demokratischen Gleichheit von Individuen einerseits und der Gleichheit von Staaten andererseits.[162] Für die Repräsentationsfunktion des Europäischen Parlaments ist ebenso entscheidend, dass unterschiedliche Bevölkerungsteile, Gruppen und Interessen im Parlament effektiv zum Ausdruck kommen können.[163] Die degressiv-proportionale Verfassung des Europäischen Parlaments

[155] Dazu neuerdings in Anlehnung an Kelsen und Habermas *v. Achenbach., ibid.* m. w. N.

[156] Art. 10 Abs. 2, Art. 14 Abs. 2 EUV.

[157] Eingehend dazu *v. Achenbach, ibid.*, S. 404 ff, 418 ff.

[158] Dazu oben II. 1. So auch in Anlehnung an Habermas *v. Achenbach, ibid.*, S. 418 f.

[159] Ausführlich dazu *Hatje/von Förster*, in: Hatje/Müller-Graff, EnzEuR Bd. 1, § 10, Rn. 49 ff.; *Haag*, in: v. d. Groeben/Schwarze/Hatje, EUV, Art. 10 Rn. 9.

[160] BVerfGE 123, 267 (372).

[161] *Arndt*, Ausrechnen statt Aushandeln, ZaöRV 2008, S. 247, 258; *v. Achenbach, ibid.*, S. 247 f.

[162] Dies sieht auch das Bundesverfassungsgericht ein, siehe BVerfGE 123, 267 (374).

[163] *Haag*, in: v. d. Groeben/Schwarze/Hatje, EUV, Art. 10, Rn. 9.

untermauert gerade die föderale Vielfalt und die pluralistische Kapazität des Europäischen Parlaments und seiner Willensbildung, wenn auch sie nicht die einzige Möglichkeit der Wahrung der föderalen Vielfalt darstellt. Denkbar und begrüßenswert wäre die Aufhebung der nationalen Kontingentierung einhergehend mit der Einführung einer europäischen Wahl des Parlaments in staatenübergreifenden europäischen Wahlkreisen.[164]

Dadurch aber, dass das Bundesverfassungsgericht die Legitimationsstruktur der Union primär auf die Mitgliedstaaten stützt, und das Europäische Parlament zu einer ergänzenden und stützenden Figur degradiert, verspielt es die Chance die Forderung nach einem einheitlichen europäischen Wahlverfahren, das die Wahlgleichheit fördern würde, zu dynamisieren. Denn wenn das Parlament nur eine sekundäre legitimatorische Legitimation vermitteln soll, wie es an dem Urteil des Bundesverfassungsgerichts abzulesen ist, bestünde auch keine Notwendigkeit dessen demokratische Verfasstheit aufzuwerten.

III. Weitere Aspekte der demokratischen Legitimationsstruktur der EU

Wie bereits erläutert, geht die Demokratie auf die individuelle Selbstbestimmung in Anerkennung der Gleichheit der Menschen zurück.[165] Beschrieben einst von *Abraham Lincoln* als *„Government of the people, by the people, and for the people"*[166] werden neben der demokratischen Rückbindung der Willensbildung der Hoheitsgewalt an das Legitimationssubjekt auch weitere Aspekte für die Legitimation der Hoheitsausübung herangezogen.

Während von der demokratischen Rückbindung der Herrschaft an das Legitimationssubjekt durch ein demokratisches Wahlverfahren die Merkmale (*of and by the people*) gedeckt sind, bestehen außer dieser formalen Legitimation (sog. *in-put legitimacy)* auch andere Aspekte der Legitimation, die sich im Namen des dritten Beschreibungsmerkmals (*for the people*) an Ergebnissen der Entscheidungsfindungsverfahren und deren Effektivität und Problemlösungskompetenzen für die Legitimationssubjekte orientieren, die sog. *out-put legitimacy*.[167]

---

[164] Für ein einheitliches Wahlverfahren *Hatje/v. Förster*, in: Hatje/Müller-Graff, EnzEuR Bd. 1, § 10, Rn. 51. Zu Alternativen siehe *v. Achenbach, ibid.*, S. 428 f. m. w. N., die zum einen auf die Aufhebung der nationalen Kontingentierung, mit der Folge der europäischen Wahl des Parlaments in staatenübergreifenden europäischen Wahlkreisen, und zum anderen auf die Anhebung der Höhe der Gesamtzahl parlamentarischer Sitze hinweist.

[165] Dazu oben G. I.

[166] *Lincoln*, Gettysburg Address, mit einem Essay von E. Krippendorff, Frankfurt [et. al.] 1994, S. 10; dazu *Hatje,* Demokratie in der Europäischen Union, a.a.O. (Kap. 1, Fn. 23).

[167] In diese Richtung *Majone,* Regulating Europe, London 1996; *ders.,* The Rise of the Regulatory State in Europe, WEP 17 (1994), S. 78-102, dazu kritisch *Follesdal/Hix*, Why There is a Democratic Deficit in the EU: A Response to Majone and Moravcsik, JCMS 44 (2006), S. 533-562.

Letzteres vermag aber das Erfordernis der demokratischen Rückbindung an die Legitimationssubjekte nicht zu kompensieren, denn sie geht davon aus, dass unabhängig von dem Willen der Betroffenen es sich sagen lässt, welche Politik gut oder schlecht für die Unterworfenen ist. Genau in diesem Moment bevormundet sie die Legitimationssubjekte und wirkt fremdbestimmend. Zumal allein die Entscheidungsfreudigkeit nichts darüber aussagt, wie sich die zügige Entscheidung auch im Leben der Legitimationssubjekte auswirkt. Die *output-legitimacy* kann nur soweit als Maßstab der demokratischen Legitimation bemüht werden, als die soziale Legitimation in dem Wahlakt – in der Bestätigung oder Ablehnung bestimmter Herrschaft oder Politik – zum Ausdruck gebracht wird. Insoweit stellt sie aber keine eigene selbständige Legitimationskategorie dar, sondern sie ist ein wesentlicher Bestandteil der *input-legitimacy.*

Während sich die *input-legitimacy* regelmäßig auf die politische Teilhabe vermittels eines demokratischen Verfahrens, vor allem durch die Beteiligung an Wahlen und Abstimmungen konzentriert und die *output-legitimacy* sich an der Qualität des Regierungshandelns orientiert,[168] hat sich inzwischen eine weitere Kategorie der Legitimation verselbständigt, nämlich die *throughput-legitimacy.*

Die *throughput-legitimacy* stellt den Grundsatz der Transparenz und Öffentlichkeit in den Vordergrund und bezieht alle Phasen der Herrschaftsausübung, vornehmlich den Prozess der Entscheidungsfindung demokratisch gewählter Akteure in den Legitimationsprozess mit ein und erweitert damit die demokratische Legitimation um einen weiteren Legitimationsfluss.[169] Dieser Ansatz fördert den Verantwortungszusammenhang zwischen dem Handeln einer politischen Einheit und dem Legitimationssubjekt und dient damit der Sicherstellung der demokratischen Rückbindung der politischen Leitung an den Willen der Legitimationssubjekte und deren ständiger Aufsicht und Revision schon während einer Wahlperiode. Denn der Aspekt der *throughput legitimacy* erfordert, dass jenseits des Wahlaktes dem Legitimationssubjekt institutionell Einsicht und Gehör gewährt wird. Er tritt seinen für die politische Meinungsbildung schlechthin konstituierenden Grundrechten zur Seite und ermöglicht ihm auf das politische Entscheidungsfindungsverfahren aktiv Einfluss zu nehmen.

Auch das Unionsrecht sieht neben den repräsentativ-demokratischen solche partizipativen Elemente vor, die die demokratische Struktur der Union ergänzen. Die Organe der Union sind gemäß Art. 11 Abs. 1 EUV verpflichtet, den Unionsbürgerinnen und -bürgern und den repräsentativen Verbänden in geeigneter Weise die Möglichkeit zu geben, ihre Ansichten in allen Bereichen des Handelns der Union öffentlich bekannt zu geben und auszutauschen. Darüber hinaus führt der Vertrag von Lissabon die europäische Bürgerinitiative des Art. 11 Abs. 4 EUV ein. Zu

---

[168] Grundlegend dazu *Scharpf,* Demokratietheorie zwischen Utopie und Anpassung, Kronberg 1975, S. 21 ff.

[169] Vgl. *Schmidt,* Democracy and Legitimacy in the European Union Revisited: Input, Output and „Throughput", Political Studies 2012, S. 1-21; eingehend *Naurin,* Transparency and legitimacy, in: Dobdon/Follesdal (Hrsg.), Political theory and the European Constitution, London 2004, S. 139-150.

demokratischen Elementen der Union zählt vor allem das Transparenzgebot,[170] das darauf abzielt, die Distanz zwischen Bürgern und Entscheidungsträgern in einer repräsentativen Demokratie zu überbrücken.[171]

Die Entscheidungen werden gemäß Art. 10 Abs. 3 S. 2 EUV so offen und bürgernah wie möglich getroffen. Gemäß Art. 11 Abs. 2 EUV pflegen die Organe der EU einen offenen, transparenten und regelmäßigen Dialog mit den repräsentativen Verbänden und der Zivilgesellschaft. Die Transparenz der politischen Willensbildung rückt damit ins Zentrum der demokratischen Anforderungen der EU an dem Verfahren der Willensbildung. Während die Öffentlichkeit stets ein Wesensmerkmal der Arbeitsweise des Europäischen Parlaments als parlamentarische Legislative darstellte, gilt sie erst im Zuge der Lissabonner Reformen auch hinsichtlich der Tagungen des Rats als Co-Gesetzgeber.[172] Art. 16 Abs. 8 S. 1 EUV schreibt nun vor, dass der Rat öffentlich tagt, wenn er über Entwürfe zu Gesetzgebungsakten berät und abstimmt.[173] Zur Erreichung dieses Zwecks soll gemäß dessen S. 2 jede Ratstagung in zwei Teile unterteilt werden, von denen der eine den Beratungen über die Gesetzgebungsakte der Union und der andere den nicht die Gesetzgebung betreffenden Tätigkeiten gewidmet ist. Der demokratischen Verantwortlichkeit gegenüber den Unionsbürgern dient ferner die Begründungspflicht für rechtssetzende Akte, die in Art. 296 Abs. 2 AEUV verankert ist.

Unterstrichen wird die Bedeutung der Transparenz und der Öffentlichkeit des Entscheidungsverfahrens der EU durch das Recht der Unionsbürger auf Zugang zu den Dokumenten der Unionsorgane (Art. 15 Abs. 3 AEUV), wenn auch dieses Recht durch eine Verordnung des Europäischen Parlaments und des Rates konkretisiert und eingegrenzt wird.[174] Schließlich ist auch vom EuGH anerkannt, dass die Transparenz und Öffentlichkeit des Handelns der Unionsorgane zur größeren Legitimation, Effizienz und Verantwortung gegenüber Unionsbürgern beitragen.[175]

IV. Die Legitimationsleistung der europäischen Gesetzgeber in der dualen Struktur

Wie soeben dargelegt, wird die in Art. 10 Abs. 2 EUV verankerte duale Legitimationsstruktur der EU um weitere demokratische Elemente ergänzt, zu deren Verwirklichung die Co-Gesetzgeber aufgrund ihrer institutionellen Beschaffenheit

---

[170] Art. 1 Abs. 2 Art. 10 Abs. 3, Art. 11 Abs. 2 EUV, Art. 15 AEUV.

[171] *Nettesheim*, in: Grabitz/Hilf/Nettesheim, Art. 10 EUV, Rn. 91.

[172] Vgl. *Oeter*, in: v. Bogdandy/Bast, a.a. O. (Kap. 1, Fn. 7), S. 110, der diese Entwicklung als einen Durchbruch begrüßt.

[173] Anders der frühere Art. 207 Abs. 3 S. 4 EGV. Demnach waren nur Abstimmungsergebnisse sowie die Erklärungen zur Stimmabgabe und die Protokollerklärungen zu veröffentlichen, wenn der Rat als Gesetzgeber tätig wurde.

[174] Verordnung (EG) Nr. 1049/2001 vom 30.5.2001.

[175] EuGH, Slg. 2007 I-11389, Rn. 54; siehe dazu *v. Achenbach*, a.a.O. (Kap. 3, Fn. 75), S. 324 f.

unterschiedlich beitragen können. Zuzugeben ist, dass dem Europäischen Parlament nach wie vor zwei formale Merkmale gesetzgebender Gewalt, nämlich das Initiativrecht und die Allzuständigkeit, fehlen.[176] Denn zur demokratischen Willensbildung gehört auch, dass die gewählte Vertretung die Gesetzgebung auch initiiert. Dieses Manko wird auch mangels einer hinreichenden politischen Verantwortlichkeit der Kommission gegenüber dem Europäischen Parlament nicht in sonstiger Weise kompensiert.[177]

Mit Blick auf die materielle Beschränkung der Zuständigkeit des Europäischen Parlaments ist allerdings zu differenzieren. Dass der europäische Gesetzgeber angesichts des Grundsatzes der Einzelermächtigung nicht über die allgemeine Allzuständigkeit hinsichtlich der Gesetzgebung verfügt, mindert die demokratische Legitimationskraft des Europäischen Parlaments nicht. Denn das Europäische Parlament muss nur soweit demokratische Legitimation vermitteln, wie die europäische Gesetzgebung reicht, mit anderen Worten: Eine Rückbindung der demokratischen Willensbildung an das Legitimationssubjekt ist nur soweit erforderlich, als eine europäische Willensbildung überhaupt in Frage steht.

Etwas anderes gilt allerdings hinsichtlich der horizontalen Beschränkung der legislativen Befugnisse des Europäischen Parlaments im Verhältnis zu seinem Co-Gesetzgeber Rat. Wie bereits dargelegt, bleiben neben dem ordentlichen Gesetzgebungsverfahren besondere Gesetzgebungsverfahren der Anhörung und der Zustimmung bestehen, die sich hinsichtlich der Qualität der Parlamentsbeteiligung unterscheiden. Die institutionelle Ausgestaltung des Europäischen Parlaments als unmittelbare Vertretung der Unionsbürger weist aber, wie im Folgenden zu zeigen sein wird, in der Gesamtbetrachtung eine stärkere demokratische Legitimationskraft im Verhältnis zum Rat auf,[178] die es geboten erscheinen lässt, den Anwendungsbereich der ordentlichen Gesetzgebung auf die europäische Gesetzgebung *in toto* zu erweitern. Insbesondere der Versammlungscharakter des Europäischen Parlaments rechtfertigt diese Sichtweise. Der Versammlungscharakter der Legislative ermöglicht die Artikulation einer Pluralität von Präferenzen.[179] Die Gesetzgebung ist angesichts gesellschaftlicher Heterogenität wesentlich durch ihre Erzeugung durch eine Versammlung gekennzeichnet.[180] Das parlamentarische Verfahren „schafft Garantien dafür, dass die verschiedenen Interessen der im Parlamente vertretenen Gruppen zu Worte kommen, sich als solche in einem *öffentlichen* Prozess

---

[176] Zu formalen Kriterien gesetzgebender Gewalt siehe die Übersicht bei *v. Achenbach, ibid.,* S. 18 ff. m. w. N. Zu Charakteristika der gesetzgebenden Gewalt bereits *Locke*, dazu unten Kap. 4 A. II.

[177] So auch *Hatje,* Demokratie in der Europäischen Union, a.a.O. (Kap. 1, Fn. 23); *v. Achenbach, ibid,* S. 453, 467.

[178] Zum Beitrag des Europäischen Parlaments zur demokratischen Legitimation der Europäischen Union bereits *Magiera,* Das Europäische Parlament als Garant demokratischer Legitimation in der Europäischen Union, in: Due/Lutter/Schwarze (Hrsg.), FS für Everling, Bd. 1, Baden-Baden 1995, S. 789-802; *Reich,* Rechte des Europäischen Parlaments in Gegenwart und Zukunft, Berlin 1999.

[179] *Waldron*, Law and disagreement, Oxford 1999, 21 ff., 49 ff.; *Manin*, The principles of representative government, NY 2002, S. 184 f.; *v. Achenbach,* a.a.O. (Kap. 3, Fn. 75), S. 391.

[180] *Waldron, ibid.,* S. 10; *v. Achenbach, ibid*; so bereits die Begründung bei *Locke* ausführlich dazu unten Kap. 4. A. II.

manifestieren können."[181] Genau darin liegt der Mehrwert der parlamentarischen Form der Legislative und deren Anspruch auf allgemeine Geltung begründet.[182]

Dass im Rahmen der parlamentarischen Gesetzgebung das Mehrheitsprinzip als demokratischer Entscheidungsmodus bemüht wird, ist zwar durch die praktischen Entscheidungszwänge und zur Sicherung der Entscheidungsfähigkeit und Handlungsfähigkeit der Legislative und letztendlich der politischen Führung erklärbar, aber noch nicht gerechtfertigt. Das Mehrheitsprinzip lässt sich mit dem diskursiven Charakter des Entscheidungsfindungsprozesses der Versammlung insofern vereinbaren als die Entscheidungen im Zuge der Änderung der Mehrheitsverhältnisse modifiziert werden können.[183] Dabei wird die Versammlungsqualität der Legislative und deren Willensbildung auch in anspruchsvollen deliberativen Demokratiemodellen nicht bloß als Technik zur Erzeugung vernünftiger, gerechter, guter Entscheidungen gedacht.[184] Auch nach dem deliberativen Demokratiemodell ist sie nicht nur ein „Mittel" zur Entwicklung des besseren Arguments, sondern sie löst gerade die pluralistische Kapazität der legislativen Willensbildung aus. Erst dadurch kommt der rationale Diskurs zur Entfaltung, der wiederum um weitere demokratisch legitimierte Instrumente wie faire Verhandlung und Kompromiss ergänzt werden kann.[185]

Anders als das Parlament ist der Rat nur mittelbar an Wahlen rückgebunden. Dies geschieht über die Figur der Legitimationskette, der sich das Bundesverfassungsgericht zur Ableitung der demokratischen Legitimation der indirekt elektoral rückgebundenen Organe bedient. Der Legitimationskettentheorie des Bundesverfassungsgerichts zufolge sind politische Akteure personell-organisatorisch legitimiert, wenn sie parlamentarisch gewählt oder durch Amtsträger gewählt sind, die ihrerseits personell parlamentarisch legitimiert sind.[186] Für den Rat der Union ist das Bestehen einer solchen Legitimationskette angesichts der Wahlen der Parlamente der Mitgliedstaaten bzw. der direkten Wahl der Regierungschefs, die sich wiederum in dem Rat durch handlungsbefugte Vertreter auf Ministerebene vertreten lassen, zu bejahen.[187] Dadurch entsteht zwar eine personell-organisatorische Rückbindung an den Willen des Legitimationssubjekts – in diesem Fall der Wählerschaft der nationalen Parlamente –, damit wird aber nicht *per se* eine sachlich-inhaltliche Rückbindung der indirekt gewählten Vertreter generiert. Die demokratische Legitimation

---

[181] *Kelsen,* Vom Wesen und Wert der Demokratie, a.a.O. (Kap. 3, Fn. 82), S. 58; vgl. *v. Achenbach, ibid.,* S. 371, 392.

[182] *Waldron, ibid.,* S. 49 ff; dazu ausführlich *v. Achenbach, ibid.,* S. 385, 390 ff.

[183] Zur Vereinbarkeit des Mehrheitsprinzips mit dem Diskursprinzip siehe *Habermas*, Faktizität und Geltung, a.a.O. (Kap. 3, Fn. 81), S. 220.

[184] So aber will *v. Achenbach* Habermas verstehen, um anschließend ein pluralistisches Modell demokratischer Delegation davon abzuheben, das sich aber bei genauer Betrachtung dessen Umschreibung und Begründung kaum von demjenigen des Habermas unterscheidet vgl. *v. Achenbach, ibid.,* S. 394, Anm. 1342.

[185] So bereits *Habermas*, Faktizität und Geltung, a.a.O. (Kap. 3, Fn. 81), S. 210.

[186] Zur Legitimationskettentheorie siehe BVerfGE 47, 253 (275); BVerfGE 77, 1 (40); BVerfGE 83, 60 (72) BVerfGE 93, 37 (66 f.), welche auf *Böckenförde* (vgl. Demokratie als Verfassungsprinzip, in: Isensee/Kirchhof (Hrsg.), Handbuch des Staatsrechts der Bundesrepublik Deutschland, 3. Aufl., Heidelberg 2004, § 24, S. 438, Rn. 16) zurückgeht; eingehend dazu *v. Achenbach, ibid.,* S. 403 ff.

[187] Art. 16 Abs. 2 EUV.

des hoheitlichen Handelns bedarf aber sowohl der personell-organisatorischen als auch sachlich-inhaltlichen Rückbindung an die Willensbildung des Legitimationssubjektes.[188] Letzteres wird für die Ausübung von legislativer Gewalt durch effektive politische Verantwortlichkeit des legislativen Handelns gegenüber dem demokratischen Subjekt hergestellt.[189]

Der Delegationstheorie zufolge ist entlang einer Reihe von Delegationsakten das Verantwortungsverhältnis zwischen der originären Wählerschaft und einem politischen Akteur nur so effektiv, wie die Verantwortlichkeitsverhältnisse in den einzelnen Delegationsbeziehungen, die den indirekten Verantwortlichkeitszusammenhang vermitteln.[190] Mit jedem weiteren Akt der Delegation schwindet aber das Maß der politischen Verantwortlichkeit des politischen Akteurs gegenüber der originären Wählerschaft.[191] Mit Blick auf den Rat ist daher festzuhalten, dass anders als das Europäische Parlament, das von einer europäischen Wählerschaft und damit von einem einzigen Legitimationssubjekt getragen wird, der Rat einen Zusammenschluss der Regierungsvertreter der Mitgliedstaaten darstellt, der separate Legitimationssubjekte (europäische Staatsvölker) repräsentiert. Trotz der Versuche der Erweiterung der Beteiligung nationaler Parlamente[192] fehlt es an einer politischen parlamentarischen Verantwortlichkeit des Rats, denn die Entscheidungen des Rats als Organ der EU sind nationalen Parlamenten nicht zurechenbar.[193] Mangels einer politischen Verantwortlichkeit gegenüber dem Europäischen Parlament ist der Rat von direkter parlamentarischer Kontrolle entbunden. Verschärft wird dieser Umstand durch intransparente Arbeitsweise und Sektoralisierung seiner Willensbildung.[194] Die Legitimationsleistung eines indirekt elektoral rückgebundenen Organs bleibt daher hinter der einer direkt rückgebundenen parlamentarischen Vertretung der originären Wählerschaft zurück,[195] wenn auch angesichts der föderalen Gestalt der Union der Rat als Mechanismus der demokratischen Verantwortlichkeit der Union unverzichtbar bleibt.[196]

Gebührt dem Europäischen Parlament aufgrund seiner institutionellen Beschaffenheit eine stärkere demokratische Legitimationsleistung in der dualen Struktur der

[188] *v. Achenbach, ibid.*, S. 404; *Böckenförde, ibid.*, S. 429, Rn. 2.

[189] *v. Achenbach, ibid.*

[190] *Strøm,* Delegation and accountability in parliamentary democracies, European Journal of Political Research 37 (2000), S. 261, 277; *v. Achenbach, ibid.*, S. 404.

[191] *Strøm, ibid.; Lupia,* Delegation and its Perils, in: Strøm/Müller/Bergman (Hrsg.), Delegation and accountability in parliamentary democracies, Oxford 2006, S. 33, 52; *v. Achenbach, ibid.*, S. 405; *Reich,* a.a.O. (Kap. 3, Fn. 178), S. 57 ff.; zur Bedeutung des Unmittelbarkeitsgrundsatzes *Hesse*, Grundzüge des Verfassungsrechts, a.a.O. (Kap. 2, Fn. 41), Rn. 145 ff.

[192] Vgl. Art. 12 EUV.

[193] *v. Achenbach. ibid.*, S. 467. Dasselbe gilt auch hinsichtlich der Kommission, die in seiner Funktion als Initiator der europäischen Gesetzgebung nicht an die parlamentarische Willensbildung gebunden ist.

[194] Dazu ausführlich *v. Achenbach*, a.a.O. (Kap. 3, Fn. 75), S. 449 f.

[195] *Ibid.*, S. 405.

[196] *Oeter,* in: Bogdandy/Bast, a.a.O. (Kap. 1, Fn. 7), S. 104.

EU, so ist ein Vorbehalt parlamentarischer Mitgesetzgebung – neben dem bereits erörterten grundrechtspezifischen Aspekt – auch unter dem Gesichtspunkt der demokratischen Legitimation europäischer Gesetzgebung geboten.[197] Denn wenn der Exekutive keine substantielle gesetzgeberische Entscheidung vorgegeben ist, „fehlt der Zusammenhang, der verfassungsrechtlich die Vermittlung der demokratischen Legitimation der Legislative an die Exekutive begründet".[198] Erschwerend kommt hinzu, dass weder die Europäische Kommission noch der Rat entsprechend dem typischen Modell einer Regierung dem Europäischen Parlament effektiv politisch verantwortlich sind.[199] Selbst wenn eine solche Verantwortlichkeit bestünde, vermöge ein durch schnelles flexibles Handeln ausgezeichnetes Exekutivverfahren die fehlende grundlegende gesetzgeberische Entscheidung, die sich gerade durch die demokratische Funktion des Gesetzgebungsverfahrens abzeichnet, nicht zu ersetzen.[200]

V. Maßstab demokratischer Legitimation der EU-Außenpolitik

Wie soeben dargestellt ist in Art. 10 Abs. 2 EUV die duale Legitimationsstruktur europäischer Hoheitsgewalt verankert, wobei dem Europäischen Parlament aufgrund seiner institutionellen Ausgestaltung und Charakteristika eine stärkere legitimationsstiftende Bedeutung zukommt. Darin steckt nicht nur das primärrechtliche Modell der demokratischen Legitimation europäischer Gesetzgebung, sondern zugleich der primärrechtliche Maßstab der demokratischen Legitimation der europäischen Außenpolitik und deren institutionellen Zuordnung, soweit sie der Gesetzgebung gleicht, mit anderen Worten soweit Rechte und Pflichte der Rechtssubjekte tangiert sind. Ist hinsichtlich der europäischen Gesetzgebung von einer dualen Legitimationsstruktur der EU auszugehen, in der die demokratische Legitimationsleistung des Europäischen Parlaments aufgrund seiner institutionellen Ausgestaltung im Verhältnis zum Rat als Co-Gesetzgeber überwiegt, so gilt dies auch für die Rechtssetzung generell und damit auch hinsichtlich der Rechtssetzung in der Außenpolitik. Die demokratischen Anforderungen gelten, sobald Hoheitsgewalt ausgeübt wird, anders ausgedrückt sobald die Legitimationssubjekte durch die Ausübung der Hoheitsgewalt berechtigt und verpflichtet werden.

Es sei denn, man nehme, wie das tradierte Verständnis der Außenpolitik, in Anlehnung an *Locke* eine Besonderheit der Außenpolitik an. Würde man den Ansatz des Bundesverfassungsgerichts, nach dem die Außenpolitik keine Gesetzgebung darstelle, sondern zu eigenverantwortlicher Aufgabenwahrnehmung der Exekutive

---

[197] *v. Achenbach, ibid.,* S. 462.

[198] *Ibid.,* S. 53.

[199] *Ibid.,* S. 41, 50, *Hatje*, Demokratie in der Europäischen Union, a.a.O. (Kap. 1, Fn. 23).

[200] In diese Richtung *Möllers,* Gewaltengliederung, a.a.O. (Kap. 2, Fn. 34), S. 190 f.; *v. Achenbach, ibid.,* S. 54; zur Bedeutung der äußeren Form des Gesetzes unten Kap. 4 B. 1. c).

überlassen sei, auf die EU-Außenpolitik übertragen, würde man die europäische Außenpolitik von den bereits entwickelten legitimatorischen Anforderungen der europäischen Gesetzgebung ausnehmen. Ob eine Ausnahme von dem soeben entwickelten Grundsatz der demokratischen Legitimation hinsichtlich der Außenpolitik berechtigt ist, hängt davon ab, ob die Annahme einer Prärogative der Exekutive hinsichtlich der auswärtigen Gewalt legitimiert ist. Diese Frage gilt es im nächsten Kapitel zu klären.

Kapitel 4 Die Legitimation der Prärogative der Exekutive hinsichtlich der auswärtigen Gewalt

Wie die rechtsvergleichende Analyse gezeigt hat, sind die Rechtsprechung und die Staatenpraxis im Kern kaum von *Lockes* vertretener These abgewichen. Zwar lassen sich Unterschiede unter den Referenzsystemen nachweisen, dennoch ist ihnen gemeinsam, dass das Verfahren der Beteiligung der Parlamente an der Gestaltung der Außenpolitik Besonderheiten im Verhältnis zur Gestaltung der Innenpolitik aufweist. Während sie hinsichtlich der Innenpolitik als Gesetzgeber auftreten und gestalterisch tätig werden, fehlt ihnen die parlamentarische Gestaltungsmacht hinsichtlich der Außenpolitik, hieran werden sie lediglich beteiligt. Die heute noch angeführten Argumente für die außenpolitische Prärogative der Exekutive bleiben damit auf der Argumentationslinie von *Locke*. Außenpolitik als „naturgemäß exekutive Aufgabe" gilt als eine Selbstverständlichkeit. Genau wegen dieses bis heute noch Geltung beanspruchenden Ansatzes von *Locke* ist es zwingend, sie einer Untersuchung zu unterziehen. Denn allein eine lange existierende Praxis beansprucht keine Geltungslegitimation. Man kann eine Sache auch Jahre lang falsch machen.[1]

Die Geltung der außenpolitischen Prärogative der Exekutive in Anlehnung an *Locke* ist insbesondere deshalb kurios, weil zum einen *Lockes* Ausführungen ein anderes Regierungssystem zugrunde lag, und zum anderen anders als das von *Locke* entwickelte Prinzip der Gewaltenteilung, welches sich ständig – von einer puren und strikten Doktrin der Gewaltenteilung, über eine modifizierte, hin zu einer mehr und mehr schwindenden Doktrin in modernen Administrativstaaten – einem Wandel unterziehen musste, sowie seine anderen Theorien (des Vertrages, des Eigentums, der Toleranz und Religion) zum Gegenstand zahlreicher Untersuchungen wurden, hat seine These über die auswärtige Gewalt selten Kritik erfahren, und noch

[1] In Anlehnung an *Kurt Tucholsky*: „Laß dir von keinem Fachmann imponieren, der dir erzählt: Lieber Freund, das mache ich schon seit zwanzig Jahren so!' – Man kann eine Sache auch zwanzig Jahre lang falsch machen.", in *Die Weltbühne* v. 8.3.1932, Nr. 10, S. 377, erschienen unter dem Pseudonym *Peter Panter*.

R. Sangi, *Die auswärtige Gewalt des Europäischen Parlaments*, Beiträge zum ausländischen öffentlichen Recht und Völkerrecht,
https://doi.org/10.1007/978-3-662-54423-5_4

weniger wurde sie aus dem Blickwinkel seiner Legitimationstheorie und Gewaltenteilungsdoktrin analysiert. Daher soll hier zunächst die theoretische Grundlage des *Locke´schen* Ansatzes untersucht werden.

A. Die Legitimation der auswärtigen Gewalt im *Locke'schen* Gedankengeflecht

Die nachfolgende Ausführung bezweckt die These der auswärtigen Gewalt von *Locke* nicht isoliert, sondern im Geflecht seiner Legitimitätstheorie und Gewaltenteilungslehre zu analysieren. Diese Herangehensweise ermöglicht einerseits, die Standhaftigkeit und Widerspruchsfreiheit seiner These an seiner eigenen Legitimitätstheorie und Gewaltenteilungstheorie zu messen – insoweit handelt es sich um eine seiner These immanente Kritik. Andererseits ist sie aufschlussreich für die Frage, inwieweit seine häufig zitierte These heute noch Geltung beanspruchen kann. Damit wäre dann auch geklärt, ob sie weiterhin geeignet ist, die organisatorische Funktionsverteilung innerhalb der Europäischen Union zu legitimieren.

I. Lockes Legitimitätstheorie

Lockes Theorie der Legitimität der Herrschaftsgewalt hat einen anderen Ausgangspunkt als die seines Vorgängers *Hobbes*. Dies hängt mit einem Charakteristikum zusammen, das *Locke* dem Naturzustand beimisst. Ihm zufolge bedeutet die Freiheit im Naturzustand nicht etwa das Recht auf alles und Zügellosigkeit. Vielmehr ist sie nur unter der Herrschaft eines von der Vernunft gelehrten natürlichen Gesetzes denkbar, das nicht im Gegensatz zu Recht und Freiheit steht, sondern diese bestimmt.[2] Da aber das natürliche Gesetz im Zuge des menschlichen Egoismus nicht zum Tragen komme[3] und es im Naturzustand an einem verbindlich urteilenden Richter sowie an einer Gewalt fehle,[4] die solche Urteile vollstrecken könne,[5] würden Kriege entstehen, sobald die Freiheit missbraucht werde. Um die Freiheit, die bei *Locke* vornehmlich um das Eigentum kreist, zu sichern und den Krieg schließlich zu vermeiden, brauche man das Gesetz.[6] Dabei sind Gesetze nicht etwa die Befehle eines absoluten Herrschers, sondern sie stehen über jeder persönlichen Herrschaft.[7]

---

[2] *Locke,* a.a.O. (Kap. 2, Fn. 13), Second Treatise (ST) § 6; vgl. *Starck*, Der Gesetzesbegriff des Grundgesetzes, Baden-Baden 1970, S. 122 ff.

[3] *Locke, ibid.,* § 124.

[4] *Ibid,* § 125.

[5] *Ibid.,* § 126; dieser Formulierung ist anzumerken, dass obwohl *Locke* in seiner Gewaltenteilungslehre die Judikative als solche nicht separiert, deren Funktion als solche nicht unberücksichtigt lässt.

[6] *Ibid.,* § 20.

[7] *Ibid.,* § 97.

Die Autorität bei *Locke* wird damit nicht erst durch den Gesellschaftsvertrag begründet, sondern sie existiert unter den Individuen schon im Naturzustand und wird im Wege des Gesellschaftsvertrages lediglich auf eine zivilstaatliche Herrschaftsform übertragen.[8] Legitimität erlangt die politische Herrschaft erst dann, wenn die Übertragung der politischen Autorität rechtens und ein Konsens der Individuen darüber besteht: „Men being [...] by nature all free, equal, and independent, no one can be put out of this estate and subjected to the political power of another without his own consent."[9]

Legte man diese Aussage von *Locke* restriktiv aus, würde man die Legitimation der politischen Herrschaft von der tatsächlichen Zustimmung einzelner Individuen abhängig machen.[10] Abgesehen davon, dass ein solcher Ansatz eine utopische Vorstellung in sich trägt, der der Realität einer Zivilgesellschaft schon zu Zeiten von *Locke*, und erst recht nicht der durch Pluralismus geprägten Gegenwart entspricht, lässt sich aus *Locke* selbst ein solches strenges Verständnis von Konsens nicht erschließen.[11] Denn er eröffnet gleichzeitig die Möglichkeit der Legitimation durch implizite Zustimmung.[12] Daher ist davon auszugehen, dass *Locke* zwar zunächst die ausdrückliche Zustimmung des Einzelnen verlangt, aber das Konsenskonzept mit der sehr weitgefassten – und an sich wiederum rechtfertigungsbedürftigen – Figur der impliziten Zustimmung komplementiert.[13] Dabei wird das Konsenskonzept nicht lediglich auf die Phase der Entstehung, Konstitutionalisierung beziehungsweise Institutionalisierung der Herrschaft, sogenannte „*originating consent*"[14] beschränkt, vielmehr geht damit eine permanente Bewertung der Ausübung der Herrschaftsgewalt durch die politische Herrschaft („*joining consent*") einher.[15] Während Letzterem die implizite Zustimmung genügen soll, setzt Ersteres eine ausdrückliche Zustimmung voraus.

Auch wenn mit der Figur der impliziten Zustimmung nicht gleich das Mehrheitsprinzip aufgenommen wird, mindert sie – ungeachtet ihrer schwachen Argumentationsgrundlage[16] – die Bedeutung des Konsenses des Einzelnen für die Legitimität der

[8] Vgl. *Peter,* Political Legitimacy, in: E. N. Zalta (Hrsg.), The Stanford Encyclopedia of Philosophy, Online ed. 2016, 2.1.

[9] *Locke, ibid,* § 95.

[10] So *Simmons*, einer der wichtigsten Interpreten von *Locke*, der die strenge Konsenstheorie für die Legitimation der politischen Herrschaft entwickelt hat. *Simmons,* Justification and Legitimacy, Ethics 109 (1999), S. 739-771; *ders.*, Political Obligations and Consent, in: Miller/Wertheimer (Hrsg.), The Ethics of Consent, Theory and Practice, Oxford Scholarship Online ed. 2010, S. 305-328.

[11] Kritisch dazu *Buchanan*, Political Legitimacy and Democracy, Ethics 112 (2002), S. 699.

[12] *Locke, ibid.,* § 119.

[13] Dies bedeutet freilich nicht gleich eine Übernahme des Mehrheitsprinzips, dennoch lässt sich aus den späteren Ausführungen *Lockes* zu der Legislative, die einer abänderliche Versammlung zu übertragen sei, entnehmen, dass die Zustimmung der Repräsentanten an die Stelle der Bürger treten kann (Vgl. *Locke, ibid.,* § 138).

[14] *Rawls,* Lectures on the History of Political Philosophy, Cambridge 2007, S. 124.

[15] *Peter,* Political Legitimacy, *ibid.,* 2.1.

[16] Das Leben unter einem Regime, Vererbung und Besitz des Eigentums sollen schon als implizite Zustimmung gelten (*Locke, ibid.,* § 120.). Ausführlich dazu vgl. *Tuckness*, Locke's Political Philosophy, in: E. N. Zalta (Hrsg.), The Stanford Encyclopedia of Philosophy, Online ed. 2016.

Herrschaftsgewalt.[17] Dies kann sich *Locke* allerdings erlauben, weil nach ihm nicht der Konsens sondern das Naturrecht die Reichweite, den Inhalt und letztendlich die Qualität der Gewalt bestimmt.[18] Das Recht und die Autorität existieren ihm zufolge schon im Naturzustand. Der Konsens dient nur deren Übertragung auf die politische Herrschaft, aber nicht der Bestimmung von deren Inhalt und Form. Folglich ist nach *Locke* eine Herrschaft nur legitim, solange und soweit sie das Naturrecht nicht verletzt. Die politische Herrschaft ist also nicht absolut,[19] da sich über das Kriterium des Naturrechts normative Gesichtspunkte wie die Gerechtigkeit und Freiheit berücksichtigen lassen, die nicht erst durch den Gesellschaftsvertrag begründet werden.

II. Lockes Gewaltenteilungslehre

Vor diesem Hintergrund lässt sich die besondere Stellung des Gesetzes und der gesetzgebenden Gewalt für *Locke* erklären. Seinem Konzept des Staatsvertrages zufolge schließen sich die Individuen zusammen. Im Gegensatz zu *Hobbes* werden die Rechte nicht auf einen Dritten, den Herrscher übertragen, sondern sie gründen eine gesetzgebende Gewalt als die höchste Gewalt im Staat, die ihm bis zum Widerruf zusteht.[20] Die Entscheidung, wem diese Rechte anvertraut werden, ist letztendlich eine Entscheidung über die Staatsform.

Locke spricht sich für die Übertragung der Gesetzgebung auf eine *veränderliche Versammlung* aus, denn die Mitglieder einer solchen Versammlung erließen nur solche Gesetze, denen sie sich selbst unterwerfen wollen.[21] Die Legislative ist nur insoweit eingeschränkt, als sie nicht eigene Gesetze vollstrecken kann.[22] In dieser Unterscheidung liegt der Ausgangspunkt der Gewaltenteilungslehre von *Locke*, welche er in Anlehnung an sein Argument für die Übertragung der Gesetzgebung auf eine veränderliche Versammlung entwickelt. *Locke* begründet das damit, dass eine solche repräsentative veränderliche Versammlung aus *jeden einzelnen*[23] Mitgliedern der Gesellschaft besteht, in der Subjekte und Objekte der Gesetze *identisch* sind und die Repräsentanten von den Gesetzen, die sie erlassen, nicht ausgenommen sind. Unter diesen Prämissen reduziert sich die Gefahr von repressivem Recht. Die Rechtsetzung ist auf *diverse Personen* übertragen, die gleichermaßen die Last des gesetzten Rechts tragen müssen.[24] Dieses Ziel könnte aber kaum erreicht werden,

---

[17] So die Kritik bei *Pitkin*, Obligation and Consent I, American Political Science Rev. 59 (1965), S. 991–999.

[18] *Ibid.*

[19] *Peter*, Political Legitimacy, *ibid.*

[20] *Locke, ibid.*, § 22, § 134; *Starck*, a.a.O. (Kap. 4, Fn. 2), S. 122.

[21] *Locke, ibid.*, § 138.

[22] *Ibid.*, § 143.

[23] Hervorhebungen v. Verf.

[24] *Locke, ibid.*, § 143. Zum Versammlungscharakter des Parlaments und dessen legitimationsstiftender Wirkung bereits oben Kap. 3.G. IV.

wenn die Rechtserzeuger zugleich über die Anwendung des Rechts beliebig verfügen könnten: „It may be too great temptation to human frailty [...] for the same persons who have the power of making laws to have also in their hands the power to execute them, and suit the law, both in its making and execution, to their own private advantage.“[25]

Zusammengesetzt ist die Legislative aus Mitgliedern der Gesellschaft. Die Beschlüsse einer so gegründeten Legislative gelten daher als die Beschlüsse der Bürger.[26] Was zunächst als Legitimationsgrund der Legislative gilt, ist zugleich ihre Schranke. Denn obwohl die Legislative die höchste Gewalt in dem Staat darstellt, ist sie doch weder eine absolute noch willkürliche Gewalt über das Leben und Schicksal des Volkes.[27] Die Legislative selbst bleibt an die Rechte des Einzelnen gebunden und muss sich damit dem Gemeinwohl widmen.[28] Jenseits dieser Rechte kann die Legislative keine Legitimität beanspruchen. Das bedeutet, dass Gesetze, die die natürlichen Freiheiten einschränken, der Zustimmung derjenigen bedürfen, die sich zu dem Staatsvertrag zusammengeschlossen haben.[29] Die Zustimmung wird aber gleich im Erlass eines als *alle gleich treffenden Gesetzes* durch die Legislative gesehen.[30]

Daraus ergibt sich, dass Gesetze, die die Freiheit und Rechtssicherheit einschränken und damit bedeutsame und grundlegende Fragen betreffen, *generell* sein müssen.[31] Da aber die Gesetze wegen ihres generellen und starren Charakters aus Billigkeitserwägungen nicht auf alle Fälle gut passen beziehungsweise in manchen Fällen völlig zu einer Materie schweigen, weil sie in gewisser Weise nicht alles im Voraus bedenken können, wird der Exekutive insoweit eine Prärogative eingeräumt,[32] nach eigenem Ermessen zu handeln. Allerdings um den Missbrauch der Prärogative vorzubeugen, bleibt der Legislative unbenommen, die Prärogative des Herrschers durch Gesetz zu begrenzen.[33]

Darüber hinaus erwähnt *Locke* die Effizienz des Regierens und die Arbeitsteilung, die der Gewaltenteilung innewohnen. In diesem Zusammenhang rekurriert er auf die langsame und aufwendige Arbeitsweise einer Versammlung, die die Versammlung für die Ausführung der Gesetzte disqualifiziert.[34] Hinzukommt die Unterstellung von *Locke*, dass die Gesetzgebung anders als die Ausführung von Gesetzen keine dauerhafte Aufgabe darstelle, daher bedürfe es einer Exekutive, die immer im Amt sei und die Ausführung der Gesetze sicherstelle.[35] An dieser Stelle zeigt

[25] *Ibid.*

[26] *Locke, ibid.*, § 89; *Starck, ibid.*, S. 123.

[27] *Locke, ibid.*, §§ 135, 150.

[28] *Ibid.*, § 135.

[29] *Ibid.*, §§ 138-140.

[30] *Ibid.*, § 138; *Starck, ibid.*, S. 124.

[31] *Starck, ibid.*, S. 126.

[32] *Locke, ibid.*, § 159 f.

[33] *Ibid.*, § 163.

[34] *Ibid.*, § 160.

[35] *Ibid.*, § 160.

sich ein wesentlicher Unterschied zu dem heutigen Verständnis von der Tätigkeit der gesetzgebenden und gesetzesausführenden Organe, die beide eine dauerhafte Aufgabe innehaben. Diese Unterstellung von *Locke* ist von nicht zu unterschätzender Bedeutung, wenn im nächsten Abschnitt seine Zuweisung der auswärtigen Gewalt diskutiert wird.

III. Lockes Verständnis von auswärtiger Gewalt

Obwohl *Lockes* Bezeichnung der auswärtigen Gewalt „*federative power*“[36] deren erste Qualifizierung als eine authentische Gewalt darstellt, ist er nicht der erste, der in der Tradition der Gesellschaftsvertragstheoretiker die außenpolitischen Beziehungen berücksichtigt. Schon *Hobbes* befasste sich mit Außenbeziehungen als einem externen Aspekt der staatlichen Souveränität.[37] Zieht man *Hobbes* absolutistische Auffassung in Betracht, dann ist es kaum überraschend, dass er die Pluralität der staatlichen Stimme im Hinblick auf die Außenbeziehung ablehnt. Ihm zufolge besteht der einzige Weg, die Gesellschaft von Eingriffen der Auswärtigen zu schützen, darin, alle Gewalt auf einen Menschen, nämlich den Souverän zu konzentrieren.[38] Der Souverän ist nur gebunden an das Allgemeinwohl. Für die außenpolitischen Kompetenzen bedeutet das wiederum, dass der Staat bei deren Ausübung nicht an das Gesetz gebunden ist. Diese unbeschränkte Macht des Souveräns begründet er mit der Sicherstellung des Friedens und der Sicherheit.[39] Ein solches Verständnis von auswärtiger Gewalt lässt sich vor allem historisch erklären.[40] Es basiert nämlich auf der Vorstellung, dass der Staat zur Sicherung seiner Mitglieder und Selbstbehauptung nach außen ins Leben gerufen wurde.[41]

Obgleich *Locke* nicht dem absolutistischen Verständnis von *Hobbes* folgt, wie an seiner Gewaltenteilungslehre abzulesen ist, verlässt er seine Lehre, wenn es zur auswärtigen Gewalt kommt. Unzufrieden mit den zwei bisherigen Gewalten der Legislative und Exekutive entwirft er die auswärtige Gewalt[42] als: „the power of

[36] Wörtlich übersetzt heißt es zwar Bundesgewalt oder föderative Gewalt, jedoch würde eine solche Übersetzung mehr auf die innere bundesstaatliche Gewaltenteilung verweisen und damit nicht den Gehalt und die Bedeutung des Begriffes widerspiegeln (*Biehler,* a.a.O. (Kap. 1, Fn. 15), S. 33, Fn. 99), so auch *Grewe*, in: Isensee/Kirchhof, a.a.O. (Kap. 1, Fn. 15), § 77, S. 130. Im Folgenden wird daher die Bezeichnung „auswärtige Gewalt“ verwendet.

[37] *Hobbes*, Leviathan, a.a.O. (Kap. 1, Fn. 11), Ch. XVIII.

[38] *Ibid.*, Ch. XVII.

[39] *Ibid.*, Ch. XVIII.

[40] Zur Bedeutung der historischen Auslegung vgl. *Skinner*, The Foundations of Modern Political Thought. Vol. 1, Cambridge 1990, ix-xv; *Pocock*, Political Thought and History. Essays on Theory and Method, Cambridge 2009, S. 51-66.

[41] *Biehler,* a.a.O. (Kap. 1, Fn. 15), S. 20.

[42] *Locke* spricht zwar von „federative power“, ihm ist aber die Bezeichnung gleichgültig: „[...] my be called federative, if anyone pleases. So the thing be understood, I am indifferent as to the name.“ (*ibid.*, § 146.).

war and peace, leagues and alliances, and all the transactions with all persons and communities without the commonwealth"[43]

Locke qualifiziert die auswärtige Gewalt zwar als eine eigenständige und authentische Gewalt neben der Legislative und Exekutive, gleichzeitig aber insistiert er darauf, dass sie durch die Exekutive ausgeübt wird, und spricht sich damit gegen deren separate institutionelle Etablierung aus.

Vor dem Hintergrund seiner Gewaltenteilungslehre, die gerade die Trennung unterschiedlicher Gewalten zum Ziel hat, könnte man dieses Postulat als inkonsequent zurückweisen.[44] Ein eingehender Blick verdeutlicht aber, dass es sich um eine bewusste Ausnahme von dem Prinzip der Gewaltenteilung handelt, die *Locke* wie folgt begründet:

„Though, as I said, the executive and federative power of every community be really distinct in themselves, yet they are hardly to be separated, and placed at the same time, in the hands of distinct persons: for both of them requiring the force of the society for their exercise, it is almost impracticable to place the force of the common-wealth in distinct, and not subordinate hands; or that the executive and federative power should be placed in persons, that might act separately, whereby the force of the public would be under different commands; which would be apt some time or other to cause disorder and ruin."[45]

Diese Passage trägt zwei zentrale Aussagen im Hinblick auf die institutionelle Zuordnung der auswärtigen Gewalt in sich: Erstens geht *Locke* davon aus, dass die Ausführung des Rechts und die Führung der Außenpolitik beide zu ihrer Ausübung „the force of the society"[46] benötigen (1. These). Des Weiteren unterstellt er, dass „the force of the public" aus praktischen Gründen nicht in institutionell sowie personell verschiedene einander nicht untergeordnete Hände zu legen sind (2. These).[47]

Daneben führt *Locke* ebenfalls die Interdependenz und Flexibilität als Argument an, welche einer *generellen Regelung* der Außenpolitik entgegenstehen.[48] Das bedeutet aber nicht, dass die auswärtige Gewalt generell von jedem Recht entbunden ist, denn sie bleibt dem Allgemeinwohl verpflichtet, wie *Locke* ausführt: „These two powers, executive and federative, though they be *really distinct in themselves*, yet one comprehending the execution of the municipal laws of the society within itself, upon all that are parts of it; the other the management of the security and interest of the public without, with all those that it may receive benefit or damage from; yet they are always almost united. And though this federative power in the well or ill management of it be of great moment to the commonwealth, *yet it is much less capable to be directed by antecedent, standing, positive laws,* than the executive;

[43] *Ibid.*, § 146.

[44] *Waldron,* Separation of Powers or Division of Power?, a.a.O. (Kap. 1, Fn. 18), S. 14, der zwar auf diese Möglichkeit hinweist, diesen Eindruck aber nicht gerecht findet.

[45] *Locke, ibid.*, § 148.

[46] Die deutsche Übersetzung (*Locke*, Zwei Abhandlungen über die Regierung, Euchner (Hrsg.), Frankfurt am Main 1977) spricht von „Macht der Gesellschaft". Dazu unten A. IV.

[47] *Locke,* Zwei Abhandlungen, *ibid*, Zweite Abhandlung, § 148, S. 293.

[48] *Locke*, a.a.O. (Kap. 2, Fn. 13), ST, § 147.

and so must necessarily be left to the prudence and wisdom of those whose hands it is in, to be managed for the public good: for the laws that concern subjects one amongst another, being to direct their actions, may well enough precede them. But what *is to be done in reference to foreigners, depending much upon their actions, and the variation of designs, and interests*, must be left in great part to the prudence of those who have this power committed to them, to be managed by the best of their skill, *for the advantage of the commonwealth.*"[49]

Wenn alle erwähnten Unterschiede, die die beiden angeblich „authentischen" Gewalten auszeichnen, nicht ausreichen, um die beiden Gewalten auch institutionell zu trennen, drängt sich hier die Frage auf, worin dann der eigentlicher Sinn der rein gedanklichen Trennung besteht. Der Unterscheidung kommt – wenn überhaupt – eine erkenntnistheoretische Bedeutung zu und sie dient vor allem einer Selbstkontrolle der Exekutive. Die Exekutive ist der Befehlsinhaber zweier von Natur her unterschiedlicher Gewalten. Sie sollte sich daher dieser beiden unterschiedlichen Funktionen bewusst sein. Ein solches Bewusstsein würde die willkürliche Ausübung der beiden Funktionen verhindern.[50]

Sind einmal *Lockes* Argumente für die Zuweisung der auswärtigen Gewalt an die Exekutive herausgearbeitet worden, sollen sie in einem weiteren Schritt einer kritischen Würdigung unterzogen werden. Aufgegriffen werden zunächst die zwei zuvor hervorgehobenen Unterstellungen von *Locke* (1. und 2. These), die im Zusammenhang mit seiner Legitimations- und Gewaltenteilungslehre Bedeutung erlangen, während der Einwand der Unnormierbarkeit, Interdependenz, und Flexibilitätsbedürfnis der Außenpolitik erst in einem späteren Abschnitt (B.) analysiert werden.

IV. Eine kritische Analyse von Lockes Qualifizierung der auswärtigen Gewalt

Wie soeben aufgezeigt, nimmt *Locke* an, dass obwohl die exekutive und auswärtige Gewalt in ihrer Natur unterschiedlich sind, sie eins gemeinsam haben: Beide benötigten zu ihrer Ausübung „*the force of the society*" (1. These). Es sei aber nahezu undurchführbar „*the force of the public*" in verschiedene, einander nicht untergeordnete Hände zu legen (2. These).

1. Erste These

Übersetzt werden dabei die beiden Bezeichnungen jeweils als „die Macht der Gesellschaft" und „die Macht des Staates".[51] Nähme man eine solche Übersetzung

---

[49] *Ibid.*, § 147. Hervorhebungen v. Verf.

[50] So *Waldron*, Separation of Powers or Division of Power?, *ibid.*, S. 16.

[51] So aber die deutsche Übersetzung, *Locke*, Zwei Abhandlungen, *ibid.*, Zweite Abhandlung, § 148, S. 293.

an, bedeutete es, dass sowohl die vollziehende als auch die auswärtige Gewalt die von der Gesellschaft übertragene Staatsgewalt zu deren Ausübung benötigten, eine solche Staatsgewalt aber nicht teilbar wäre. Würde man in diesem Kontext von einem weit gefassten Machtbegriff und staatlichen Machtausübungen ausgehen wollen, dann könnte die gesetzgebende Gewalt auch noch dazu gerechnet werden. Eine solche Auslegung würde aber offensichtlich die gesamte Gewaltenteilungslehre *Lockes* in Frage stellen und seinen antiabsolutistischen Ansätzen widersprechen.

Ohne auf diese Problematik näher einzugehen, wird teilweise nur im Hinblick auf „*the force of the public*" von „Machtmittel des Gemeinwesens" gesprochen.[52] Eine solche Interpretation überwindet den Einwand der Zentralisierung der Gewalten, allerdings ohne den Begriff in deren Kontext näher zu bestimmen.

Der Gesamtzusammenhang legt aber eine andere Deutung des Ausdruckes „*the force of the society*" im Sinne von „Zwang" bzw. die „Durchsetzungsgewalt" über die Gesellschaft nahe. Diese Begriffsbestimmung lässt sich besser mit der Zusammenführung der exekutiven und auswärtigen Gewalt in Einklang bringen, denn die vollziehende Gewalt im Sinne von *Locke* ist die mit der Anwendung und Durchsetzung der Rechte und Pflichten anvertraute Gewalt, welche stets Zwang voraussetzt. Mit der Bezeichnung „Zwang über die Gesellschaft" kommt diese – *Locke* zufolge gemeinsame – Eigenschaft zum Ausdruck. Eine solche Deutung ist an dem Kontext abzulesen, denn die Rede ist von Befehlen und vom Volk, das nicht unterschiedlichen – gegebenenfalls widersprüchlichen – Befehlen unterliegen soll. Was Befehle auszeichnet, ist deren heteronomer Zwangscharakter.

Legt man aber auch diese Deutung zugrunde, dann stellt sich zum einen die Frage, ob der exekutiven und auswärtigen Gewalt die „Zwangsgewalt" über die Gesellschaft gemeinsam ist, und zum anderen, ob eine solche Zwangsgewalt keineswegs unterschiedlichen, nicht untergeordneten Befehlsinhabern zustehen soll.

Die erste Annahme *Lockes* setzt voraus, dass die auswärtige Gewalt sich in einseitiger Aussprache von Befehlen – wie zum Beispiel bei der Kriegserklärung – beziehungsweise Durchsetzung von Führungsentscheidungen erschöpft. Dies lässt sich aber kaum mit *Lockes* Definition von auswärtiger Gewalt vereinbaren, die nicht nur die Aspekte der Friedenssicherung und Sicherheit in den Vordergrund stellt, sondern darüber hinaus die Gewalt über Bündnisse und alle Abmachungen mit allen Personen und Gemeinschaften außerhalb des Staatswesens erfasst.[53] Wie seine Definition impliziert, erschöpften sich die auswärtigen Beziehungen – schon zu seiner Zeit – weder in Friedenssicherung, noch waren sie auf rein staatliche Aktionen ohne Implikationen der Individuen beschränkt. Durch die Qualifizierung der auswärtigen Gewalt als Ausübung von Zwang und deren Charakterisierung als Befehle, blendet er aber gerade die Bereiche aus, die er mit seiner Definition erfasst hat. Insofern lässt sich seine erste These mit seiner Definition von auswärtiger Gewalt nicht in Einklang bringen.

Mithin erweist sich die erste These von *Locke*, unabhängig davon, welche Deutung man dem Ausdruck „*force of society*" beimisst, entweder im Hinblick

[52] So z. B. *Grewe*, in: Isensee/Kirchhof, a.a.O. (Kap. 1, Fn. 15), § 77, S. 925, Rn. 9.

[53] *Locke*, a.a.O. (Kap. 2, Fn. 13), ST, § 146.

auf seine Gewaltenteilungslehre oder seine Definition von auswärtiger Gewalt als äußerst kontradiktorisch.

2. Zweite These

Seine zweite Annahme, nämlich dass die Gesellschaft nicht unter verschiedenen, nicht untergeordneten Befehlen stehen kann, lässt ein Souveränitätsverständnis erblicken, welches an das von *Hobbes* anklingt, das *Locke* aber gerade mit seiner Gewaltenteilungslehre zu modifizieren versucht hat. Darüber hinaus dürfte diese Vorstellung einerseits durch innerstaatliche Föderalisierungen und anderseits durch den Wandel der Staatsgewalt auf überstaatliche Institutionen und die Entstehung von politischen Mehrebenensystemen an Bedeutung verloren haben – was zu seiner Zeit sicherlich nicht in der Form voraussehbar war und insofern ihm nicht vorgehalten werden kann.

3. *Lockes* auswärtige Gewalt im Lichte seiner Legitimitätstheorie und Gewaltenteilungslehre

Nun stellt sich die Frage, inwieweit die Abhandlung der auswärtigen Gewalt mit seiner Legitimationstheorie und seinem Konzept der Gewaltenteilung korrespondiert.

Wie schon dargelegt, besteht *Lockes* Legitimationstheorie aus dem Kerngedanken, dass die Individuen bereits im Naturzustand die Freiheit als angeborenes Recht genießen, welches sie durch den freiwilligen Akt des Staatsvertrags auf den Staat übertragen. Da der Staat über eine transformierte Macht verfügt, kann sie nicht über die ursprünglich vorhandene hinausgehen. Im Vordergrund der Konsenstheorie – unabhängig davon, ob man den strengen oder moderaten Ansatz zugrunde legt – stehen die gleiche Freiheit des Individuums und sein Wille, welche die Subordination eines Individuums unter ein anderes Individuum gegen dessen Willen ausschließen.

Vor dem Hintergrund eines solchen liberalen Legitimationsansatzes erweist sich die pauschale Zuweisung der auswärtigen Gewalt an die Exekutive insoweit als diskrepant, als die Übertragung eines Politikbereiches auf die Exekutive, die nicht an den Öffentlichkeitsgrundsatz gebunden ist, den Bürgern der Gesellschaft die direkte Einwirkungsmöglichkeit entzieht, und somit weniger im Stande ist, die möglichst weiteste Einbeziehung und gegebenenfalls Zustimmung der Individuen zu erreichen.

Die undifferenzierte Zuweisung der auswärtigen Gewalt an die Exekutive wirkt insbesondere befremdlich, wenn man sich *Lockes* Konzept der Gewaltenteilung und vornehmlich die Stellung der Legislative darin vergegenwärtigt. Jenseits von auswärtigen Angelegenheiten deklariert *Locke* die Legislative als die höchste Staatsgewalt.[54] Das Postulat der Vormachtstellung der Legislative ist bei *Locke*

[54] *Locke, ibid.*, §§ 149-150.

so ausgeprägt, dass es gar manche veranlasst hat, in *Locke* einen Kontrahenten der Gewaltenteilung zu sehen[55] – wohl ein unberechtigter Vorwurf, denn *Locke* behält der Legislative die Gesetzgebungsfunktion vor, ohne sie zu einer absoluten Gewalt zu erheben, und trennt strikt zwischen Gesetzgebung und Vollziehung der Gesetze.

Diese Logik und diese Differenzierung treten aber in den Hintergrund, wenn es zu der Zuweisung der auswärtigen Gewalt kommt, obgleich aus seiner Definition der auswärtigen Gewalt zu erschließen ist, dass *Locke* die regulierenden Charakteristika der internationalen Übereinkünfte wohl bekannt waren. Insofern ist seine undifferenzierte Zuweisung der auswärtigen Gewalt an die Exekutive folgewidrig. Viel konsequenter wäre es gewesen, dass er in Anlehnung an seine Gewaltenteilungslehre auch hinsichtlich der Gegenstände der auswärtigen Gewalt eine Differenzierung zwischen Gesetzgebung und Gesetzesausführung vorgenommen hätte.

Freilich versucht *Locke* die pauschale Zuweisung der auswärtigen Gewalt an die Exekutive mit Besonderheiten der Außenpolitik, allen voran der Unnormierbarkeit der Außenpolitik, zu rechtfertigen. Gestützt auf die Unnormierbarkeit der Außenpolitik wird das legislative Vorrecht, welche die Freiheit des Individuums durch eine aus jeden einzelnen und diversen Personen bestehenden und veränderlichen Versammlung sicherstellen sollte, gänzlich aus den Augen verloren. Der Einwand der Unnormierbarkeit wird bis dato als das Hauptargument für die Prärogative der Exekutive in der Außenpolitik angeführt. Unter dem Titel der Unnormierbarkeit werden allerdings teils unterschiedliche Argumente vorgebracht, auf die im nächsten Abschnitt differenzierend einzugehen ist. Ist die These der Unnormierbarkeit der Außenpolitik widerlegt, bleibt *Lockes* Abhandlung der auswärtigen Gewalt nicht nur inkongruent mit seiner Gewaltenteilungslehre, sondern darüber hinaus kann sie keine Ausnahme von dem bereits entwickelten demokratietheoretischen Maßstab rechtfertigen.

B. Zum Einwand der „Unnormierbarkeit"

Sachlich begründet *Locke* und in Anlehnung an ihn die herrschende Meinung die Prärogative der Exekutive mit der Unnormierbarkeit der Außenpolitik. Freilich ist der Einwand der Unnormierbarkeit ein Kompositum sachlich unterschiedlicher Einwände. Schon die Bezeichnung „Unnormierbarkeit" ist unpräzis. Lässt sich der Gegenstand der Außenpolitik schlechthin nicht regeln oder nicht durch Parlamentsgesetze? Eine Differenzierung der Argumente scheint daher geboten. Eine solche Differenzierung hilft einerseits über die Scheinargumente hinweg, und anderseits eröffnet sie den Weg für Lösungsansätze, die gezielt die vorhandenen Probleme aufgreifen können, zumal bei der Zugrundelegung eines solchen methodischen

[55] *Vile,* Constitutionalism and Separation of Powers, 2. Aufl., Indianapolis 1998; vgl. dazu *Waldron,* Separation of Powers or Division of Power?, a.a.O. (Kap. 1, Fn. 18), S. 8.

Ansatzes einigen gegen die „Normierbarkeit“ der Außenpolitik angeführten Einwänden schlechterdings der Argumentationscharakter entzogen wird.

Dies gilt unter anderem für den Einwand der Überforderung des Gesetzgebers beziehungsweise der Gesetzesflut[56] sowie den Einwand der Einschränkung des Handelns der Regierung.[57] Denn die Überforderung des Gesetzgebers ist wohl nichts anderes als die Behauptung der Kapitulation eines demokratischen Systems. In Anlehnung an die Argumentationslinie des Gerichtshofs der Europäischen Union zur Haftung der Union und der Mitgliedstaaten wegen Unterlassen sowie des Grundgedankens der Unterlassungsklage im deutschen Verwaltungsrecht ist anzunehmen, dass eine scheinbare Überforderung nicht von der verfassungsrechtlichen Pflicht befreit, eine politische Einheit institutionell so auszugestalten, dass sie demokratischen Anforderungen genügt. Wie die Rechtsprechung des Bundesverfassungsgerichts zeigt, ist auch der Gesetzgeber davon nicht ausgenommen und kann von diesem getadelt und zur Beseitigung von rechtswidrigen Zuständen in die Pflicht genommen werden.[58] Selbst wenn man eine solche Überforderung annehmen würde, dann wäre die Pflichtbefreiung sicherlich die inadäquate Schlussfolgerung. Vielmehr müsste man überlegen, wie die organisatorischen Kapazitäten des Gesetzgebers erweitert werden könnten.

Soweit gegen die Normierbarkeit der Außenpolitik eingewandt wird, dass durch die Normierung von Außenpolitik das Handeln der Regierung zu weit eingeschränkt wird, ist der Einwand dogmatisch verfehlt. Dies ist kein Argument gegen die Normierbarkeit der Außenpolitik,[59] sondern er betrifft die Frage der Zuständigkeit für die auswärtige Gewalt und kann nicht als Argument gegen die Normierbarkeit der Außenpolitik geltend gemacht werden, die es gerade zu klären gilt. Was nicht zum selbstverständlichen Bestand des Handlungsbereiches einer Gewalt gehört, kann auch nicht beschränkt werden. Das ist aber keine Frage der Normierbarkeit der Außenpolitik, sondern eine Zuständigkeitsfrage.

Sind die nicht relevanten Einwände beiseitegelegt, bleibt nun zu klären, was der unpräzise Einwand der „Unnormierbarkeit“ genau meint. Bei näherer Betrachtung lassen sich der Bezeichnung der „Unnormierbarkeit“ zwei Aussagen ablesen: 1. Die Außenpolitik ist nicht durch Gesetz zu regeln. 2. Der Gegenstand der Außenpolitik ist schlechthin nicht regulierbar. Während Letzteres postuliert, dass die Materie der Außenpolitik sich schlechterdings nicht regeln lässt, bestreitet Ersteres – die Generalität des Gesetzes unbedingt voraussetzend – die Geeignetheit des Gesetzes und des verfassungsrechtlich dafür vorgeschriebenen Gesetzgebungsverfahrens für die Regelung der Außenpolitik, was zumindest implizit bedeutet, dass die Außenpolitik

---

[56] *Borer,* Das Legalitätsprinzip und die auswärtige Angelegenheiten, a.a.O. (Kap. 2, Fn. 2), S. 452; zu Grundproblemen der Gesetzgebung vgl. *Eichenberger*, Die Problematik der parlamentarischen Kontrolle im Verwaltungsstaat, in: Der Staat der Gegenwart, Basel 1980, S. 374 ff.

[57] *Borer*, La Loi et la politique extérieure, HISPO 1988, Nr. 9, S. 27; vgl dazu *Ehrenzeller,* a.a.O. (Kap. 2, Fn. 17), S. 340 m. w. N.

[58] Zur Kritik dieser Praxis siehe die Mitteilung "Karlsruhe ist nicht der bessere Gesetzgeber", in *SZ* v. 19.4.2015.

[59] Anders die Abhandlung v. *Ehrenzeller, ibid.,* S. 318.

zwar normierbar ist, aber nicht durch Gesetz. Die zweite Aussage ist bereits durch die Tatsache, dass die Außenpolitik vermittels völkerrechtlicher Verträge geregelt wird, widerlegt und bedarf daher keiner weiteren Untersuchung.

Unter Zugrundelegung der ersten Aussage, kann diesem Einwand wiederum aus zwei Perspektiven begegnet werden: Einmal, indem man den ihm zugrundeliegenden Gesetzesbegriff hinterfragt (I.), wobei hier zunächst unterstellt wird, dass die Außenpolitik aufgrund ihrer Besonderheiten einer generellen Reglung nicht zugänglich ist. In einem zweiten Schritt ist dann zu überprüfen, inwieweit diese Unterstellung überhaupt zutrifft (II.). Der erste Einwand findet seine Grundlage in der Rechtsprechung des Bundesverfassungsgerichts. Wie bereits dargelegt, geht das Bundesverfassungsgericht grundsätzlich davon aus, dass die Außenpolitik funktionell betrachtet keine Gesetzgebung im Sinne des Art. 20 Abs. 2 S. 2 GG ist.[60] Die undifferenzierte Qualifizierung der Außenpolitik als Nicht-Gesetzgebung ist wie alle allgemeine Negativbestimmungen wenig aufschlussreich. Gleichzeitig führt sie zu einem Ausschluss der konstitutiven Gestaltungsmöglichkeit des Parlaments, denn das Parlament ist damit in der Außenpolitik seines Haupthandlungsinstrumentes, nämlich des Gesetzes, beraubt.[61] Hier bietet sich in konsequenter Anwendung des Trennungsansatzes und der Kernbereichslehre an, sich zunächst der Frage zuzuwenden, warum die Außenpolitik keine Gesetzgebung sein soll. Wenn unter Gesetzgebung als Hauptaufgabe der Legislative ganz allgemein der Erlass von Gesetzen verstanden wird, lautet dann die eingangs gestellte Frage konkret: Warum ist die Außenpolitik keinem Gesetz zugänglich? Dies erfordert zunächst die Klärung, was unter dem Begriff des Gesetzes verstanden wird.

I. Gesetz als Leitsatz der Normierbarkeit

1. Zum Gesetzesbegriff im deutschen Recht

Grundbegriffe wie der Gesetzesbegriff sind nicht *in extenso* in der deutschen Verfassung beschrieben, vielmehr werden sie von dieser überwiegend vorausgesetzt, daher sind sie im Wege der Verfassungsinterpretation zu klären.[62] Anders als im US-amerikanischen Recht kennt die überkommene deutsche Lehre keinen einheitlichen

---

[60] BVerfGE 68, 1 (87): „Eine Erweiterung des sachlichen Anwendungsbereichs des Art. 59 Abs. 2, S. 1 GG auf nicht vertragliche Akte der Bundesregierung gegenüber fremden Völkerrechtssubjekten, auch insoweit diese Akte politische Beziehungen regeln, würde angesichts der überragenden Bedeutung, die der Außenpolitik heutzutage für den Bestand der Bundesrepublik Deutschland zukommt, einen Einbruch in zentrale Gestaltungsbereiche der Exekutive darstellen; sie verlagerte in einem weitem Umfang politische Macht zulasten der Exekutive auf den Bundestag in einem *Handlungsbereich, der funktionell betrachtet nicht Gesetzgebung im Sinne von Art. 20 Abs. 2 S. 2 GG* darstellt.“ Hervorhebungen v. Verf.; zuletzt bestätigt im Beschluss v. 13.10.2016 – 2 BvE 2/15- NSA-Sektorenlisten, Rn. 132.

[61] *Ehrenzeller, ibid.*, S. 320.

[62] *Starck*, a.a. O (Kap. 4, Fn. 2), S. 153.

Gesetzesbegriff.[63] Sie unterscheidet zwischen formellem und materiellem Gesetz. Gesetz im *formellen* Sinne ist jeder in dem verfassungsrechtlich vorgesehenen Verfahren zustande gekommene Willensakt des Gesetzgebers. In diesem formellen Sinne ist der Gesetzgeber die von der Verfassung vorgeschriebene Zusammenarbeit bestimmter Staatsorgane von der Gesetzesinitiative bis zur Verkündung.[64]

Gesetz im *materiellen* Sinne ist hingegen jeder Rechtssatz. Hier stellt sich die Frage, was einen Rechtssatz qualifiziert. Überwiegend hält man den Rechtssatz beziehungsweise das materielle Gesetz für eine „allgemeine" Norm, die generell und abstrakt ist. Was Allgemeinheit, Generalität oder Abstraktheit im Einzelnen bedeuten, ist wiederum höchst umstritten.[65] Nach einer neueren Formulierung sind Rechtssätze solche Normen, die den Bürger unmittelbar berechtigen oder binden.[66] Dagegen sind „Nichtrechte" solche, die weder eingreifen noch abgrenzen, sondern innerhalb einer in der juristischen Konstruktion als Einheit vorgestellten Rechtspersönlichkeit Regelungen treffen.[67] Mithin handelt es sich um zwei sich schneidende Begriffe: Ein Gesetzakt der Legislative ist nur dann auch Gesetz im materiellen Sinne, wenn er einen Rechtssatz enthält. Dagegen sind die von Verordnungsgeber oder Satzungsgeber erlassenen Rechtssätze Gesetze im materiellen aber nicht im formellen Sinne.[68]

a) Kritik des Rechtssatzbegriffes

Gegen den herkömmlichen Rechtssatzbegriff wird allerdings eingewandt, weitreichende Planungen wie das Haushaltsgesetz, Zustimmungsgesetze zu völkerrechtlichen Verträgen, die vom Gesetzgeber verabschiedeten Friedensschlüsse, die alle weitreichende Bedeutung für das staatliche Ganze und damit auch für dessen Angehörigen haben, nicht zu erfassen.[69] Ferner wird die individualistische Verengung des Rechtssatzbegriffes kritisiert, denn sie erreiche nicht das Organisationsrecht befriedigend in die staatsrechtliche Dogmatik zu integrieren,[70] welches zur Sicherung der Freiheitsrechte weitgehend bedeutsam sei. „In einem demokratisch-konstitutionell legitimierten Staat *erstreckt* sich aber der Rechtssatzbegriff nicht nur auf die individualistisch konzipierte Abgrenzung und Verbindung von ‚Willensphären'; vielmehr

---

[63] Die folgende Ausführung beschränkt sich daher auf das deutsche Verfassungsrecht und Europarecht.

[64] *Dederer*; in: Maunz/Dürig, GG, Art. 100, Rn. 84; *Starck, ibid.*, S. 21 m. w. N.

[65] *Starck, ibid.*, S. 21 m. w. N.

[66] *Maunz*, Das Bundeshaushaltsgesetz als ermächtigende, der Prüfung im verfassungsrechtlichen Normenkontrollverfahren unterliegende Rechtsnorm, BayVBl 1966, S. 347; so auch BVerfGE 1, 396 (410); *Starck*, a.a.O. (Fn. 382), S. 22.

[67] *Starck, ibid.*, S. 22.

[68] *Ibid.*, S. 22.

[69] *Ibid.*, S. 155.

[70] *Ibid.*, S. 154.

sind auch solche Normen Rechtssätze, die den Grund für die Ausübung der staatlichen und jeder öffentlichen Gewalt legen, die ihren Ausbau und ihre Ausgestaltung im Einzelnen sowie alle ihre Tätigkeiten regeln."[71]

b) Wendung des Rechtssatzbegriffes

Anlass zur Annahme eines Wandels des Rechtssatzbegriffes gab die Entscheidung des Bundesverfassungsgerichts im Streit um die Parteienfinanzierung. Das Gericht hat bei der Frage der Zulässigkeit von abstrakten Normenkontrollen den Begriff des Bundesrechts in Art. 93 Abs. 1 Nr. 2 GG weit im Sinne eines Bundesgesetzes ausgelegt[72] und damit den überkommenen Rechtssatzbegriff, der nach der Auffassung des Gerichts nur eine den Staatsbürger verpflichtende oder berechtigende Norm sei,[73] nicht zur Geltung kommen lassen. Es ist indes nicht anzunehmen, dass das Gericht damit den überkommenen Rechtssatzbegriff verworfen hat, denn es hat gleichzeitig dahingestellt gelassen, „ob solche ermächtigende Vorschriften Wirkungen nur im Verhältnis zwischen Parlament und Regierung entfalten und ob sie auch heute noch als Gesetz im nur formellen Sinn oder als materielle Rechtssätze anzusehen sind."[74]

c) Der einheitliche Gesetzesbegriff – Ein Lösungsansatz?

Die mit der Spaltung des Gesetzesbegriffs und der Bestimmung des Rechtssatzbegriffes einhergehenden Auslegungsprobleme haben *Starck* zu dem gelungenen Versuch veranlasst, einen einheitlichen Gesetzesbegriff vorzuschlagen. Dabei sieht er in dem Gesetzgebungsverfahren den geeigneteren und einzig explizit im Grundgesetz formulierten Ausgangspunkt für die Klärung des Grundbegriffes des Gesetzes. Zu diesem Zweck bemüht er das formelle verfassungsrechtlich vorgesehene Gesetzgebungsverfahren, worin er die äußere Form des Gesetzes erblickt, und versucht anhand dessen, inhaltliche und rationale Momente des Gesetzes zu erfassen.

Er formuliert zunächst die im Gesetzgebungsverfahren ausgedrückte äußere Form des Gesetzes wie folgt: 1. Das Gesetz wird von dem demokratisch unmittelbar legitimierten Bundestag im Zusammenwirken mit dem föderativen, nur mittelbar demokratisch legitimierten Bundesrat erzeugt auf Grund von Entwürfen der Bundesregierung, des Bundesrates oder einzelner Mitglieder des Bundestages. 2. Das Gesetzgebungsverfahren ist durch Diskussion und weitgehende Öffentlichkeit gekennzeichnet; am Ende des Verfahrens wird mit Mehrheit beschlossen. 3. Das auf

[71] *Ibid., S.* 313, §§ 35, 37. Hervorhebung im Original.

[72] BVerfGE 20, 56 (92).

[73] Das Bundesverfassungsgericht sieht das Wesen der Rechtsnorm, d. h. des Gesetzes im materiellen Sinne, in einer unmittelbaren Verpflichtung der Staatsbürger (BVerfGE 8, 71 (75)), die auch durch die Rechtsverordnung verfügt werden kann (BVerfGE 9, 338 (343), anders aber Verwaltungsvorschriften, die keinen Rechtssatzcharakter haben (BVerfGE 8, 143 (154 f.)).

[74] BVerfGE 20, 56 (92); eingehend dazu s. *Starck, ibid.*, S. 25.

diese Weise entstandene Gesetz wird nach den Ausfertigungsformalitäten veröffentlicht und erlangt danach Gesetzeskraft.[75] Ein solches Gesetzgebungsverfahren ist durch die Argumentation, Öffentlichkeit, Kompromiss, Vernunft sowie einen Schutz vor Majorisierung gekennzeichnet. Es ist so ausgestaltet, dass möglichst viele und kompetente Erwägungen berücksichtigt werden. Damit ist gewährleistet, dass das Gesetzgebungsverfahren eine gewisse inhaltliche Güte des Gesetzes erreicht.[76] Darüber hinaus ergibt sich aus einem Vergleich des Gesetzgebungsverfahrens mit anderen Formen der Rechtssetzung wie der Verordnung oder Satzung, dass durch die in der Gesetzgebung vorgesehene formale Qualität, eine Proportionalität zwischen Erzeugungsverfahren und Wichtigkeit der Regelung besteht.[77] Die äußere Form des Gesetzes garantiert ein bestimmtes Maß an Vernünftigkeit und Gerechtigkeit und ist für wichtige, grundlegende und bedeutende Rechtssätze gedacht.[78]

Die innere Form des Rechtssatzes besteht hingegen in der gedanklichen Verknüpfung eines von der Wirklichkeit abstrahierenden Tatbestandes mit einer möglichen Rechtsfolge. Aus dieser Definition des Gesetzes ergibt sich weder unbedingt das Erfordernis der Generalität des Gesetzes – welche beinhaltet, dass sich die gesetzliche Verknüpfung auf eine offene Gattung von Fällen und Personen erstreckt –, noch macht sie das Generalitätspostulat *per se* hinfällig. Vielmehr kommt sie soweit zur Geltung, als die Gesetze die Freiheitssphäre des Einzelnen abgrenzen beziehungsweise sie näher bestimmen. Damit ist gesagt, dass über die inneren Formprinzipien des Rechtssatzes hinaus, die Generalität ein weiteres aber nicht zwingendes Formprinzip des Gesetzes darstellt.[79]

d) Generalität – Keine absolute Prämisse

Kritisiert wird also nicht der generelle Charakter des Gesetzes gemeinhin – denn ohne eine generelle Vorausbestimmung ist eine Rechtsordnung kaum vorstellbar, sondern die Verabsolutierung des Generalitätspostulats.[80] Das Generalitätspostulat relativiert sich, wenn man sich dessen Sinn und Zweck vergegenwärtigt, denn dieses unterliegt einerseits der Vorstellung, dass vor dem generellen Gesetz alle gleich sind,[81] da es eine offene Gattung von Staatsbürgern betrifft. Anderseits soll sie durch die Haltung einer gewissen Distanz zum Einzelfall Freiheit verbürgen, wodurch erst die Gewaltenteilung gewährleistet und die Willkürakte des Gesetzgebers weitgehend vermieden werden.[82] In ihrer Funktion als Schutzmantel der

[75] *Starck, ibid.*, S. 164 ff.
[76] *Ibid.*, S. 169.
[77] *Ibid.*, S. 169.
[78] *Ibid.*, S. 171.
[79] *Ibid.*, S. 205.
[80] *Ibid.*
[81] Dazu bereits *Locke* siehe oben A. II.
[82] *Starck, ibid.*, S. 206.

Freiheit und Gleichheit wird die Generalität damit der Freiheit und Gleichheit übergeordnet. Dies hat zur Folge, dass die Frage nach der Freiheit und Gleichheit auf die Frage nach deren generellem Charakter reduziert wird, mit anderen Worten formal beantwortet wird.[83]

e) Generalität – Kein Selbstzweck

Dieses Ergebnis ist aber vor dem Hintergrund zweier Probleme unbefriedigend, denn zum einen geht ein solcher Formalismus von einer formalen Gleichheit der Staatsbürger aus, die schon gar nicht übergreifend und kontinuierlich besteht – damit übersieht er die Notwendigkeit differenzierender Gesetzgebung.[84] Zum anderen führt das Generalitätspostulat dazu, bei der Auswahl der Gattungen von der sozial vorgegebenen Gattungen auszugehen, die allerdings bei näherer Betrachtung nicht selbst sozial vorgegeben sind, sondern sich im sozialen Leben aufgrund rechtlicher Normen entwickelt haben, anders ausgedrückt: Zur Disposition des Gesetzes steht nicht nur die Auswahl, sondern schon die Bildung der Gattungen.[85] Auch hinsichtlich des freiheitsgewährenden Zwecks des Generalitätspostulats verbietet sich die generelle Annahme, es gewähre *per se* dem Bürger die Freiheit. Je nach der Auswahl der Gattung und der daran anknüpfendenden Regelung kann das generelle Gesetz die Freiheit wie die Gleichheit gewähren oder vereiteln.[86]

f) Die materielle Allgemeinheit – Die Maxime des Gesetzes

Diese unbefriedigenden Folgen lassen sich dadurch vermeiden, dass das allgemeine Gesetz nicht mit dem generellen Gesetz gleichgesetzt wird. Das inhaltliche Moment jeden Gesetzes besteht in seiner materiellen Allgemeinheit, die sich an der Freiheit und Gleichheit der Bürger richtet, und sie grundsätzlich aktualisiert.[87] „Diese Allgemeinheit des Gesetzes [...] entscheidet darüber, ob und in welchem Ausmaß das Gesetz generell sein muss, ob es sich auf alle Staatsbürger oder nur auf Gruppen und auf welche Gruppen erstrecken soll."[88] Sie gibt daher den Maßstab für die Gattungsbildung vor.[89]

Die Allgemeinheit steht daher über der Generalität.[90] Erst ein von der materiellen Allgemeinheit abgeleitetes generelles Gesetz vermag daher ein Garant der

---

[83] *Ibid.*, S. 206.

[84] Vgl. hierzu die Gerechtigkeitstheorie von *Rawls*, A Theory of Justice, NY [et. al] 1971.

[85] *Starck, ibid.*, S. 208.

[86] *Ibid.*, S. 208.

[87] *Ibid*, S. 314, 212, 234.

[88] *Ibid.*, S. 234.

[89] *Ibid.*, S. 234.

[90] *Ibid.*, S. 237.

Gleichheit und Freiheit zu sein. „Das generelle Gesetz unterstützt und ergänzt also durch seine Schematisierung und Typisierung die materiale Allgemeinheit des Gesetzes“.[91] Wo eine Generalisierung möglich ist, deckt der Gesetzgeber mit generellen Regeln weite Räume, lässt sich eine Frage aber nicht generalisieren, handelt es sich dennoch um wichtige und bedeutsame Regelungen, kann der Gesetzgeber seine Führungsaufgabe nur durch spezielle Gesetze wahrnehmen, sonst würde der zu regelnde Stoff das Gesetz ausschließen.[92] Auf dieser Grundlage formuliert *Starck* schließlich seinen einheitlichen Gesetzesbegriff wie folgt: „Das Gesetz ist ein in besonders qualifiziertem Verfahren erzeugter grundlegender und wichtiger Rechtssatz. Zur Sicherung der Führungsaufgabe des Parlaments sowie um der staatsbürgerlichen Freiheit und Gleichheit willen und nach deren Maßstab ist das Gesetz in der Regel generell. Das Gesetz ist dann nicht generell, wenn der der Regelung zugrunde liegende Sachverhalt sich nicht generell regeln lässt, weil er nicht unter eine Gattung passt, gleichwohl in seiner Eigenart als individueller Vorrang einer gesetzlichen Regelung bedarf und kein verfassungskräftiger Vorbehalt anderer Staatsfunktionen besteht; solch ein nicht generelles Gesetz muss aber allgemein sein, d. h. die Grundprinzipien der Freiheit und Gleichheit angemessen berücksichtigen und damit aktualisieren.“[93]

g) Die Bedeutung des einheitlichen Gesetzesbegriffes für die Qualifizierung der Außenpolitik

Diese Kritik an dem Begriff des Rechtssatzes zieht die Annahme des Bundesverfassungsgerichts, die Außenpolitik sei keine Gesetzgebung, in Zweifel. Denn einerseits erweitert sie den individualistischen Rechtssatzbegriff um alle ein qualifiziertes Verfahren erfordernden wichtigen Entscheidungen, und andererseits gewährt sie dem Gesetzgeber durch die Relativierung des Generalitätspostulats und zugleich dessen Überlagerung mit materiellen Gesichtspunkten eine weitgehende Entscheidungsprärogative, welche keiner generellen bereichsspezifischen Einschränkung

[91] *Ibid.*, S. 235.

[92] *Ibid.*, S. 238, 239.

[93] *Ibid.*, S. 241; in diese Richtung auch die Kritik des herkömmlichen Gesetzesbegriffes bei *Ehrenzeller,* a.a.O. (Kap. 2, Fn. 17), S. 78 ff., 89, 311 f. Unter Ablehnung des herkömmlichen Gesetzesbegriffes wird eine Erweiterung des materiellen Gesetzesbegriffes um inhaltliche Komponenten gefordert: „Das Begriffspaar formelles und materielles Gesetz soll zugunsten eines materialen, demokratischen Gesetzesverständnisses aufgegeben werden.“ (S. 82 m. w. N.). Dabei wird für die Auslegung der parlamentarischen Befugnisse die Wesentlichkeit und Relevanz der zu regelnden Materien in den Vordergrund gestellt. Soweit es um die materielle Erweiterung des Gesetzesbegriffes geht, ähnelt dieser Gesetzesbegriff – trotz einiger Unterschiede, die teilweise ihren Grund in unterschiedlichen Rechtssystemen haben – im Ergebnis dem einheitlichen Gesetzesbegriff von *Starck.* Soweit aber durch die Erweiterung des formellen Gesetzesbegriffs alle möglichen Erlassformen nach dem Geschäftsverkehrsgesetz einen legislativen Charakter beanspruchen sollen (S. 89), wäre eine Übereinstimmung mit *Starck* nur dann anzunehmen, wenn alle Erlassformen gleichermaßen ein besonders qualifiziertes Verfahren garantieren würden.

unterliegt. Ist die Generalität des Gesetzes keine unbedingte Voraussetzung des Gesetzes, so ist das Postulat, die Außenpolitik sei keine Gesetzgebung, weil sie sich nicht generell regeln lasse, hinfällig.

h) Der herkömmliche Rechtssatzbegriff im Lichte der Wesentlichkeitsrechtsprechung – Kritik des Bundesverfassungsgerichts

Zum gleichen Ergebnis würde schon die konsequente Anwendung des materiellen Rechtssatzbegriffs des Bundesverfassungsgerichts führen. Denn würde man hinsichtlich der Frage, ob die Außenpolitik Gesetzgebung ist, darauf abstellen, ob mit der vermeintlichen Norm ein Bürger berechtigt oder verpflichtet wird, dann könnte man kaum zu der generellen Annahme gelangen, Außenpolitik sei keine Gesetzgebung, so aber das Bundesverfassungsgericht. Jedenfalls vonnöten wäre eine Differenzierung, ob die in Rede stehende außenpolitische Entscheidung sich als rechtssetzend erweist oder nicht. Während das Gericht bei der Bestimmung des Begriffes des Rechtssatzes auf den Adressaten und damit auf die Auswirkung der Regelung schaut,[94] verweigert es sich bei der Frage, ob die Außenpolitik Gesetzgebung ist, den Adressaten und den Wirkungsbereich der Regelungen in den Blick zu nehmen.

Was Rechtssetzung ist bedarf einer Differenzierung, denn gleich ob Zustimmungsgesetze, Friedensschlüsse oder Haushaltspläne, sie alle können sowohl unmittelbar als auch mittelbar die Freiheiten des Einzelnen tangieren und damit auch im streng materiellen Sinne ein Gesetz darstellen. Angesichts der weitreichenden Wirkung des Haushaltsplans – von der Schaffung der Voraussetzung bis zur Sicherung der Freiheitsrechte – ist die Auffassung, dass die Aufstellung des Haushaltsplans in erster Linie ein staatsleitender und staatsgestaltender Akt ohne einen Anspruch auf generelle Außenwirkung sei, der seiner Qualität nach in den Bereich der Regierung gehöre,[95] nicht adäquat. Es ist nicht zu bestreiten, dass es sich bei dem Haushaltsplan um einen Akt mit staatsleitendem Charakter handelt, daraus aber den Schluss zu ziehen, staatsleitende Akte seien *per se* Akte der Regierung und keine Gesetzgebung, ist nicht zwangsläufig und daher rechtfertigungsbedürftig. Ebenso rechtfertigungsbedürftig ist die Schlussfolgerung, sie seien generell keine Rechtssätze. Gerade der individualistische Freiheitsbegriff, der dem materiellen Gesetzesbegriff zugrunde liegt, erfordert eine Differenzierung nach der Wirkung der in Frage stehenden Regelung des Haushaltsplans auf die Freiheitssphäre des Einzelnen.

Gleiches lässt sich für Zustimmungsgesetze anführen, denn mit der Zustimmung zu völkerrechtlichen Verträgen nimmt der Gesetzgeber Regelungen in seinen Willen auf, die infolgedessen unmittelbare Geltung gegenüber Einzelnen beanspruchen

---

[94] BVerfGE 1, 396, 410; *Maunz*, Das Bundeshaushaltsgesetz als ermächtigende, der Prüfung im verfassungsrechtlichen Normenkontrollverfahren unterliegende Rechtsnorm, BayVBl 1966, S. 347, *Starck, ibid.*, S. 22.

[95] So aber *S. Weiß*, a.a.O. (Kap. 1, Fn. 18), S. 34 m. w. N.

können.[96] Nichts anderes dürfte für die Friedensschlüsse gelten, die einen Kriegszustand zu beenden versuchen, welche unmittelbaren Einfluss auf das Leben des Einzelnen haben (zum Beispiel darüber entscheiden, ob der Einzelne zum Zwecke der Kriegsführung und Landesverteidigung wehrdienstpflichtig wird).[97]

Es bleibt insofern rechtfertigungsbedürftig, warum das Bundesverfassungsgericht bei der Bestimmung des Begriffes des materiellen Gesetzes einerseits und der Gesetzgebung andererseits verschiedene Grundsätze gelten lässt.

2. Gesetzgebungsakte im Unionsrecht

a) Formell oder materiell?

Das Unionsrecht enthält keinen Gesetzesbegriff. Das darf aber nicht darüber hinweg täuschen, dass auch das Unionsrecht über Legislativakte verfügt, die wie die Verordnung wegen ihrer unmittelbaren allgemeinen Geltung nicht nur im formellen Sinne dem Gesetzesbegriff entsprechen können. Zwar führte auch der Vertrag von Lissabon – anders als die Entwürfe des Verfassungsvertrages[98] – keinen Gesetzesbegriff ein, dennoch sind in Art. 288 Abs. 1 AEUV Verordnungen, Richtlinien, Beschlüsse, Empfehlungen und Stellungnahmen als Rechtsakte der Union vorgesehen. Zudem spricht der Vertrag eindeutig von Gesetzgebungskaten, indem er in Art. 289 Abs. 3 AEUV den Begriff der Gesetzgebungsakte definiert. Demnach sind Gesetzgebungsakte solche Rechtsakte, die gemäß einem Gesetzgebungsverfahren angenommen werden. Gesetzgebungsakte werden also unabhängig von ihrer Form nach dem ihnen zugrundeliegenden Verfahren bestimmt. Dabei sieht Art. 289 Abs. 1 und 2 AEUV zwei Arten von Gesetzgebungsverfahren vor, nämlich das ordentliche Gesetzgebungsverfahren, welches in der gemeinsamen Annahme einer Verordnung, einer Richtlinie oder eines Beschlusses durch das Europäische Parlament und den Rat auf Vorschlag der Kommission besteht und in Art. 294 AEUV näher bestimmt ist, und das besondere Gesetzgebungsverfahren, das sich weiter differenzieren lässt: Einmal die Fälle, in denen eine Verordnung, eine Richtlinie oder einen Beschluss durch das Europäische Parlament mit Beteiligung des Rates oder wenn sie durch den Rat mit Beteiligung des Europäischen Parlaments angenommen werden (Art. 289 Abs. 2 AEUV). Insofern werden die Gesetzgebungsakte der Union unabhängig von ihrem materiellen Gehalt rein formell definiert. Dieses formelle Verständnis hat zwar gegenüber dem deutschen zweigliedrigen Gesetzesbegriff den Vorteil, dass damit auch das Organisationsrecht mit seiner weit reichenden Bedeutung erfasst

---

[96] Das Schrifttum sieht in Zustimmungsgesetzen Gesetze im formellen Sinne vgl. *v. Mangold-Klein,* GG, Art. 24 Anm. III 4b mit Bezug auf Art. 59 II. Offen gelassen hat das BVerfG die Frage des materiellen Inhalts der Zustimmungsgesetze mangels Entscheidungserheblichkeit in BVerfGE 1, 396 (410 f.); 4, 157 (162).

[97] Anders *Anschütz,* Verfassung des Deutschen Reiches, 14. Aufl., Berlin 1928, Anm. 7 zu Art. 45, der hier nur ein formelles Gesetz annimmt, vgl. *Starck, ibid.,* S. 25 m. w. N.

[98] Art. I- 33 Abs. 1 VerfEU.

werden kann, hat aber gleichzeitig den Nachteil, dass andere Formen der Rechtserzeugung wie der Abschluss von Abkommen und Übereinkünften[99] (Art. 218 AEUV) *a priori* vom Anwendungsbereich der Gesetzgebung ausgenommen werden,[100] mit der Folge, dass die Verfahrensgrundsätze wie die Öffentlichkeit der Tagung des Rats nach Art. 16 Abs. 8 S. 1 EUV nicht zur Anwendung kommen. Ein derartiges enges Verständnis des Gesetzgebungsaktes ist aber keine Notwendigkeit des Unionsrechts – war doch der materielle Gehalt des Gemeinschaftsrechts die Geburtsstunde des Unionsrechts als eine autonome Rechtsordnung.[101]

Der Gerichtshof der Europäischen Gemeinschaft hat in seinem *van Gend en Loos*-Urteil[102] die Grundlage der Entwicklung einer autonomen Rechtsordnung geschaffen, die er dann in seinem *Costa/ENEL*-Entscheidung vollendet hat.[103] Die *van Gend en Loos*-Entscheidung wird regelmäßig mit Blick auf die Begründung der unmittelbaren Wirkung des Gemeinschaftsrechts als eine autonome Rechtsordnung bemüht. Darüber hinaus beinhalte sie aber grundlegende Aussagen zum Rechtssatzbegriff, auf den gerade die autonome Rechtsordnung fundiert ist: „ [...] Ob die Vorschriften eines völkerrechtlichen Vertrages eine solche [so dass *die einzelnen aus diesem Artikel Rechte herleiten können*, die vom nationalen Richter zu beachten sind] Tragweite haben, ist vom *Geist dieser Vorschriften, von ihrer Systematik und von ihrem Wortlaut* her zu entscheiden. Das Ziel des EWG-Vertrages ist die Schaffung eines gemeinsamen Marktes, dessen Funktionieren die der Gemeinschaft *angehörigen Einzelnen unmittelbar betrifft*; damit ist zugleich gesagt, dass dieser Vertrag mehr ist als ein Abkommen, das *nur wechselseitige Verpflichtungen zwischen den vertragsschließenden Staaten* begründet. Diese Auffassung wird durch die Präambel des Vertrages bestätigt, die sich nicht nur an die Regierungen, sondern *auch an die Völker* richtet. [...]. *Das von der Gesetzgebung der Mitgliedstaaten unabhängige Gemeinschaftsrecht soll daher den einzelnen, ebenso wie es ihnen Pflichten auferlegt, auch Rechte verleihen. Solche Rechte entstehen nicht nur, wenn der Vertrag dies ausdrücklich bestimmt, sondern auch auf Grund von eindeutigen Verpflichtungen, die der Vertrag den einzelnen wie auch den Mitgliedstaaten und den Organen der Gemeinschaft auferlegt.*"[104]

Auch wenn diese Ausführungen des Gerichtshofs sich ausdrücklich auf das Primärrecht bezieht, kann dessen Argumentationslinie ebenfalls auf die völkerrechtlichen Abkommen angewandt werden, die nach Art. 288 AEUV nicht unter Gesetzgebungsakte der Union fallen, welche aber ebenfalls Einzelne berechtigen und verpflichten können und dabei dem internen Gesetzgeber keinen gestalterischen Spielraum mehr belassen.

---

[99] Zur Einstufung internationaler Abkommen als wesentlichen Bestandteil des Unionsrechts vgl. EuGH, Slg. 1974, 449; *Lachmeyer/v. Förster*, in: v. d. Groeben/Schwarze/Hatje, AEUV, Art. 216, Rn. 1.

[100] Vgl. sämtliche Kommentarliteratur zu Art. 289. Auf Art. 218 AEUV wird im Zusammenhang mit den Fällen der besonderen Gesetzgebung nicht hingewiesen.

[101] Vgl. EuGH, Slg. 1963, 1; EuGH, Slg. 1964, 1251.

[102] EuGH, Slg. 1963, 1.

[103] EuGH, Slg. 1964, 1251.

[104] EuGH, Slg. 1963, 1, 24 f., Hervorhebungen v. Verf.

Dieses Verständnis teilt auch der Europäische Gerichtshof für Menschenrechte in seinem *Matthews*-Urteil, als er zur Beurteilung des legislativen Charakters des Europäischen Parlaments sich mit dem Verfahren der Gesetzgebungsakten der Union befasst, zu denen er auch das Verfahren des Abschlusses von völkerrechtlichen Verträgen zählt: „The European Parliament's role in the Community *legislative process* depends on the issues concerned [...]. Where a regulation or directive is adopted by means of the consultation procedure (for example under Articles 99 or 100 of the EC Treaty) the European Parliament may, depending on the specific provision, have to be consulted. In such cases, the European Parliament's role is limited. Where the EC Treaty requires the procedures set out in Article 189c to be used, the European Parliament's position on a matter can be overruled by a unanimous Council. Where the EC Treaty requires the Article 189b procedure to be followed, however, it is not open to the Council to pass measures against the will of the European Parliament. Finally, where the so-called ‚*assent procedure*' is used (*as referred to in the first paragrah of Article 138b of the EC Treaty*), in relation to matters such as the accession of new member states and the conclusion of certain types of international agreements, the consent of the European Parliament is needed before a measure can be passed. *In addition to this involvement in the passage of legislation,* the European Parliament also has functions in relation to the appointment and removal of the European Commission. Thus, it has a power of censure over the European Commission, which can ultimately lead to the European Commission having to resign as a body (Article 144); its consent is necessary for the appointment of the European Commission (Article 158); its consent is necessary before the budget can be adopted (Article 203); and it gives a discharge to the European Commission in the implementation of the budget, and here has supervisory powers over the European Commission (Article 206).“[105]

Aus den hervorgehobenen Passagen wird deutlich, dass der EGMR in dem Zustimmungsverfahren hinsichtlich des Abschlusses völkerrechtlicher Verträge einen Akt der Gesetzgebung erblickt, ohne auf bestimmte Gesetzgebungsform und-verfahren oder deren Inhalt abzustellen. Die „legislation process“ umfasst alle Verfahren der Rechterzeugung, gleich ob materieller oder formeller Art, und unabhängig von deren Erscheinungsform als Vertragsabschluss, Verordnung oder Richtlinie.

b) Vorschlag eines erweiterten Gesetzesbegriffes

Die Schwierigkeiten, die mit der rein formellen oder materiellen Bestimmung des Gesetzes einhergehen, machen die Vorteile eines erweiterten Begriffes des Gesetzes deutlich. Dies ermöglicht einerseits das Gesetz nicht auf das Ergebnis eines formellen Gesetzgebungsverfahrens zu beschränken, anderseits aber behält es das Verfahren der Gesetzgebung für die rechtserheblichen Materien (d. h. differenziert nach Relevanz und Wesentlichkeit) vor. Spannt man aber diesen Ansatz ein, um auch

[105] EGMR, Urteil v. 18.2.1999 - 24833/94, Rn. 51. Hervorhebungen v. Verf.

andere Formen der Rechtssetzung wie das Vertragsabschlussverfahren als Gesetzgebung zu erfassen, so erfordert es wiederum, dass deren Verfahren institutionell so ausgestaltet sind, dass sie dem für die europäische Gesetzgebung entfalteten demokratischen Maßstab[106] genügen.[107]

II. Unnormierbarkeit durch Gesetz und Gesetzgebungsverfahren

Geht man von dem herkömmlichen Gesetzesverständnis aus, so wird ferner postuliert, dass sich die Außenpolitik als Gegenstand der Gesetzgebung nicht eignet, denn zum einen sei die Außenpolitik anders als die Innenpolitik nicht voraussehbar, und zum anderen seien die Gesetze auf Dauer angelegt, während die Außenpolitik kurzfristige Lösungen anstrebe.[108] Ferner werden in diesem Zusammenhang die grundsätzlichen Unterschiede zwischen Gesetzen und Staatsverträgen als weiterer Einwand gegen den Gesetzescharakter der Staatsverträge eingebracht.

Überdies beruht der Einwand der Unnormierbarkeit der Außenpolitik durch Gesetz auf der Annahme, dass sie einen Gegensatz zur normierbaren Innenpolitik bildet. Begründet wird sie mit der mangelnden Autonomie des Staates infolge der Interdependenz der völkerrechtlichen Verhältnisse und daraus folgenden Unvorhersehbarkeit und Komplexität solcher Verhältnisse, die eine gewisse Flexibilität, gegenseitige Rücksichtnahme und Kompromissbereitschaft notwendig machen.[109] Schließlich werden das gesteigerte Diskretionsbedürfnis und die Eilbedürftigkeit der Außenpolitik ins Feld geführt. Es geht also um eine Reihe von Argumenten, die in ihrer Gesamtheit die Unnormierbarkeit der Außenpolitik durch Gesetze und damit deren Besonderheit gegenüber der Innenpolitik begründen sollen.

1. Zur Unvorhersehbarkeit und Kurzfristigkeit der Außenpolitik

Die Vorstellung der Unvorhersehbarkeit und Kurzfristigkeit der Außenpolitik nimmt kaum die heutige Beziehung der Staaten zur Kenntnis. Die Grundlagen der heutigen Außenpolitik bilden nicht etwa kurzfristige Entscheidungen, ganz im Gegenteil sind die derzeitigen internationalen Beziehungen durch stabile und längerfristige Vertragsregime geprägt. Kurzfristige Maßnahmen und Lösungen werden zwar vereinzelt von den Institutionen beziehungsweise deren Gremien getroffen, jedoch sind die Gegenstände, Regelungsbereiche, Adressaten und schließlich die Ziele solcher Vereinbarungen nicht nur voraussehbar, sondern schon von vornherein bestimmt.

---

[106] Dazu oben Kap. 3 G.

[107] Zu denkbaren Modalitäten unten Kap. 5 D.

[108] *Borer,* Das Legalitätsprinzip und die auswärtige Angelegenheiten, a.a.O. (Kap. 2, Fn. 2), S. 445 f.

[109] Eine Behandlung dieser einzelnen Elemente als selbständige Argumente gegen die Normierbarkeit der Außenpolitik folgt hier zur Vermeidung von Wiederholungen nicht. Dies ist auch angesichts deren zusammengehörenden Charakters nicht vorteilhaft.

Bestimmt und voraussehbar sind auch die einzelnen nationalen sowie internationalen Interessen und Haltungen jener beteiligten Staaten. Selbstverständlich sind im Rahmen von Verhandlungen, die von den Gremien der Vertragsregime geführt werden, Kompromisse und Abweichungen unerlässlich, diese verlassen aber weder die hierfür vertraglich vorgesehenen Rahmen, noch sind die Staaten verpflichtet eigene Interessen und Haltungen aufzugeben. Darüber hinaus ist der Einwand der Ungeeignetheit einer generell-abstrakten Regelung nicht spezifisch außenpolitisch. Er erweist sich als richtig, wenn Sachgebiete – mit oder ohne Auslandbezug – betroffen sind, die sich in Entwicklung befinden und eine sinnvolle Regelung erst nach einer Beobachtung einer Problemlage getroffen werden kann. Aus einem solchen vorläufigen Zustand der mangelnden Geeignetheit der Gesetzgebung darf aber nicht auf einen dauernden geschlossen werden.[110] Zudem leuchtet nicht ein, warum dem Gesetzgeber verwehrt bleiben sollte, sich des Mittels der Einräumung von Ermessensspielräumen – das gerade für Deckung solcher Konstellationen vorgesehen ist – zu bedienen, dessen er sich in der Innenpolitik inzwischen *par force* bedient, ohne auf einen Parlamentsvorbehalt gänzlich verzichten zu müssen.

2. Die Dichotomie der Gesetze und der Staatsverträge

Gegen die Unnormierbarkeit der Außenpolitik wird darüber hinaus eingewandt, dass die Außenpolitik durch Staatsverträge geprägt sei, welche sich nicht als Gesetze qualifizieren lassen.[111] Der Abschluss von völkerrechtlichen Verträgen bildet einen Grenzbereich zwischen Exekutivfunktion und Legislativfunktion. Blickt man auf die externe Handlung, so ist man geneigt ihn der Regierung zuzuführen, nimmt man aber die interne Wirkung ins Visier, dann kann von Rechtsetzung gesprochen werden. Zwar wird eingesehen, dass in den meisten Fällen die völkerrechtlichen Verträge mittelbar und unmittelbar zu Regeln führen, die sich aus der Sicht des Adressaten nicht von dem gesetzten Recht unterscheiden „d. h. in gleicher Weise künftige Entscheidungen generalisierend vorwegnehmen und als stabilisierende Struktur dienen",[112] dessen ungeachtet wird eine Gleichstellung von Vertrag und Gesetz als ungerechtfertigt abgelehnt. Dies wird vor allem damit begründet, dass zum einen die Geltungsdauer kündbarer Staatsverträge vom Willen aller Vertragsparteien abhänge, während gesetztes Recht seine Geltung nur verlieren könne, wenn es vom erlassenden Organ aufgehoben werde, und zum anderen würde die Eingliederung der Vertragsbestimmung in die landesrechtliche Normenhierarchie Schwierigkeiten bereiten, denn die Geltungskraft staatsrechtlicher Verträge im Verhältnis zu innerstaatlichen Normen sei oft nicht einfach zu bestimmen.[113]

[110] *Ehrenzeller*, a.a.O. (Kap. 2, Fn. 17), S. 337, 338.

[111] Eingehend *Müller,* Inhalt und Formen der Rechtssetzung als Problem der demokratischen Kompetenzordnung, Basel [et. al.] 1979; dagegen bereits *Ehrenzeller, ibid.,* S. 327 ff.

[112] *Müller, ibid.,* S. 33.

[113] *Ibid.,* S. 35.

Diese Argumentation gibt insoweit kein vollständiges Bild, als die Staaten sich auch einseitig von den Verträgen lösen können. Zudem ist die Verallgemeinerung, dass das erlassende Organ gleichzeitig das aufhebende ist, unzutreffend. Gedacht sei hier an die verfassungsrechtliche Befugnis des Bundesverfassungsgerichts Gesetze aufzuheben und gegebenenfalls den Gesetzgeber mit der verfassungsmäßigen Regelung einer Sache zu beauftragen bzw. diesem hierfür eine Frist zu setzen. Der Einwand der Unklarheit der Normenhierarchie kann auch zumindest in der Bundesrepublik und im Hinblick auf das Recht der Europäischen Union keine Geltung beanspruchen, wo sich schon einerseits durch die Rechtsprechung des Bundesverfassungsgerichts und andererseits durch die Rechtsprechung des Gerichtshofs der Europäischen Union eine klare Hierarchie aufzeichnen lässt, die sicher Kritik und Unzufriedenheit und Unklarheiten im Einzelnen nicht ausschließt, dennoch eine generelle verbindliche Richtung vorzugeben vermag. Dort, wo die Kritik der Unklarheit der Normenhierarchie berechtigt ist – dies gilt vor allem im Hinblick auf die Europäische Menschenrechtskonvention –, sollte sie zur Bekämpfung der Ursache, nämlich zur Verschaffung von Klarheit über die Hierarchie und Klärung der Grenzfälle, und nicht etwa fehlgeleitet gegen die Gleichheit von Vertrag und Gesetz ausgeübt werden.

Darüber hinaus wird vorgetragen, dass wesentliche Unterschiede zwischen Rechtssetzung und Abschluss von Verträgen bestünden, wenn man das Zustandekommen und die Funktion der Staatsverträge berücksichtigte: „Der Staatsvertrag ist das Ergebnis von Verhandlungen, ein Kompromiss, bei dem in der Regel kein Partner seine eigenen Ziele und Wünsche vollständig zu verwirklichen vermag."[114] Würde man den Begriff des Staatsvertrages durch das Gesetz ersetzen, könnte man den soeben zitierten Satz gleichfalls auf die innerhalb von Koalitionsregierungen zustande kommende Gesetze anwenden. In einer Epoche von Vier- oder Fünftparteiendemokratien, in der eine Partei kaum eine absolute Mehrheit erringt, sind Gesetze nichts anderes als das Ergebnis von Kompromissen und zähen Verhandlungen. Berücksichtigt man noch den wachsenden Einfluss von Interessengruppen sowohl vor den Wahlen im Hinblick auf die Finanzierungshilfen für die Parteien als auch während des gesamten Prozesses der Gesetzgebung, dann erweist sich dieser Einwand als unberechtigt.

Ferner wird dieser Einwand durch den Hinweis darauf untermauert, dass im Rahmen des internen Zustimmungsverfahrens zu den Staatsverträgen kaum mehr etwas an den Verträgen geändert werde, sondern nur das ganze Paket zugestimmt oder abgelehnt werden könne,[115] daher sei es einem Gesetzgebungsverfahren nicht vergleichbar. Dem ist in der Tat zuzustimmen. Allerdings verdeutlicht dieser Einwand, dass das Anliegen der Befürworter einer Gleichheit von Staatsverträgen und Gesetzen nur teilweise verinnerlicht wurde. Denn eine konsequente Anwendung dieses Ansatzes würde eine Angleichung des Verfahrens der Zustimmung an das Verfahren der Gesetzgebung bzw. eine Verankerung dergleichen Gestaltungsmacht des Parlaments in den auswärtigen wie in den rein internen Angelegenheiten

[114] *Ibid.*, S. 36.

[115] *Ibid.*, S. 36.

verlangen. Es ist daher dogmatisch und logisch verfehlt, ausgerechnet den Gegenstand einer Kritik als Einwand gegen dieselbe vorzubringen.

Die Bewertung der überkommenen Klassifizierung der völkerrechtlichen Verträge bedarf mithin einer näheren Untersuchung. Die Dichotomie der Staatsverträge und der Gesetze geht auf die Vorstellung zurück, dass Vertrag und Gesetz zwei gegensätzliche Rechtsquellen darstellen.[116] Demnach ist der Vertrag die charakteristische Rechtsform der freiwilligen Einigung kraft Willensübereinstimmung, hingegen ist das Gesetz das rechtliche Instrument zur Bewältigung der vielfältigen sozialen wirtschaftlichen und politischen Aufgaben einer rechtstaatlichen Demokratie, der rechtliche Ausdruck der grundsätzlichen, von der Volksvertretung in einem homogenen nationalen Ganzen niedergelegten Ordnung.[117]

Was die Entstehung anbelangt, liegt dem Vertrag die Vorstellung eines freien Aushandelns und Zustandekommens durch übereinstimmende Willenserklärung zugrunde, dementgegen soll das Gesetz einseitig bzw. souverän sein.[118] Schließlich wird dem Gesetz eine dauerhafte und allgemeingültige Geltung unterstellt, wohingegen der Vertrag einen punktuellen, einmaligen Interessenausgleich erbringen soll.[119] Diese Unterschiede haben einstweilen ihre Bedeutung verloren. Die zentrale Bedeutung des Gesetzes schrumpfte infolge der Zunahme der Relevanz privatrechtlicher und völkerrechtlicher Verträge sowie der Veränderung der Art der Entstehung der Gesetze,[120] die vielmehr das Ergebnis von Kompromissen nach zähen Verhandlungen der Regierungsparteien sind,[121] und damit vertraglichen Charakter angenommen haben. Begleitet wurde dieser Umstand von Entstehung bzw. Neuerscheinung anderer Rechtsquellen wie Richterrecht, Richtlinien und Pläne.[122]

Freilich lässt sich eine symmetrische Entwicklung bei Verträgen beobachten. Wichtige Bereiche des sozialen sowie privaten Lebens sind Gegenstand völkerrechtlicher Verträge.[123] Die Europäische Union mit ihren Gründungsverträgen ist das Paradebeispiel der Signifikanz völkerrechtlicher Verträge, die funktional betrachtet die europäische Verfassung verkörperten. Ein anderes Beispiel für den Gesetzescharakter stellen die allgemeinen Geschäftsbedingungen dar,[124] die jenseits jeglicher Verhandlungen vorformuliert werden. Das Ineinandergreifen und die Überschneidungen sich ursprünglich gegenüberstehender privatrechtlicher und öffentlich-rechtlicher Mechanismen und Handlungsinstrumente stellen einerseits

---

[116] *Wildhaber,* Vertrag und Gesetze- Konsensual- und Mehrheitsentscheid im schweizerischen Staatsrecht, ZSR N.F. 94, 1975 I, S. 113.

[117] *Ibid.,* S. 113.

[118] *Ibid.,* S. 113 f.

[119] *Ibid.,* S. 114.

[120] *Ibid.,* S. 114; so auch *Grimm,* Die Verfassung im Prozess der Entstaatlichung, a.a.O. (Kap. 1, Fn. 17), S. 145-168.

[121] Zu Bedingungen und Notwendigkeit von Verhandlungen im Prozess der demokratischen Willensbildung s. *Habermas,* Faktizität und Geltung, a.a.O. (Kap. 3, Fn. 81), S. 204.

[122] *Wildhaber, ibid.,* S. 114.

[123] So auch *Wildhaber, ibid.,* S. 115.

[124] *Ibid.,* S. 115.

das Konzept der Souveränität der Staatsgewalt in Frage, andererseits drängen sie auf ein neues Abgrenzungskriterium, das bei der Qualifizierung der Rechtsquellen nicht an alte Erklärungsmuster anknüpft, sondern Bedürfnissen der Gegenwart gerecht wird. Anhaltspunkt für ein solches Abgrenzungskriterium bietet der von *Starck* entwickelte einheitliche Gesetzesbegriff mit der ihm innewohnenden Proportionalität zwischen Gesetzgebungsverfahren und Gesetzesinhalt. Die Wirkung, Relevanz und Wichtigkeit für das Gemeinwohl und Einzelinteressen sollen den Maßstab für die Qualifizierung völkerrechtlicher Verträge bilden, und nicht deren äußere Erscheinungsform.

Diese These mag zwar in der überkommenen nationalstaatlichen Tradition aufbegehrend klingeln, ein Blick in die Rechtsprechung sowohl des Bundesverfassungsgerichts als auch des Gerichtshofs der Europäischen Union verdeutlicht aber, dass sie dort gerade ihre Grundlage findet. Dass völkerrechtliche Verträge nicht gleich Verträge im herkömmlichen Sinne sind, zeichnete die Genese eines supranationalen Rechts bzw. einer Rechtsordnung eigener Art aus, so wie der Gerichtshof der einstigen Europäischen Gemeinschaft die Gründungsverträge der Europäischen qualifiziert hat.[125] Ein ähnlicher Gedankengang findet sich in der Rechtsprechung des Bundesverfassungsgerichts hinsichtlich der Geltung der Europäischen Menschenrechtskonvention, als das Gericht bei der Auslegung der Grundrechte und der Verfassung der Europäischen Menschenrechtskonvention – obgleich keinen Verfassungsrang dennoch – eine besondere Bedeutung beimisst.[126]

Die beiden Rechtsprechungen beziehen sich zwar auf bestimmte und besondere Verträge und machen quasi eine Ausnahme vom grundsätzlichen Vertragscharakter der betroffenen Rechtsquelle und lassen daher keine Verallgemeinerung zu, dennoch können die Argumente, die eine solche Ausnahme von der grundsätzlichen Orientierung an der Form rechtfertigen, gleichermaßen auf andere Verträge Anwendung finden. Vor allem aber explizieren sie, dass Gründe wie Wichtigkeit der Materie, Grundrechtsrelevanz und Bedeutung für das Gesamtgefüge es zu rechtfertigen vermögen, eine Rechtsquelle und die damit zusammenhängende Geltungswirkung unabhängig von deren äußerer Form zu qualifizieren. Eine konsequente Anwendung dieses Ansatzes würde eine inhaltliche Auseinandersetzung mit den in Frage stehenden Rechtsquellen erfordern, welche sich an dem Wirkungsbereich bzw. den Adressaten der Rechtserzeugung und nicht etwa an den Subjekten, die an dem Rechtserzeugungsverfahren beteiligt sind, orientiert.

3. Flexibilitätsbedürfnis und Interdependenz der Außenpolitik

Unbestritten ist, dass die auswärtigen Angelegenheiten eines souveränen Staates schon wesensgemäß eine Berührung mit anderen Staaten voraussetzen, die ebenfalls eine interne sowie externe Selbstbestimmung genießen und sie auch zu

[125] EuGH, Slg. 1963, 1; EuGH, Slg. 1964, 1251. Dazu bereits oben Kap. 4 B. I. 2. a).

[126] BVerfGE 111, 307.

erhalten bzw. zu behaupten versuchen. Da die Pflege von Beziehungen zu anderen Staaten Respekt und Berücksichtigung anderer Belange bedingt, die nicht der eigenen Rechtsordnung unterliegen, kann ein Staat nicht völlig frei und unabhängig handeln. Dieser Aspekt hat sich im Zuge der Globalisierung und vor allem der wirtschaftlichen Integration verstärkt und sich zu einer Interdependenz der Staaten weiterentwickelt. Globale Probleme erfordern globale Lösungen. Deshalb wird immer mehr nach internationalen und abgestimmten Haltungen unter den Staaten der Weltgemeinschaft geworben. Somit steigt auch die Notwendigkeit einer einheitlichen Rechtsordnung.[127] Diese Interdependenz schränkt die nationale Autonomie weiter ein, zugleich geht sie mit der Komplexität und Unübersichtlichkeit der Verhältnisse einher, woraus wiederum gefolgert wird, die Außenpolitik sei nicht normierbar.[128]

Dieser Ansicht liegt der Glaube zugrunde, dass anders als der nationale Normgeber, der souverän und unbeschränkt entscheidet,[129] der internationale Normgeber in seiner Freiheit beschnitten und abhängig ist. In Wahrheit erfasst die internationale Verwobenheit nicht lediglich die Außenpolitik, sondern alle gesellschaftlichen Bereiche ungeachtet dessen, ob öffentlich-rechtlich oder privatrechtlich reguliert.[130] Dieses Ergebnis ist allerdings nicht etwa durch die Verstaatlichung ehemals privater Bereiche bedingt,[131] sondern konträr durch die Privatisierung ehemals staatlicher Bereiche sowie durch den in dem freien Markt geltenden und gesicherten Grundsatz des freien Wettbewerbs. Eine Entwicklung, die national mit der Entlastung des Staates und größerer Effizienz des privaten Handelns begründet, und international durch die Gründung von Freihandelszonen, vor allem durch die Gründung der Welthandelsorganisation, sowie europäisch durch die Gründung eines Gemeinsamen Marktes, begünstigt wurde. Da aber der Staat nicht nur als Regulator oder Aufsichtsperson, sondern als Teilnehmer an dem Markt in diesem System wesensgemäß tätig wird, verschärfen sich die bestehenden Abhängigkeiten.[132] Die hieraus entstandene Komplexität ist weder ein Wesensmerkmal der Außenpolitik noch ist sie alleine eine Herausforderung des nationalen Gesetzgebers, denn auch der

[127] Zum Begriff der Einheit der Rechtsordnung vgl. *Baldus,* Die Einheit der Rechtsordnung: Bedeutungen einer juristischen Formel in Rechtstheorie, Zivil- und Staatsrechtswissenschaft des 19. und 20. Jahrhunderts, Berlin 1995; zur Kritik der „Einheit der Rechtsordnung" als verfassungsrechtliche Argumentationsfigur vgl. *Felix,* Einheit der Rechtsordnung, Zur verfassungsrechtlichen Relevanz einer juristischen Argumentationsfigur, Tübingen 1998.

[128] Siehe die Übersicht bei *Ehrenzeller*, a.a.O. (Kap. 2, Fn. 17), S. 326.

[129] Zum Begriff der Souveränität und dessen Kritik vgl. *R. Bergmann,* Über die Souveränität als wesentliches Merkmal des Staatsbegriffes, Breslau 1909; *Barzel,* Souveränität und Freiheit, Eine Streitschrift, Köln 1950; *Quaritsch,* Staat und Souveränität, Frankfurt 1970; *Quaritsch,* Souveränität: Entstehung und Entwicklung des Begriffes in Frankreich und Deutschland vom 13. Jh. bis 1806, Berlin 1986; *Hebeisen,* Souveränität in Frage gestellt: die Souveränitätslehren von Hans Kelsen, Carl Schmitt und Hermann Heller im Vergleich, Baden-Baden 1995; Staat, Souveränität, Verfassung, FS für Quaritsch, Murswiek/Storost/Wolff (Hrsg.), Berlin 2000; *Schliesky,* Souveränität und Legitimität von Herrschaftsgewalt: Die Weiterentwicklung von Begriffen der Staatslehre und des Staatsrechts im europäischen Mehrebenensystem, Tübingen 2004.

[130] *Ehrenzeller, ibid.*, S. 327.

[131] So aber *Ehrenzeller, ibid.*, S. 326.

[132] Vgl. dazu *Sangi,* a.a.O. (Kap. 1, Fn. 17), S. 33 f.

international agierende ist damit konfrontiert. Vielmehr ist sie das Ergebnis einer wirtschaftlichen, sozialen und ökologischen Verflechtung, die sowohl auf nationaler als auch auf internationaler Ebene Wirkung zeigt.[133]

Unbestritten weist die Praxis der internationalen Rechtsetzung, welche durch den Abschluss von Verträgen und deren Verhandlungen gekennzeichnet ist, Unterschiede gegenüber internen Rechtssetzung auf. Allen voran besteht die Differenz darin, dass das Ergebnis der Verhandlungen nicht Ausdruck des Willens *eines* souveränen Volkes darstellt. Mit Blick darauf wird angenommen, dass Legitimationsdefizite entstünden, wenn demokratisch legitimierte Rechtsakte Wirkungen hätten, die über die Mitglieder des Legitimationssubjekts hinausgingen. Während nationale demokratische Rechtsordnungen dieser Gefahr durch repräsentative Entscheidungen des Gesetzgebers, die eine Gesamtheit betreffen sollten, bannten, versage diese Lösung angesichts der Internationalisierung der Rechtsordnungen, die durch den Abschluss völkerrechtlicher Verträge unter gleichrangigen Hoheitsträgern gekennzeichnet sei. „Die Beteiligung des jeweils anderen Hoheitsträgers an verbindlichen Entscheidungen, die auch den einen Hoheitsträger verpflichten, widerspricht dem Grundsatz der Selbstbestimmung in gleicher Freiheit."[134]

Letzteres ist aber keine zwingende Folge internationaler Rechtssetzung bzw. der Beteiligung anderer Hoheitsträger an verbindlichen Entscheidungen, obgleich es zutreffend die aktuellen Begebenheiten der internationalen Rechtssetzung beschreibt. Problem der internationalen Rechtssetzung ist nicht etwa in der Beteiligung mehrerer Hoheitsträger an der Rechtssetzung zu sehen, die entscheidende Frage lautet vielmehr, ob sich die gemeinsame Rechtssetzung auf die letztendlich betroffenen Legitimationssubjekte, die zumindest vermittels eines rechtlichen Moments eines Paktes – sei es denn nur als Zweckgemeinschaft, sei es denn nur partiell – zu einem einzigen Legitimationssubjekt verschmelzen, hinreichend demokratisch zurückführen lässt. Jeder völkerrechtliche Vertrag gründet im Grunde genommen ein neues rechtliches Gemeinwesen. Die internationale Rechtssetzung widerspricht dem Grundsatz der Selbstbestimmung der durch einen Vertrag vereinheitlichen Legitimationssubjekte nicht, weil sie durch Verträge bzw. Verhandlungen unter mehreren Hoheitsträgern zustande kommt – wie bereits erörtert sind Verhandlungen inzwischen Bestandteil des internen Gesetzgebungsverfahrens –, sondern vor allem weil das Verfahren der Übereinkunft nicht so gestaltet ist, dass der Wille der betroffenen Legitimationssubjekte in gleicher Weise zum Ausdruck kommen kann. Mit anderen Worten, weil die Form der Übereinkunft weder die Garantien eines idealtypischen Gesetzgebungsverfahrens bietet noch das Ergebnis fairer transparenter Verhandlungen darstellt.

4. Diskretionsbedürfnis

Ferner wird das besondere Bedürfnis der Außenpolitik nach Diskretion für die außenpolitische Prärogative der Exekutive ins Feld geführt. Die Geheimhaltung und Vertraulichkeit der Außenpolitik und speziell der diplomatischen Beziehungen

---

[133] *Ehrenzeller, ibid.* S. 325 f.

[134] *Möllers*, Gewaltengliederung, a.a.O. (Kap. 2, Fn. 34), S. 233.

sind genauso alt wie die internationalen Beziehungen der Staaten. Während sich die Staaten nach einem langen Prozess der Verrechtlichung und Anerkennung des Individuums in seiner Rechtssubjektivität, auf die interne sowie externe Selbstbestimmung der Völker wenigstens formal geeinigt und sich meist von absolutistischen in demokratische Regierungssysteme verwandelt haben, ist die Vorstellung von Außenpolitik bis heute noch eine absolutistische und undemokratische geblieben. Eine Geheimhaltungspflicht kann in einem demokratischen System nur dort gelten, wo sie gesetzlich vorgesehen ist.[135] Eine solche allgemeine Geheimhaltung der Außenpolitik ist weder verfassungsrechtlich verankert – auch die Europäischen Verträge enthalten keinen Hinweis darauf – noch entspricht sie der Realität eines freien und demokratischen Rechtsstaates, welcher sich der Pressefreiheit, Rundfunkfreiheit und schließlich der Freiheit aller neuen Kommunikationsmittel verschreibt. Selbst in Zeiten vor „*World Wide Web*" konnte ein Informationsmonopol des Staates angesichts aufklärungsreicher journalistischer Arbeiten nicht ernsthaft postuliert werden, erst recht nicht in Zeiten von neuen Kommunikationsmitteln, in denen jeder Bürger auf der Straße zu einem zeitgenössischen Journalisten aufgestiegen ist. Zu dieser Entwicklung kommt die Rolle des Lobbyismus bzw. der Aktivitäten der wirtschaftlichen und sozialen Interessenverbände hinzu, denn selbst wenn die Lobbyisten nicht zum Wohl des Gemeinwesens agieren würden, stellen sie eine zusätzliche Informationsquelle dar, die einem Informationsmonopol des Staates entgegenwirkt.

Unter dem Einwand des Diskretionsbedürfnisses verbirgt sich aber auch die Fehlvorstellung über den Gegenstand der Außenpolitik. Die Aufzeichnung einzelner Gebiete der Außenpolitik sollte darüber Klarheit verschafft haben, dass es hier im Wesentlichen und überwiegend nicht um Staatsgeheimnisse geht, sondern um Bereiche, die gleichermaßen Lebenssachverhalte des innerstaatlichen Bereiches erfassen, lediglich mit dem Unterschied, dass die Materie nicht nur ein Volk betrifft sondern zwei oder mehrere. Tritt an die Stelle einer nationalen Regelung eine internationale, steigt die Materie nicht gleich zum Staatsgeheimnis auf.

Sicherlich gibt es Bereiche wie die Sicherheit und Verteidigung, die eine Geheimhaltungspflicht begründen könnten, diese Fälle sind aber voraussehbar und gesetzlich bestimmbar. Den sensiblen Belangen der Sicherheits- und Verteidigungspolitik muss Rechnung getragen werden. Dies darf aber nicht dazu führen, dass unter dem Vorwand der Sicherheits- und Verteidigungsbelange jegliche Geschäfte der Waffen- und Luftkraftindustrie[136] geheim zu halten wären.[137]

---

[135] In diese Richtung auch *Ehrenzeller, ibid.*, S. 333 f.

[136] Das Gleiche gilt für die auf den ersten Blick harmlosen Handelsgeschäfte von Kommunikationsdienstanbietern und Kommunikationsmittelherstellern, die gleichsam große Sicherheitsrelevanz und hochpolitische Bedeutungen aufweisen. Zu denken ist hier an den Verkauf von Massenüberwachungstechnologien an absolutistische Regime zu Zeiten von politischen Unruhen, wie zum Beispiel dies den beiden Unternehmen Nokia und Siemens während der Proteste im Iran in 2009 zu Last gelegt wurde (vgl. dazu *Hartmann/Hildebrand/Jürgens* „Nokia Siemens soll Iran bei Zensur geholfen haben", in *Welt* v. 22.6.2009).

[137] Siehe aber die restriktive Auslegung der Informationsrechte des Parlaments neuerdings durch BVerfG, Urteil. v. 21.10.2014 – 2 BvE 5/11.

Gestützt auf dem vermeintlichen Diskretionsbedürfnis wird ferner behauptet, dass wegen des mit parlamentarischer Arbeit einhergehenden Öffentlichkeitsgrundsatzes die Verhandlungsposition des Staates gefährdet sei.[138] Die vorzeitige Offenlegung der Verhandlungspositionen und Verhandlungsstrategien würde dem Verhandlungsgegner erhebliche Vorteile verschaffen.[139] Angeführt wird überdies ein – eher vertragspartnerfreundliches – Argument, nämlich dass durch die gebotene Diskretion gegebenenfalls eine Desavouierung des Verhandlungspartners vermieden werden soll.[140] In diesem Zusammenhang steht auch das Postulat, dass die internationalen Beziehungen bedingen, dass der Staat nach außen mit einer Stimme hervortritt, denn sich widersprechende Standpunkte von den drei Gewalten würden der Verhandlungsposition eines Staates schaden.[141]

Die Forderung nach einer einheitlichen Haltung nach außen – unabhängig davon ob ein solches Bedürfnis in den heutigen pluralistischen Staaten und Gesellschaften besteht – widerspricht einer internen Verteilung der außenpolitischen Kompetenzen unter den drei Gewalten der Legislative, Exekutive und der Judikative nicht. Denn diese Forderung knüpft an das Ergebnis eines Entscheidungsfindungsprozesses und dessen Präsentation und Verkündung nach außen, und nicht etwa an das *Wie* des Zustandekommens einer solchen Entscheidung an.

Zudem stärken die parlamentarische Diskussion über das auswärtige Handeln eines Staates und dessen bevorstehende außenpolitische Entscheidungen und vor allem die außerparlamentarischen Debatten in den Medien und in der Öffentlichkeit ganz im Gegenteil die Verhandlungsposition eines Staates, wie die jüngsten Ereignisse nach der Finanzkrise in Griechenland und in Zypern zeigen. Mehrfach wurden die Bedingungen der gemeinsamen Hilfspakete der Europäischen Union und des Internationalen Währungsfonds wegen massiver Proteste und Ablehnungen der Parlamente abgemildert. Nationalen Interessen wie den Belangen des Sozialstaates, der Bildung und nachhaltiger Entwicklung, zu deren Durchsetzung bzw. Erhaltung eine

---

[138] *Borer,* La Loi et la politique extérieure, HISPO 1988, Nr. 9, S. 23 ff.; vgl dazu ausführlich *Ehrenzeller ibid.,* S. 319, m. w. N.

[139] Siehe die Übersicht bei *Ehrenzeller, ibid.,* S. 319, 334.

[140] *Mössle,* Regierungsfunktion des Parlaments, München 1986, S. 164; vgl. *Ehrenzeller, ibid.,* S. 319.

[141] Diese Vorstellung findet sich bereits bei *Hobbes*, der eine Pluralität der Stimmen nach außen ablehnt: “The only way to erect such a common power, as may be able to defend them from the invasion of foreigners, and the injuries of one another, and thereby to secure them in such sort as that by their own industry and by the fruits of the earth they may nourish themselves and live contentedly, *is to confer all their power and strength upon one man, or upon one assembly of men,* that may reduce all their wills, by plurality of voices, unto one will: which is as much as to say, to appoint one man, or assembly of men, to bear their person; and every one to own and acknowledge himself to be author of whatsoever he that so beareth their person shall act, or cause to be acted, in those things which concern the common peace and safety; and therein to submit their wills, everyone to his will, and their judgments to his judgments.” (*Hobbes*, Leviathan, a.a.O. (Kap. 1, Fn. 11), Chapter XVII.); so auch die Argumentation des Supreme Courts vgl. dazu oben Kap. 2 C. II. 2.

griechische oder zyprische Regierung nicht in der Lage war, konnten durch das Volk und Parlament zumindest ansatzweise Gehör verschafft werden.[142]

Darüber hinaus ist nicht einzusehen, warum überhaupt wichtige Verträge, die Lebensbereiche des einzelnen Bürgers direkt und massiv betreffen, hinter geschlossenen Türen verhandelt werden sollen. In der Realität der heutigen Politik bilden die Handelsverträge einen Kernbereich der Außenpolitik, welche in der Regel die Liberalisierung der Märkte in einer globalen Welt zum Ziel haben. Die so bewirkte Deregulierung und Liberalisierung stellen – unabhängig davon, ob sie gerecht oder ökonomisch sinnvoll sind – einen Verlust der direkten demokratischen Gestaltung und Lenkung dieser liberalisierten Lebensbereiche dar. Die Adressaten sind *de facto* die einzelnen Bürger, daher drängt sich die Frage auf, was deren Geheimhaltung gerade vor den Adressaten rechtfertigen soll.[143]

In einer globalen Rechtsordnung, wo internationale Verträge nicht allein vage Rahmenbedingungen für nachfolgende nationale Gesetzgebungsakte sind, sondern vielmehr konkrete Rechte und Pflichte des einzelnen Bürgers begründen, ohne den internen Gesetzgeber dabei einen entscheidungserheblichen Handlungsspielraum zu belassen, ersetzen sie faktisch die Gesetze und die Gesetzgebung, daher darf für sie nichts anderes gelten als die Grundsätze der Gesetzgebung, dazu gehört vor allem der Öffentlichkeitsgrundsatz. Ein Vergleich mit dem in der Gerichtsbarkeit geltenden Öffentlichkeitsgrundsatz, der teilweise unter bestimmten Bedingungen wegen besonderer privater und staatlicher Interessen eingeschränkt werden kann, ergibt nichts anderes. Während das Argument des Schutzes der Privatsphäre in den auswärtigen Angelegenheiten entfällt, kann dem Staatsinteresse an Geheimhaltung differenzierend bei begründeten Sicherheitsinteressen Rechnung getragen werden.

Eine Dezimierung der Verhandlungsposition bzw. eine Desavouierung des Verhandlungsgegners kann zudem nur eintreten, wenn der Öffentlichkeitsgrundsatz einseitig gelten würde. Wird aber wie hier das Diskretionsbedürfnis als besonderes Merkmal der Außenpolitik in Frage gestellt, dann betrifft es nicht das auswärtige Handeln eines einzigen Staates, sondern die internationalen Beziehungen aller Staaten bzw. politischen Einheiten, es betrifft also die Außenpolitik als Ganzes, denn ein solcher Ansatz bedarf einer universellen Geltung.

5. Eilbedürftigkeit

Die Eilbedürftigkeit außenpolitischen Handelns und das Bedürfnis nach schneller Entscheidungsfindung wird als weiteres Argument gegen die Beteiligung des Parlaments an außenpolitischen Entscheidungen ins Feld geführt. Diesem Theorem liegt das *Hobbes'sche* Staatsverständnis zugrunde, das die Belange der Außenpolitik auf

[142] Gedacht sei hier an die geplante Zwangsabgabe. Vgl. dazu *Hasselbach,* Wütende Proteste in Zypern zeigen Erfolg, in *DW* v. 18.3.2013; *Muno*, EU will die Kleinsparer schonen, in *DW* v. 18.3.2013 sowie die Mitteilung „Rettungspacket abgelehnt: Zypern steht am Abgrund", in *FR* v. 19.3.2013.

[143] Zu denken ist in diesem Zusammenhang an die aktuelle Affäre des Bundeskanzleramtes hinsichtlich des Abschlusses eines No-Spy-Agreements, die die Folgen einer Geheimpolitik aufzeigt. Vgl. dazu *Goetz/Mascolo/Obermayer,* Aktenvermekr bringt Merkel in Bedrängnis, in *SZ* v. 26.05.2105; *ders.*, All the best, Interne Mails zwischen Berlin und Washington beweisen: Deutschland und Amerika reden nicht auf Augenhöhe, in *SZ* v. 08.5.2015.

Sicherung des Friedens und Verteidigung des Staates reduziert[144] – wo in der Tat ein schnelles Handeln gefragt ist. Hierbei handelt es sich aber um einen Ausnahmezustand, aus dem keine Regel abstrahiert werden darf. Einem solchen Verständnis wohnt auch der *Schmitt'sche* Souveränitätsbegriff inne, demnach souverän ist, wer über den Ausnahmezustand entscheidet.[145] Damit wird die Souveränität der persönlichen Entscheidung des kompetenten Akteurs beigeordnet und von der Normativität gelöst,[146] die die Grundlage der Reinen Rechtslehre bildet.[147] Einem solchen Souveränitätsverständnis liegt die Unterscheidung des politischen vom juristischen Gesetz zugrunde,[148] die aber in einem Rechtsstaat, der keine rechtsfreien Räume kennt, untunlich ist. Das bedeutet nicht, dass Ausnahmezustände generell keine Berücksichtigung finden dürfen, vielmehr ist es geboten, für solche Zustände ein besonderes Verfahren der Entscheidungsfindung mit besonderen Beteiligungsformen und Handlungsrichtlinien gesetzlich vorzusehen,[149] das den Bedürfnissen solcher Zustände gerecht wird. Nicht gerechtfertigt ist dagegen, Ausnahmezustände zu generalisieren. Die generelle Qualifizierung der Außenpolitik als eilbedürftig stellt aber einen solchen Versuch dar. Die Gegenstände der heutigen Außenpolitik bilden wie schon geschildert[150] keine Ausnahmezustände und die außenpolitischen Entscheidungen kommen selbst in dringenden Fällen und in Zeiten von Krisen nach langen Beratungen und Abstimmungen zustande. Ein brisantes Beispiel hierfür bildet die bereits erwähnte Entscheidung des Präsidenten *Obama* hinsichtlich des militärischen Einsatzes in Syrien, die Zustimmung des Kongresses abzuwarten.[151]

Man kann Präsident *Obama* des politischen Kalküls zeihen.[152] Gleichgültig welche Hintergründe *Obamas* Entscheidung hatte, sie demonstriert, dass selbst bei außenpolitisch sensibelsten eilbedürftigen Situationen eine Ermächtigung der parlamentarischen Versammlung eingeholt werden kann, wenn dies politisch gewollt ist. Gerade in diesem Fall, als aufgrund der sich eskalierenden Situation in Syrien ein schnelles Handel der USA dringend gefragt war, zeigt sich, dass es nicht die

[144] Wie es sich u. a. dieser Stelle entnehmen lässt: "And because the end of this institution is the peace and defence of them all, and whosoever has right to the end has right to the means, it belonged of right to whatsoever man or assembly that hath the sovereignty to be judge both of the means of peace and defence, and also of the hindrances and disturbances of the same; and to do whatsoever he shall think necessary to be done, both beforehand, for the preserving of peace and security, by prevention of discord at home, and hostility from abroad; and when peace and security are lost, for the recovery of the same." *Hobbes*, a.a.O. (Kap. 1, Fn. 11), Ch. XVIII.

[145] *Schmitt,* Politische Theologie- Vier Kapitel zur Lehre von der Souveränität, 5. Aufl., Berlin 1990, S. 11.

[146] *Hebeisen*, a.a.O. (Kap. 4, Fn. 129), S. 47.

[147] Dazu *Kelsen,* Das Problem der Souveränität und die Theorie des Völkerrechts- Beitrag zu einer Reinen Rechtslehre, Aalen 1981.

[148] *Schmitt*, Verfassungslehre, 7. Aufl, Berlin 1989, S. 146 f.; *Hebeisen, ibid.,* S. 46.

[149] Entsprechend dem gesetzlichen Notstand des GG.

[150] Dazu oben Kap. 3 E.

[151] Dazu oben Kap. 2 C. II. 3. d).

[152] Vergegenwärtigt man sich sein politisch wichtigstes Wahlversprechen vor seiner ersten Amtszeit, Kriege auf fremdem Boden zu beenden, dürfte nicht fernliegen, dass er nicht allein einen neuen Krieg verantworten wollte.

vermeintlichen Eigengesetzlichkeiten der internationalen Beziehungen sind, denen sich die Legitimationssubjekte beugen müssen, vielmehr sind die internationalen Beziehungen dem Willen der Legitimationssubjekte unterzuordnen.

An diesem Beispiel wird überdies deutlich, dass der Einwand, dass weitgehende parlamentarische Befugnisse in der Außenpolitik die Handlungsfähigkeit der Regierung zu sehr einschränken würden und eventuell deren Desavouierung zur Folge hätten, zu kurz gegriffen ist. Sieht sich eine Regierung internationalem Druck ausgesetzt, eine Handlung vorzunehmen, oder sich an einer Aktion zu beteiligen, ist aber selbst nicht davon überzeugt, gibt ihm die Stimme des Parlaments eine Chance, sich auf die ablehnende Haltung der parlamentarischen Vertretung zu berufen und seine Entscheidung damit zu rechtfertigen. Die Gefahr der Erschwerung der diplomatischen Beziehungen zu anderen Staaten aufgrund der Nichtvornahme einer Aktion ist bei einem Veto des Parlaments geringer, denn an der Entscheidung des Parlaments ist anders als an der Entscheidung einer Einzelperson bzw. einer Regierung aufgrund ihrer starken demokratischen Resonanz politisch weniger auszusetzen. Die parlamentarische Stimme in der Außenpolitik erweist sich damit weniger als eine Einschränkung als ein politisches Handlungsinstrument, das zur Durchsetzung eigener Interessen und Wertevorstellungen eingesetzt werden kann.

C. Ergebnis

Wie soeben aufgezeigt, entbehren die These der Unnormierbarkeit der Außenpolitik und deren Disqualifizierung als Gegenstand der Gesetzgebung jeder Grundlage. Gestützt auf die Unnormierbarkeit der Außenpolitik wurde das legislative Vorrecht, welches die Freiheit des Individuums durch eine aus jeden einzelnen und diversen Personen bestehenden und veränderlichen Versammlung sicherstellen sollte, zurückgestellt. Erweist sich der Einwand der Unnormierbarkeit der Außenpolitik als gegenstandlos, so ist hinsichtlich der Außenpolitik keine Ausnahme von dem bereits entwickelten Maßstab der demokratischen Legitimation des hoheitlichen Handelns zu machen. Konkret bedeutet das für die Gestaltung der Außenpolitik, dass die Parlamente an der Gestaltung der Außenpolitik nicht nur irgendwie zu beteiligen sind, sondern diese ebenso wie die Innenpolitik konstruktiv gestalten sollen.[153] Dies bedarf einer Anpassung des Verfahrens der internationalen Rechtssetzung, wobei einen differenzierenden Ansatz zugrunde zu legen ist, der sich an den Kriterien der Relevanz und Wesentlichkeit für die einzelnen Legitimationssubjekte orientiert.[154] Diese These macht die anderen Formen parlamentarischer Beteiligung neben der ordentlichen Gesetzgebung nicht obsolet. Vielmehr liegt einem solchen differenzierenden Ansatz die Erkenntnis zugrunde, dass jedes Handlungsinstrument je nach tatsächlichen und legitimatorischen Bedürfnissen zur Anwendung kommt. Damit ist auch die Handlungsfähigkeit einer politischen Einheit sichergestellt.

---

[153] Zu denkbaren Modalitäten unten Kap. 5 D. II.

[154] Dazu unten Kap. 5 D.

Kapitel 5 Das Europäische Parlament in der EU-Außenpolitik

Nachdem die Maßstäbe für die institutionelle Zuordnung der auswärtigen Gewalt entwickelt, herkömmliche Grundsätze der Außenpolitik herausgearbeitet und kritisch gewürdigt worden sind, so kann die rechtliche Stellung des Europäischen Parlaments in der europäischen Außenpolitik analysiert, mit den untersuchten Referenzsystemen verglichen und schließlich an dem bereits entwickelten Maßstab gemessen werden.

A. Außenpolitische Funktionen des Europäischen Parlaments

Die außenpolitische Stellung des Europäischen Parlaments hängt von seinen außenpolitischen Funktionen ab. Die Untersuchung der Funktionen des Europäischen Parlaments beschränkt sich nicht auf die formal legislativen Handlungsmodalitäten, vielmehr werden drei Typologien außenpolitischer Funktionen gebildet. Die erste Typologie ist die sachlich-inhaltliche Gestaltung der europäischen Außenpolitik. Diese umfasst die Initiativrechte, die Rechtserzeugungsfunktion sowie das Haushaltsrecht des Europäischen Parlaments. Dabei werden zunächst Initiativrechte und Möglichkeiten der Einflussnahme des Europäischen Parlaments auf die Formulierung von außenpolitischen Vorhaben untersucht. Ferner werden ausgehend von dem bereits entfalteten erweiterten Rechtssatzbegriff über die Rechtssetzungsakte im Sinne von Art. 289 AEUV hinaus alle rechtssetzenden Funktionen des Europäischen Parlaments sowie das Haushaltsrecht beleuchtet.

Mit Blick darauf, dass das Kennzeichen der Außenbeziehung die Beziehung zu anderen außenpolitischen Akteuren ist, werden dann die Außenvertretung und die Pflege diplomatischer Beziehungen als zweite außenpolitisch spezifische Handlungstypologie entfaltet. Schließlich wird die dritte Kategorie, die personell-organisatorische Gestaltungsmöglichkeiten des Europäischen Parlaments in den Blick genommen.

R. Sangi, *Die auswärtige Gewalt des Europäischen Parlaments*, Beiträge zum ausländischen öffentlichen Recht und Völkerrecht,
https://doi.org/10.1007/978-3-662-54423-5_5

I. Sachlich-inhaltliche Gestaltung der Außenpolitik

1. Initiativrechte

Trotz der Versuche der Konstitutionalisierung und Vereinheitlichung des auswärtigen Handelns durch den Reformprozess von Lissabon[1] kann man nicht von *einem* Initiator im Bereich der Außenpolitik sprechen. Zunächst ergeben sich Unterschiede zwischen intergouvernementalen und supranationalen Politikbereichen. Während im Rahmen der Gemeinsamen Außen- und Sicherheitspolitik die außenpolitischen Prozesse von Mitgliedstaaten und dem Hohen Vertreter initiiert werden, nimmt die Kommission in supranationalen Politikbereichen nahezu ausschließlich diese Rolle wahr.

Dem Europäischen Parlament kommt hingegen kein Initiativrecht hinsichtlich der Außenpolitik der Europäischen Union zu. Dies ist vor dem Hintergrund, dass das Europäische Parlament selbst in internen Politikbereichen mit ausschließlich internen Wirkung über kein Initiativrecht verfügt, kaum überraschend. Indes kann das Europäische Parlament mit der Mehrheit seiner Mitglieder die Kommission zur Unterbereitung von geeigneten Vorschlägen zu den Fragen auffordern, die nach Ansicht des Europäischen Parlaments die Ausarbeitung eines Unionsaktes zur Durchführung der Verträge erfordern. Dies ergibt sich aus Art. 225 AEUV, der dem Europäischen Parlament ein indirektes Initiativrecht einräumt. Dessen Wortlaut nach ist dieses Recht nicht auf den Bereich der internen Politikfelder beschränkt. Vielmehr ist davon auszugehen, dass es gleichermaßen auf die Außenpolitik Anwendung findet.

Freilich verfügte das Parlament bereits auf der Grundlage von Art. 192 Abs. 2 EGV in der Fassung von Nizza über ein solches indirektes Initiativrecht. Ergänzend kam durch den Vertrag von Lissabon eine Kontrollkomponente hinzu, nämlich die Begründungspflicht. Zwar ist die Initiative des Parlaments nach wie vor für die Kommission nicht bindend, lehnt die Kommission sie aber ab, obliegt ihr nun gemäß Art. 225 S. 2 AEUV, diesen Schritt zu begründen. Damit wird zum einen sichergestellt, dass die Kommission die Unterbereitung von Gesetzesvorschlägen nicht ohne Grund oder willkürlich missbilligt, sondern sich sachlich mit der Initiative des Parlaments auseinandersetzt. Zum anderen aber dient die Begründungspflicht dem Öffentlichkeitsgrundsatz. Durch den Zugang der Unionsbürger und der Medien zu den Dokumenten der Union[2] kann die Kommission Initiativen des Europäischen Parlaments nicht ohne weiteres zurückweisen.

Darüber hinaus verfügt das Europäische Parlament über bestimmte Instrumente, mit denen es mittelbar die Außenpolitik inhaltlich formulieren kann. Zu den Handlungsinstrumenten, die dem Parlament ein – wenn auch nicht bindendes – Selbstbefassungsrecht einräumen, gehören Entschließungen und Empfehlungen. Gemäß

---

[1] Vgl. Art. 21 EUV.

[2] Dazu oben Kap. 3 G. III.

Art. 133 der Geschäftsordnung des Europäischen Parlaments kann jedes Mitglied des Europäischen Parlaments zu einer Angelegenheit, die den Tätigkeitsbereich der Europäischen Union betrifft – unabhängig davon, ob außenpolitisch oder innenpolitisch –, einen Entschließungsantrag einreichen. Über das Verfahren entscheidet der zuständige Ausschuss. Gleichzeitig zeigt sich in der Praxis, dass Entschließungsanträge über die Fraktionen in das Plenum gebracht werden. Von dieser Möglichkeit wird meist Gebrauch gemacht, wenn der zuständige Ausschuss den Antrag eines einzelnen Abgeordneten auf eine Entschließung ablehnt.[3] So bleibt dem einzelnen Abgeordneten die Möglichkeit erhalten, seinen Entschließungsantrag über die eigene Fraktion ins Parlament zu bringen. Dieser Weg ist allerdings fraktionslosen Abgeordneten verwehrt.

Ferner behält sich das Europäische Parlament vor, an den Rat Empfehlungen zu richten. Zu diesem Zweck können eine Fraktion oder mindestens vierzig Mitglieder des Europäischen Parlaments einen Vorschlag zu außenpolitischen Themen, und in den Fällen, in denen das Parlament zu einem internationalen Abkommen nicht konsultiert wurde, einreichen. Diese Vorschläge werden zur Prüfung dem jeweiligen zuständigen Ausschuss übermittelt, der in einem Bericht mit entsprechender Begründung dazu Stellung nimmt.[4]

Zu den unverbindlichen Handlungsinstrumenten des Parlaments mit außenpolitischen Komponenten zählt ebenfalls die Aussprache vor dem Plenum über Fälle der Verletzungen von Menschenrechten, der Demokratie und der Rechtsstaatlichkeit jenseits der Unionsgrenzen.[5] Den Antrag auf eine solche Aussprache können nicht nur die Fraktionen oder mindestens vierzig Parlamentsmitglieder stellen, sondern in diesem Fall ist auch eine interparlamentarische Delegation antragsberechtigt. Durch solche Aussprachen im Plenum reagiert das Europäische Parlament auf aktuelle meist kritische außenpolitische Situationen, die zum einen die Aufmerksamkeit der Öffentlichkeit zu erregen vermögen, und zum anderen die Exekutive der Europäischen Union, sprich den Rat und die Kommission, unter Druck setzen, mit entsprechenden Maßnahmen auf die Verletzungen der fundamentalen Werte der Europäischen Union angemessen und rechtzeitig zu reagieren.

Darüber hinaus versucht das Europäische Parlament, die Werte der Europäischen Union durch weitere Instrumente international zu fördern. Dazu zählt neben der Einladung von ausgewählten Personen zur Aussprache vor dem Plenum die jährliche Verleihung des *Sacharow*-Preises.[6] Damit zeichnet das Parlament Personen aus, die „die Verteidigung der Menschenrechte und Grundfreiheiten zu ihrem Lebensziel

---

[3] Vgl. Art. 133 Abs. 9 der EP GO (8. Wahlperiode April 2015), der für die zurückgezogenen Anträge die Möglichkeit der erneuten Einreichung der Anträge von einer Fraktion, einem Ausschuss oder derselben Anzahl von Mitgliedern, die für seine Einreichung erforderlich ist, vorsieht.

[4] Vgl. Art. 134 der EP GO (8. Wahlperiode April 2015).

[5] Vgl. Art. 135 der EP GO (8. Wahlperiode April 2015); *Wirtz*, Das Europäische Parlament als außenpolitischer Akteur, Hamburg 2009, S. 45 ff.

[6] Der Preis trägt den Namen des russischen Physikers und Friedensnobelpreisträger (1975) *Andrey Sachorow* (1921-1989).

erkoren haben."[7] Auf diese Weise setzt das Europäische Parlament ein Zeichen und nimmt bewusst zu aktuellen politischen Entwicklungen und Ereignissen Stellung. Insofern betreibt es eine eigene Außenpolitik.

Die Bedeutung dieser Preisverleihung für die diplomatischen und wirtschaftlichen Außenbeziehungen der Europäischen Union trat besonders hervor, als das Europäische Parlament im Jahre 2008 den Preis ungeachtet des massiven Druckes der chinesischen Regierung an den inhaftierten chinesischen Bürgerrechtler und Menschenrechtsaktivisten *Hu Jia* verliehen hat. Bereits vor der Verleihung hat der chinesische Botschafter der Europäischen Union *Song Zhe* sich mit einem Brief an den damaligen Parlamentspräsidenten *Hans-Gert Pöttering* gewandt und gegen die Nominierung protestiert.[8] Diese Reaktionen der Drittstaaten auf die Preisverleihung bezeugen das internationale Renommee des Europäischen Parlaments und die Relevanz dessen außenpolitischer Aktionen.

2. Rechtserzeugung in der europäischen Außenpolitik

a) Die Gemeinsame Außen- und Sicherheitspolitik

Obgleich das Europäische Parlament durch den Vertrag von Lissabon gemeinsam mit dem Rat der Union als Mitgesetzgeber agiert,[9] bestehen Mitwirkungsmöglichkeiten des Europäischen Parlaments an der Regulierung der Gemeinsamen Außen-, Sicherheits- und Verteidigungspolitik nach wie vor lediglich in Form von Unterrichtungs- und Anhörungsrechten.

aa) Unterrichtungs- und Anhörungsrechte

Art. 36 EUV ordnet an, dass das Parlament regelmäßig *zu den wichtigsten Aspekten und den grundlegenden Weichenstellungen* der Gemeinsamen Außen- und Sicherheitspolitik gehört, und über die Entwicklung der Außen- und Sicherheitspolitik *unterrichtet* wird. Mit der Einführung des Amtes des Hohen Vertreters der Europäischen Union für Außen- und Sicherheitspolitik obliegen ihm nun diese Anhörungs- und Unterrichtungspflichten gegenüber dem Parlament. Dabei muss er darauf achten, dass die Auffassung des Parlaments *gebührend berücksichtigt* wird.

bb) Gebührende Berücksichtigung – Eine Inhaltsbestimmung

Welche Aspekte zu den *wichtigsten* und welche Weichenstellungen zu den *grundlegenden* Aspekten gehören, werden weder durch den Vertragstext selbst bestimmt

---

[7] Deutsches Informationsbüro des Europäischen Parlaments, Sacharow-Preis, Preis für die geistige Freiheit, Berlin 1997, S. 4; vgl. dazu die Satzung für den „Sacharow-Preis" für geistige Freiheit angenommen von der Konferenz der Präsidenten in ihrer Sitzung v. 15.5.2003, PVCP15.03.2003/AN, PE 305.259/CPG/Anl./end.

[8] *Fähnders*, Hu Jia bekommt Sacharow-Preis, in *FAZ* v. 23.10.2008.

[9] Siehe Art. 14 EUV. Dazu oben Kap. 3 G.

noch lassen sie sich mangels Justiziabilität der Gemeinsamen Außen- und Sicherheitspolitik richterrechtlich konkretisieren.[10] Insofern hat der Hohe Vertreter einen weiten Spielraum bei der Bestimmung dieser Aspekte. Gleichwohl setzen die Ziele und die allgemeinen Leitlinien der Gemeinsamen Außen- und Sicherheitspolitik dem Beurteilungsspielraum des Hohen Vertreters rechtliche Grenzen, die ihrerseits von dem Europäischen Rat bestimmt werden.[11]

Zwar achtet der Hohe Vertreter der Europäischen Union für Außen- und Sicherheitspolitik gemäß Art. 36 Abs. 1, S. 2 EUV auf die gebührende Berücksichtigung der Auffassungen des Parlaments – diese Verpflichtung gilt gleichermaßen für den Rat sowie den Europäischen Rat, an deren Arbeit der Hohe Vertreter, wenngleich ohne Stimmrecht, teilnimmt.[12] Dennoch bleibt der Einfluss des Parlaments minimal. Denn was im Konkreten eine gebührende Berücksichtigung bedeutet, lässt sich genauso wenig dem Vertrag entnehmen. Herkömmlich und in der bisherigen Praxis wird eine *ex-post* Anhörung für ausreichend gehalten. Dies wird zum Teil damit begründet, dass der Wortlaut des Vertrages eine vorherige Anhörung nicht anordnet.[13] In diesem Zusammenhang wird auf den intergouvernementalen Charakter der Gemeinsamen Außen- und Sicherheitspolitik hingewiesen, der auch nach dem Vertrag von Lissabon beibehalten wurde und deren Kontrolle damit den Mitgliedstaaten und ihren nationalen Parlamenten obliegt.[14]

Gegen eine solche restriktive Auslegung spricht aber der Ausdruck der *gebührenden Berücksichtigung*.[15] Die Rechtsbegriffe der europäischen Verträge sind zwar autonom europarechtlich auszulegen,[16] dennoch finden sich Parallelen im nationalen Recht, die bei der Auslegung und Entwicklung europarechtlicher Begriffe nicht ohne weiteres negiert werden können und sich daher als Auslegungshilfe anbieten. Als eine solche kommt Art. 23 Abs. 5 S. 2. Hs.1 GG in Betracht, der von *einer maßgeblichen Berücksichtigung* der Stellungnahme des Bundesrates durch den Bund spricht, wenn Gesetzgebungsbefugnisse der Länder, die Einrichtung ihrer Behörden oder ihre Verwaltungsverfahren schwerpunktmäßig betroffen sind. Bei Meinungsunterschieden zwischen Bundesregierung und Bundesrat soll zunächst eine Einigung angestrebt werden. Gelingt dies nicht, besitzt der Bundesrat die Letztentscheidungsbefugnis.[17]

Art. 36 Abs. 1, S. 2 EUV spricht zwar nicht von *maßgeblicher Berücksichtigung*, so dass man sicherlich keine Letztentscheidungsbefugnis des Europäischen

---

[10] *Cremer*, in: Callies/Ruffert, EUV, Art. 36, Rn. 3.

[11] *Ibid.*

[12] *Ibid.*, Rn. 4.

[13] *Hilf/Schorkopf*, Das Europäischen Parlament in den Außenbeziehungen der Europäischen Union, EuR 1999, S. 185, 195.

[14] *Haratsch/Koenig/Pechtstein*, Europarecht, 7. Aufl., Tübingen 2010, S. 664, Rn. 1250.

[15] So auch dessen englische ("He shall ensure that the views of the European Parliament are *duly taken into consideration*") und französische Fassung: "Il veille à ce que les vues du Parlement européen soient *dûment prises en considération*." (Art. 36 Abs. 1, S. 2 EUV).

[16] EuGH, Slg. 1980, 3881, Rn. 19; Slg. 1982, 3799, Rn. 10; Slg. 1977, 2175, Rn. 15f.; zur Auslegung des Unionsrechts siehe *Wegener*, in: Callies/Ruffert, EUV, Art. 19, Rn. 13.

[17] *Jarass*, in: Jarass/Pieroth, GG, 11. Aufl., München 2011, Art. 23, Rn. 62.

Parlaments annehmen könnte. Der Wortlaut setzt jedenfalls kein einvernehmliches Handeln voraus. Der Rat ist daher nicht gehindert, einen dem Standpunkt des Parlaments widersprechenden Beschluss zu fassen.[18] Dennoch kann einer gebührenden Berücksichtigung der Auffassung des Parlaments nur durch eine ernsthafte Auseinandersetzung des Europäischen Rats beziehungsweise des Hohen Vertreters mit dem Standpunkt des Europäischen Parlaments Rechnung getragen werden, welche nur bei einer vorherigen Anhörung gewährleistet ist. Zwar schweigt der Wortlaut über den genauen Zeitpunkt der Anhörung des Europäischen Parlaments, jedoch verpflichtet er den Hohen Vertreter, auf die *gebührende Berücksichtigung* der Auffassung des Parlaments zu achten. Für eine *gebührende Berücksichtigung* genügt rein logisch eine *ex-post* Anhörung nicht. Denn wie sollte die Meinung des Parlaments bei Entscheidungsfindungsprozessen als solche überhaupt, geschweige denn *gebührend,* berücksichtigt werden, wenn es nur im Nachhinein davon erfährt. Dies würde dem in Art. 13 Abs. 2 S. 2 EUV verankerten Grundsatz der Organtreue widersprechen. Denn durch die Verwendung des Adjektivs *gebührenden* hebt sich die Berücksichtigung qualitativ von einer bloßen Unterrichtung ab, die lediglich ein Kontrollinstrument darstellt, wohingegen eine gebührende Berücksichtigung Gestaltungskomponente andeutet.

Darüber hinaus übersieht eine solche restriktive Auslegung die im Rahmen der Gemeinsamen Außen- und Sicherheitspolitik vertraglich vorgesehene Möglichkeit des Übergangs von noch geltender Einstimmigkeit zum Mehrheitsprinzip.[19] Geschieht dies, würden nationale Parlamente an Einfluss auf die Gestaltung der Gemeinsamen Außen- und Sicherheitspolitik verlieren. Zur Ausgleichung demokratischer Defizite, die sich daraus ergeben, sollte Art. 36 Abs. 1 EUV so ausgelegt werden, dass das Europäische Parlament auch zu den wichtigen Plänen und Zukunftskonzepten der Gemeinsamen Außen- und Sicherheitspolitik nicht nur *ex-post* angehört wird.[20] Die heutige Praxis der Europäischen Union begnügt sich indes mit einer *ex-post* Anhörung des Europäischen Parlaments.[21]

b) Die Gemeinsame Handelspolitik

Bei der Gestaltungsfunktion des Europäischen Parlaments im Bereich der Gemeinsamen Handelspolitik ist zunächst zwischen autonomer und vertraglicher Handelspolitik zu unterscheiden, denn je nachdem welche Form der Handelspolitik betroffen ist, ist gemäß Art. 207 AEUV ein unterschiedliches Rechtssetzungsverfahren

---

[18] So *Koenig,* Die Europäische Union als bloßer materiellrechtlicher Verbundrahmen, in: v. Bogdandy/Ehlermann (Hrsg.), Konsolidierung und Kohärenz des Primärrechts nach Amsterdam, EuR-Beiheft 2/1998, S. 185, 195; ebenso *Burkard,* Die Gemeinsame Außen- und Sicherheitspolitik und ihre Berührungspunkte mit der Europäischen Gemeinschaft, Berlin 2001, S. 63.

[19] Siehe Art. 31 Abs. 3 EUV.

[20] So *Cremer,* in: Callies/Ruffert, EUV, Art. 36, Rn. 7.

[21] In der Praxis geschieht die nachträgliche Anhörung insbesondere bei eiligen Angelegenheiten vgl. *Burkard, ibid.,* S. 63 m. w. N.

einschlägig. Unter die autonome Handelspolitik fallen Rechtsakte der Union, die ohne Beteiligung eines anderen Rechtssubjektes zustande kommen,[22] wohingegen die vertragliche Handelspolitik handelspolitische Abkommen mit anderen Rechtssubjekten zum Gestenstand hat.[23]

aa) Autonome Handelspolitik

Mit dem Vertrag von Lissabon wurde die autonome Handelspolitik auf eine neue institutionelle Grundlage gestellt.[24] Während Art. 133 Abs. 2 EGV in der Fassung von Nizza keinerlei Beteiligung des Europäischen Parlaments vorsah,[25] ordnet Art. 207 Abs. 2 AEUV nunmehr das ordentliche Gesetzgebungsverfahren hierfür an. Da im Zuge des Reformprozesses von Lissabon das Mitentscheidungsverfahren gemäß Art. 294 AEUV zum ordentlichen Gesetzgebungsverfahren erhoben wurde, ist das Europäische Parlament neben dem Rat als Mitgesetzgeber an der Gestaltung der autonomen Handelspolitik beteiligt.[26]

Allerdings beschränkt sich die Anwendung des ordentlichen Gesetzgebungsverfahrens auf den Erlass von Verordnungen, mit denen lediglich *der Rahmen* für die Umsetzung der gemeinsamen Handelspolitik bestimmt wird. Klärungsbedürftig ist daher, welche Maßnahmen den Rahmen für die Umsetzung bilden, denn davon hängt die Beteiligung des Europäischen Parlaments nach Maßgabe des Art. 207 Abs. 2 AEUV ab. Als rahmenbildend sind solche Maßnahmen einzustufen, die abstrakt-generelle Regelungen enthalten und damit die Voraussetzungen für die Einzelmaßnahmen festlegen.[27] Unstreitig erfasst sind die Grundverordnungen der autonomen Handelspolitik wie die Einfuhr- und Ausfuhrregelungen sowie die Rahmenverordnungen über die handelspolitischen Schutzinstrumente. Dagegen dürfte der Erlass von handelspolitischen Einzelfallmaßnahmen – selbst in Form von Verordnungen – ausgeschlossen sein. Insofern ist die Funktion und nicht die Form der Maßnahme entscheidend.[28]

Was den Erlass von Einzelfallmaßnahmen betrifft, muss mangels einer Sonderregelung in Art. 207 AEUV auf allgemeine Regeln zurückgegriffen werden. Gegen

---

[22] *Hahn,* in: Callies/Ruffert, AEUV, Art. 207, Rn. 123; *Bungenberg,* in: v. Arnauld, EnzEu Bd. 10, § 12, Rn. 1.

[23] Vgl. dazu *Hahn,* in: Callies/Ruffert, AEUV, Art. 207, Rn. 144 ff.

[24] Vgl. dazu *Brok,* Die neue Macht des Europäischen Parlaments nach 'Lissabon' im Bereich der gemeinsamen Handelspolitik, integration 2010, S. 216.

[25] *Krajewski,* Die neue handelspolitische Bedeutung des Europäischen Parlaments, in: Bungenberg/Hermann (Hrsg.), Die Gemeinsame Handelspolitik der Europäischen Union nach Lissabon, Baden-Baden 2011, S. 58.

[26] Hierzu vgl. *Bungenberg,* in: v. Arnauld, EnzEu Bd. 10, § 12, Rn. 20; *Hermann/Streinz,* in: v. Arnauld, EnzEu Bd. 10, § 11, Rn. 168 ff.

[27] *Weiß*, in: Grabitz/Hilf/Nettestheim, Art. 207 AEUV, Rn. 112.

[28] *Weiß*, in: Grabitz/Hilf/Nettestheim, Art. 207 AEUV, Rn. 113, *Krajewski,* Die neue handelspolitische Bedeutung des Europäischen Parlaments, *ibid.,* S. 59; so auch *Bungenberg,* in: v. Arnauld, EnzEu Bd. 10, § 12, Rn. 18.

eine generelle Zuweisung des Erlasses von Einzelmaßnahmen als Verwaltungsaufgabe an die Kommission spricht zwar nicht der in Art. 5 Abs. 2 EUV verankerte Grundsatz der begrenzten Einzelermächtigung[29] – denn dieser bezieht sich nicht etwa auf die interne Organzuständigkeit beziehungsweise Gewaltenteilung der Union selbst, sondern auf die Sachzuständigkeit der Union im Verhältnis zu den Mitgliedstaaten. Hinsichtlich der Sachzuständigkeit der Union dürfte angesichts der Anordnung der ausschließlichen Zuständigkeit nach Art. 3 Abs. 1, lit. e AEUV kein Zweifel bestehen –, wohl aber aus Art. 13 Abs. 2 EUV, demnach jedes Organ nach Maßgabe der ihm in den Verträgen zugewiesenen Befugnisse nach den Verfahren, Bedingungen und Zielen handelt, die in den Verträgen festgelegt sind.[30]

Der Annahme einer *per se* Zuständigkeit der Kommission steht darüber hinaus der in Art. 290 Abs. 1 UABs. 2 AEUV verankerte Grundsatz des Gesetzesvorbehalts und der Wesentlichkeit entgegen. Demzufolge kann der Kommission die Befugnis zum Erlass von Einzelmaßnahmen nur unter bestimmten Voraussetzungen übertragen werden. Dafür bedarf es eines Gesetzgebungsaktes des Europäischen Parlaments gemeinsam mit dem Rat, in dem der Inhalt, der Geltungsbereich und die Ziele der Befugnisübertragung ausdrücklich statuiert sind. Einzelfallmaßnahmen durch die Kommission können daher nur nach einem auf Grundlage des Art. 290 AEUV ergangenen Gesetzgebungsakt ergehen.[31] Insofern gerät diese Regelung Art. 80 GG nach. Die delegierte Rechtssetzungsbefugnis der Kommission beschränkt sich freilich auf den Erlass von solchen Rechtsakten zur Ergänzung oder Änderung bestimmter nicht wesentlicher Vorschriften des betreffenden Gesetzgebungsaktes, die keinen Gesetzescharakter haben und nicht allgemein gültig sind.

bb) Vertragliche Handelspolitik

Soweit es um die vertragliche Handelspolitik der Europäischen Union geht, kommt gemäß Art. 207 Abs. 3 AEUV das Verfahren nach Art. 218 AEUV vorbehaltlich der Besonderheiten des Art. 207 AEUV zur Anwendung. Dabei verfügt die Kommission über das Initiativrecht und agiert kraft eines ihr mit qualifizierter Mehrheit des Rates erteilten Mandats als Verhandlungsführer.[32] Insoweit sind dem Europäischen Parlament in der Phase der Vorbereitung sowie hinsichtlich der Führung von Verhandlungen über handelspolitische Abkommen keine formalen Rechte eingeräumt.

(1) Das Zustimmungserfordernis zum Abschluss von Verträgen

Eminent anders verhält es sich mit der Rolle des Europäischen Parlaments in der Abschlussphase der Verträge. Mangels besonderer Regelungen in Art. 207 AEUV

---

[29] So aber *Weiß,* in: Grabitz/Hilf/Nettestheim, AEUV, Art. 207, Rn. 113.

[30] *Hermann,* Die Gemeinsame Handelspolitik der Europäischen Union im Lissabon-Urteil, EuR-Beiheft 1/2010, 193, 196.

[31] *Weiß*, in: Grabitz/Hilf/Nettestheim, AEUV, Art. 207, Rn. 113.

[32] Siehe Art. 218 Abs. 2 und Abs. 8 AEUV. Allerdings wird diese Aufgabe im Bereich der Außen- und Sicherheitspolitik von dem Hohen Vertreter der Union wahrgenommen, siehe Art. 218 Abs. 3 AEUV.

hinsichtlich der Beteiligung des Europäischen Parlaments kommen insoweit die allgemeinen Regeln des Art. 218 AUEV über den Abschluss von Übereinkünften mit Drittländern und internationalen Organisationen zur Anwendung.[33]

Art. 218 Abs. 6 UAbs. 2 lit. a. (v) AEUV ordnet an, dass Übereinkünfte in Bereichen, für die entweder das ordentliche Gesetzgebungsverfahren oder ein besonderes Gesetzgebungsverfahren gilt, welches aber die Zustimmung des Europäischen Parlaments voraussetzt, der Zustimmung des Europäischen Parlaments bedürfen. Da die autonome Handelspolitik nunmehr durch das ordentliche Gesetzgebungsverfahren bestimmt wird, erfordern Handelsabkommen die Zustimmung des Europäischen Parlaments.[34]

(a) Die Reichweite des Zustimmungserfordernisses in der Handelspolitik

Wie bereits gesehen, werden allerdings nur solche Maßnahmen nach dem ordentlichen Gesetzgebungsverfahren erlassen, die den Rahmen für die Umsetzung der gemeinsamen Handelspolitik setzten. Diese Formulierung gab manchem Anlass zu einer Differenzierung zwischen Abkommen, die den Rahmen der Gemeinsamen Handelspolitik betreffen, und solchen Abkommen, die sich nur auf die Umsetzung handelspolitischer Maßnahmen erstrecken.[35] Dabei wird teilweise angenommen, dass das Zustimmungserfordernis nur soweit zur Anwendung kommt, als Abkommen den Rahmen für die Gemeinsame Handelspolitik betreffen, hingegen sollen solche Abkommen, die nur die Umsetzung handelspolitischer Abkommen tangieren, von dem Zustimmungserfordernis ausgenommen sein.[36]

Gegen diese Differenzierung wird eingewandt, dass Art. 218 Abs. 6 UAbs. 2 lit. a (v) eindeutig von einem „Bereich" spreche, für den das ordentliche Gesetzgebungsverfahren gelten müsse, und nicht davon, ob für konkrete Umsetzungsmaßnahmen dieses Anwendung fände.[37] Demzufolge sind daher alle den Politikbereich der Gemeinsamen Handelspolitik betreffenden Abkommen zustimmungsbedürftig.

Obgleich dieser Ansatz im Ergebnis Zustimmung verdient, vermag das angeführte Argument wenig zu überzeugen. Denn letztlich spricht Art. 218 Abs. 6 UAbs. 2 lit.

[33] Angesichts der ausdrücklichen Regelung des Art. 207 Abs. 2 AEUV darf aus der Nichterwähnung des Europäischen Parlaments in Art. 207 Abs. 4 nicht geschlossen werden, dass das Parlament insoweit nicht zu beteiligen ist, vgl. *Weiß,* in: Grabitz/Hilf/Nettesheim, Art. 207 AEUV, Rn. 97; *Mögele*, in: Streinz, Art. 207 AEUV, Rn. 18; *Wouters/Coppens/De Meester*, in: Griller/Ziller, a.a.O. (Kap. 3, Fn. 9), S. 185.

[34] *Müller- Ibold*, in: Lenz/Borchhardt, AEUV, Art. 218, Rn. 14.

[35] Vgl. hierzu den Hinweis des BVerfG in seinem Lissabon-Urteil, BVerfGE 123, 267 (417 ff.); *Wouters/Coppens/De Meester, ibid.*, S. 185.

[36] So *Bollrath,* Die Vertragsschlusskompetenz der Europäischen Gemeinschaft auf dem Gebiet der Gemeinsamen Handelspolitik, Baden-Baden 2008, S. 154; siehe dazu *Weiß,* in: Grabitz/Hilf/Nettesheim, AEUV, Art. 207, Rn. 97.

[37] *Hermann*, Die Gemeinsame Handelspolitik der Europäischen Union im Lissabon-Urteil, EuR-Beiheft 1/2010, S. 196, so auch *Weiß,* in: Grabitz/Hilf/Nettesheim, AEUV, Art. 207, Rn. 97; *Boysen/Oeter*, in: Schulz/Zuleeg/Kadelbach (Hrsg.), Europarecht, Handbuch für deutsche Rechtspraxis, 3. Aufl., Baden-Baden 2014, § 32, Rn. 24; *Streinz/Ohler/Herrmann*, a.a.O (Kap. 3, Fn. 21), S. 154.

a (v) nicht allgemein von Politikbereichen, sondern nur von „Bereichen, für die entweder das ordentliche Gesetzgebungsverfahren oder, wenn die Zustimmung des Europäischen Parlaments erforderlich ist, das besondere Gesetzgebungsverfahren gilt.“ In den übrigen Fällen wird das Europäische Parlament nur angehört werden.[38]

Bedenkt man den Zweck der Norm, der in Erzeugung der Parallelität der Außen- und Innenpolitik besteht – die ihrerseits dazu dient, dass die internen Befugnisse des Europäischen Parlaments nicht durch den Abschluss von Übereinkünften umgangen werden[39] –, so ist nicht davon auszugehen, dass man dem Europäischen Parlament in vertraglicher Handelspolitik mehr Rechte einräumen wollte, als es bereits in autonomer Handelspolitik innehat. Dabei bedeutet die Beschränkung des ordentlichen Gesetzgebungsverfahrens auf die Maßnahmen, die den Rahmen für die gemeinsame Handelspolitik setzen, wie bereits aufgezeigt, keinesfalls dass das Europäische Parlament bei Umsetzungsakten unbeteiligt ist. Da der Erlass von Umsetzungsakten durch die Kommission nicht *per se* gestattet ist, sondern ebenfalls eines Gesetzgebungsaktes bedarf, so setzt – soweit es in der Praxis überhaupt vorkommt[40] – ein Abkommen, das sich nur auf die Umsetzung handelspolitischer Maßnahmen bezieht, ebenfalls die Zustimmung des Europäischen Parlaments voraus.

Ein Vergleich des Art. 207 i.V.m. Art. 218 Abs. 6 UAbs. 2 lit. a (v) AEUV mit der Regelung des Art. 75 Abs. 1 und 2 EUV bringt zudem ein weiteres Argument gegen eine Differenzierung hinsichtlich des Zustimmungserfordernisses zwischen Abkommen, die den Rahmen der Gemeinsamen Handelspolitik betreffen, und solchen, die sich nur auf die Umsetzung handelspolitischer Maßnahmen erstrecken. Denn Art. 75 Abs. 1 EUV ordnet an, „sofern dies notwendig ist, um die Ziele des Artikels 67 in Bezug auf die Verhütung und Bekämpfung von Terrorismus und damit verbundener Aktivitäten zu verwirklichen, schaffen das Europäische Parlament und der Rat gemäß *dem ordentlichen Gesetzgebungsverfahren* durch Verordnungen *einen Rahmen* für Verwaltungsmaßnahmen in Bezug auf Kapitalbewegungen und Zahlungen.“ Maßnahmen zur Umsetzung des in Absatz 1 genannten Rahmens werden gemäß Art. 75 Abs. 2 AEUV hingegen auf Vorschlag der Kommission vom Rat erlassen. Wäre eine Differenzierung, die sich auf das Zustimmungserfordernis auswirkt, beabsichtigt gewesen, so hätte man eine solche Differenzierung nach dem Vorbild des Art. 75 Abs. 1 und 2 AEUV ebenfalls in Art. 207 AEUV oder Art. 218 Abs. 6 UAbs. 2 lit. a (v) AEUV vorgenommen. Im Ergebnis ist daher der Meinung zuzustimmen, dass das Zustimmungserfordernis nach Art. 218 Abs. 6 UAbs. 2 lit. a (v) AEUV den gesamten Bereich der Gemeinsamen Handelspolitik umfasst.[41]

---

[38] Vgl. Art. 218 Abs. 6 UAbs. 2 lit. b. AEUV.

[39] *Lorenzmeier,* in: Grabitz/Hilf/Nettesheim, AEUV, Art. 218, Rn. 47.

[40] Verneinend *Hermann,* Die Gemeinsame Handelspolitik der Europäischen Union im Lissabon-Urteil, EuR-Beiheft 1/2010, S. 196 f.

[41] Im Ergebnis übereinstimmend *Krajewski,* der allerdings dieses Ergebnis mit der generellen Aufwertung der Rolle des EP als zentrales Ziel der Lissabonner Reformen begründet, siehe *Krajewski,* Die neue handelspolitische Bedeutung des Europäischen Parlaments, a.a.O. (Kap. 5, Fn. 25), S. 64.

Davon zu unterscheiden ist die Frage, ob auch solche Abkommen, die keinerlei Umsetzung in das interne Recht der Europäischen Union bedürfen, unter das Zustimmungserfordernis fallen.[42] Vor dem Hintergrund, dass der Vertrag von Lissabon das Zustimmungserfordernis nicht davon abhängig macht, ob internes Recht der Union durch den Abschluss eines Abkommens berührt beziehungsweise modifiziert wird, ist anzunehmen, dass das Europäische Parlament ungeachtet dessen, ob ein Umsetzungsakt der Union erforderlich ist, um seine Zustimmung zu ersuchen ist. Von formaler Natur und daher für die außenpolitische Rolle des Europäischen Parlaments nicht von Relevanz dürfte dagegen die Frage sein, ob sich die Zustimmung des Europäischen Parlaments auf den Ratsbeschluss[43] oder auf den vom Rat an das Parlament gestellten Antrag bezieht,[44] da diese Frage die Reichweite und den Umfang des Zustimmungserfordernisses unberührt lässt.

(b) Zeitliche Grenze der Zustimmung

Das Zustimmungsrecht des Parlaments kann überdies faktisch nicht dadurch beschränkt werden, dass der Rat nach Belieben dem Europäischen Parlament eine bestimmte Frist zur Erteilung seiner Zustimmung auferlegt.[45] Denn Art. 218 Abs. 6 UAbs. 2 S. 2 AEUV sieht nun vor, dass in dringenden Fällen das Europäische Parlament und der Rat eine Frist für die Zustimmung *vereinbaren* können. Freilich ist das Parlament aufgrund des unionsrechtlich geltenden Grundsatzes der gegenseitigen Pflicht der Organe zur redlichen Zusammenarbeit[46] verpflichtet, einer Anfrage des Rats umgehend Folge zu leisten und mit ihm je nach gebotener Dringlichkeit eine angemessene Frist zu vereinbaren.[47] Etwas anderes gilt allerdings nur in den seltenen Fällen, wo das Europäische Parlament nur angehört wird. In diesen Fällen setzt der Rat dem Parlament je nach Dringlichkeit eine Frist, innerhalb derer es seine Stellungnahme abzugeben hat.[48]

(2) Unterrichtungs- und Informationspflicht

Anders als der frühere Art. 300 EGV sieht Art. 218 Abs. 10 AEUV eine *unverzügliche* und *umfassende* Unterrichtung des Europäischen Parlaments in *allen* Phasen

[42] Eher bezweifelnd *Wouters/Coppens/De Meester, ibid.*, S. 185.

[43] So *Vedder* im Hinblick auf Zustimmung zum Beitrittsabkommen, in: Grabitz/Hilf/, EUV, Ex-Art. 40, 40. Aufl., München 2009, Rn. 33.

[44] So im Hinblick auf Zustimmung zum Beitrittsabkommen *Ohler*, in: Grabitz/Hilf/Nettesheim, EUV, Art. 49, Rn. 25; *Cremer*, in: Callies/Ruffert, EUV, Art. 49, Rn. 3.

[45] Vgl. Art. 300 Abs. 3 UAbs. 1 S. 2 EGV nach Vertragsfassung von Nizza.

[46] Zum Prinzip der Organtreue siehe EuGH, Slg. 1995, I-643, Rn. 23; Art. 13 Abs. 2 S. 2 EUV.

[47] *Lorenzmeier*, in: Grabitz/Hilf/Nettesheim, AEUV, Art. 218, Rn. 48.

[48] Art. 218 Abs. 6 lit. b AEUV.

des Verfahrens vor.[49] Folglich muss das Parlament bereits vor spätestens aber zum Zeitpunkt der Aufnahme der Verhandlungen unterrichtet werden.

Einer solchen Auslegung steht auch nicht die Regelung des Art. 207 Abs. 3 UAbs. 3 AEUV entgegen, wonach die Kommission die Verhandlungen im Benehmen mit einem zu ihrer Unterstützung vom Rat bestellten Sonderausschuss und nach Maßgabe der Richtlinien, die ihr der Rat erteilen kann, führt (S. 1) und dem Sonderausschuss sowie dem Europäischen Parlament regelmäßig Bericht über den Stand der Verhandlungen erstattet (S. 2). Denn diese Regelung betrifft lediglich die Phase der *Verhandlungsführung*. Die unverzügliche und umfassende Unterrichtung des Parlaments *in allen Phasen des Verfahrens* wird dadurch nicht eingeschränkt.

Zudem lässt der Abs. 3 UAbs. 3 S. 1 der Vorschrift die Rechte des Europäischen Parlaments gänzlich unberührt und betrifft nur das Verhältnis zu dem Sonderausschuss. Sieht man den S. 2 im Kontext des S. 1, dann ist anzunehmen, dass diese Regelung weniger eine Einschränkung der Rechte des Parlaments aus Art. 218 Abs. 10 AEUV zum Ziel hat, als vielmehr damit eine Gleichberechtigung des Europäischen Parlaments mit dem von dem Rat bestellten Sonderausschuss sichergestellt werden soll. Allerdings darf daraus nicht gefolgert werden, dass das Europäische Parlament dem Sonderausschuss gänzlich gleich gestellt ist. Denn wie es sich aus Art. 207 Abs. 3 UAbs. 3, S. 1 AEUV ergibt, führt die Kommission die Verhandlungen nur im Benehmen mit dem Sonderausschuss und nicht etwa auch im Benehmen mit dem Europäischen Parlament.[50]

(a) Das Luns-Westerterp-Verfahren

Das Europäische Parlament wurde aber schon vor dem Inkrafttreten des Vertrages von Lissabon und trotz fehlender primärrechtlicher Regelung im Rahmen des *Luns-Westerterp*-Verfahrens über internationale Übereinkünfte informiert. Dieses Verfahren, das auf Bemühungen und Aufforderungen des Parlaments bereits Mitte der sechziger Jahre zurückgeht,[51] fand ursprünglich auf Assoziierungsabkommen Anwendung und sah vor, dass vor dem Beginn der Verhandlungen mit einem Drittstaat eine Debatte darüber im Europäischen Parlament stattfindet. Im Verlauf der Verhandlungen wurden enge Kontakte zwischen der Kommission und den zuständigen Parlamentsausschüssen aufrechterhalten. Darüber hinaus sah das Verfahren vor, dass die Präsidentschaft des Rats oder sein Vertreter nach Beendigung der Verhandlungen, aber vor der Unterzeichnung des Abkommens, die zuständigen Ausschüsse vertraulich und inoffiziell von dem Inhalt des Abkommens informiert.[52]

---

[49] So auch die englische und französische Fassung des Art. 218 Abs. 10 AEUV: „The European Parliament shall be immediately and fully informed at all stages of the procedure.“; „Le Parlement européen est immédiatement et pleinement informé à toutes les étapes de la procédure.“

[50] *Krajewski*, Die neue handelspolitische Bedeutung des Europäischen Parlaments, *ibid.*,S. 62; *Weiß*, in: Grabitz/Hilf/Nettesheim, AEUV, Art. 207, Rn. 96.

[51] Vgl. Furler-Bericht, Dok. 31/1963-64, Ziff. 86, Entschließung des Parlaments v. 27.6.1963, ABl. v. 12.7.1963.

[52] Sitzungsprotokoll des Rats 24./25.2.1964, S. 26.

Erst neun Jahre später wurde dieses Verfahren auch auf den Abschluss von Handelsabkommen erstreckt.[53]

(b) Die interinstitutionelle Rahmenvereinbarung über die Zusammenarbeit

Das *Luns-Westerterp*-Verfahren ist durch die Rahmenvereinbarung über die Zusammenarbeit des Europäischen Parlaments mit der Kommission ersetzt worden,[54] die wiederum durch einen weiteren Beschluss des Parlaments und der Kommission geändert wurde.[55] Im Zuge der Lissabonner Reformen hat das Europäische Parlament mit der Kommission erneut eine interinstitutionelle Vereinbarung erzielt, die die bisherige Rahmenvereinbarung über die Zusammenarbeit der beiden Organe ersetzt.[56] Wie in den Erwägungsgründen der Rahmenvereinbarung betont wird, begründen interinstitutionelle Vereinbarungen keine dem institutionellen Rahmen der Europäischen Union entspringenden Befugnisse der Unionsorgane.[57] Gleichwohl haben solche Vereinbarungen einen die europäischen Verträge konkretisierenden Charakter und prägen somit die Praxis der Europäischen Union.

Von Interesse ist vor allem der Grundsatz der Gleichbehandlung des Europäischen Parlaments mit dem Rat, zu dessen umfassender Beachtung sich die Kommission durch die interinstitutionelle Vereinbarung verpflichtet hat.[58] Dieser Grundsatz spiegelt das in Art. 14 Abs. 1 EUV und Art. 207 Abs. 3 UAbs. 3 AEUV niedergelegte neue Gleichgewicht zwischen dem Parlament und Rat wider und besagt, dass die Kommission im Hinblick auf den Zugang zu Sitzungen und die Übermittlung von Beiträgen oder anderen Informationen, und vor allem bei Gesetzgebungs- und Haushaltsangelegenheiten auf die Gleichbehandlung von Parlament und Rat achtet.[59]

Ferner ordnet Ziff. 23 der Rahmenvereinbarung an, dass das Europäische Parlament umgehend und umfassend in allen Phasen der Verhandlungen und des Abschlusses von internationalen Übereinkünften einschließlich der Festlegung von Verhandlungsrichtlinien zu unterrichten ist – insoweit entspricht die Rahmenvereinbarung dem Art. 218 Abs. 10 AEUV. Allerdings verweist sie auf den Anhang III der Rahmenvereinbarung. In diesem Anhang sind detaillierte Modalitäten für die Bereitstellung von Informationen für das Parlament hinsichtlich Verhandlungen und Abschlüssen von internationalen Übereinkünften festgelegt. Demnach unterrichtet

[53] Council Note of 16.10.1973, R/2641/73.

[54] ABl. C-121/122 v. 24.4.2001.

[55] ABl. C-117E/123 v. 26.5.2005.

[56] ABl. L-304/47 v. 20.11.2010.

[57] *Ibid.*, Erwägung C., D. Dies ergibt sich bereits aus Art. 295 S. 2 AEUV: „Dazu können sie *unter Wahrung der Verträge* interinstitutionelle Vereinbarungen schließen, die auch bindenden Charakter haben können."; zu Grenzen der Zulässigkeit interinstitutioneller Vereinbarungen eingehend *v. Alemann*, Die Handlungsform der interinstitutionellen Vereinbarung, Heidelberg [et.al.] 2006, S. 227 ff.; *Härtel*, Handbuch europäischer Rechtssetzung, a.a.O. (Kap. 3, Fn. 154), § 14, Rn. 18.

[58] *Ibid.*, Erwägung E.

[59] *Ibid.*, Ziff. 9.

die Kommission – gleichzeitig mit der Verständigung des Rats – das Parlament über ihre Absicht, die Aufnahme von Verhandlungen vorzuschlagen. Sie legt die Entwürfe von Verhandlungsleitlinien gleichzeitig dem Rat und dem Parlament vor. Sie trägt den Anmerkungen des Parlaments im gesamten Prozess der Verhandlungen Rechnung. Die regelmäßige und zeitnahe Unterrichtung des Parlaments über den Verhandlungsablauf hält bis zur Paraphierung der Übereinkunft an. In diesem Rahmen erläutert die Kommission, ob und wie eine Anmerkung des Parlaments in den Vertragstext Eingang gefunden hat. Ist dies nicht der Fall, so hat sie diesen Schritt zu begründen.

(aa) Differenzierung nach Zustimmungsbedürftigkeit der Verträge

Beim Abschluss von internationalen Übereinkünften, die der Zustimmung des Parlaments bedürfen, werden gemäß Ziff. 5 des Anhangs III, *alle einschlägigen Informationen, die dem Rat zur Verfügung gestellt werden, ebenfalls dem Parlament* freigegeben.[60] Insoweit entspricht diese Regelung der Berichterstattungspflicht nach Art. 207 Abs. 3 UAbs. 3 S. 2 AEUV. Dagegen stellt die Kommission bei internationalen Übereinkünften, deren Abschluss die Zustimmung des Parlaments nicht erfordert nach Ziff. 6 des Anhang III. „nur" sicher, dass das Parlament unverzüglich und umfassend unterrichtet wird. Freilich muss diese Unterrichtung jedenfalls den Entwurf der Verhandlungsleitlinien, die angenommenen Verhandlungsleitlinien, den anschließenden Verlauf der Verhandlungen und deren Abschluss abdecken. Mithin richtet sich der Umfang der Informationspflicht gegenüber dem Europäischen Parlament danach, ob es sich um eine zustimmungsbedürftige Übereinkunft handelt. Dabei ist die Informationspflicht, wie an den dargelegten Ziff. 5 und 6 des Anhangs III. abzulesen ist, bei zustimmungsbedürftigen Abkommen weiter gefasst als in übrigen Fällen.

(bb) Rechtfertigungsbedürftigkeit der Differenzierung nach Zustimmungserfordernis

Fraglich ist allerdings, ob allein die Differenzierung nach dem Zustimmungserfordernis den unterschiedlichen Umfang der Unterrichtungspflicht wie sie im Anhang III der Rahmenvereinbarung vorgesehen ist, zu rechtfertigen vermag. Eine solche Differenzierung und damit einhergehend eine Einschränkung der Unterrichtungspflicht im Hinblick auf nichtzustimmungsbedürftige Übereinkünfte ist nicht plausibel. Vor allem stellt sich die Frage, ob eine Einschränkung dergestalt mit der Regelung des Art. 218 Abs. 10 AEUV im Einklang steht, welche, wie bereits aufgezeigt, eine unverzügliche und umfassende Unterrichtungspflicht der Kommission dem Europäischen Parlament gegenüber *in allen Phasen* des Verfahrens begründet. Der Wortlaut des Art. 210 Abs. 10 AEUV ist ohne Einschränkung für alle Verträge formuliert. Etwas anderes ergibt sich, wie schon dargelegt, auch nicht aus der Sonderregelung des Art. 207 AEUV.

Auch die Differenzierung nach der Beteiligung des Parlaments in zwei Formen der Zustimmung oder Anhörung, wie sie in Art. 218 Abs. 6 lit. a) und b) niedergelegt ist,

[60] ABl. L-304/47 vom 20.11.2010, Anhang III, Ziff. 5.

vermag den in der Rahmenvereinbarung vorgenommenen differenzierenden Ansatz im Hinblick auf die Unterrichtungspflicht nicht zu rechtfertigen. Denn würde man diesen Ansatz ernst nehmen, dann würde er letztlich den so genannten wesentlichen Grundsatz der Gleichbehandlung des Europäischen Parlaments und des Rats auf einen rhetorisch überladenen Ausdruck reduzieren. Denn dort, wo das Parlament schon das Zustimmungsrecht hat, ist in der Praxis eine unverzügliche und umfassende Unterrichtung in allen Phasen des Verfahrens ohnehin angezeigt, andernfalls würde das Parlament seine Zustimmung verweigern, wohingegen bei nicht zustimmungsbedürftigen Übereinkünften das Parlament über kein vergleichbares Druckmittel verfügt. Eben hier kommen Unterrichtungs- und Informationspflichten eine gesteigerte Bedeutung zu.

(3) Vertragsbeendigung

Anders als beim Abschluss der Verträge kommt dem Europäischen Parlament bei Kündigung und Suspendierung von Abkommen hingegen mangels eines Initiativrechts keine entscheidende Rolle zu. Zwar wird trotz fehlender primärrechtlicher Regelung zur Kündigung von Abkommen davon ausgegangen, dass für die Kündigung als *actus contrarius* zum Vertragsschluss wegen der vergleichbaren Interessenlage ebenfalls Art. 218 Abs. 6 AEUV analog gilt,[61] so dass eine Zustimmung des Europäischen Parlaments ebenfalls für eine Kündigung erforderlich ist, dennoch kann das Europäische Parlament mangels eines Initiativrechts die Kündigung eines Abkommens nicht erzwingen.[62]

Dieser Ansatz wird aber kaum dem Telos des Art. 218 Abs. 6 AEUV gerecht, denn das Zustimmungsrecht beim Abschluss eines Abkommens verleiht dem Europäischen Parlament die Letztentscheidungsbefugnis hinsichtlich der Begründung einer völkerrechtlichen Verpflichtung. Eine konsequente und sinngemäße Anwendung des *actus contrarius*-Gedankens erschöpft sich nicht in einem Zustimmungsbedürfnis, denn anders als beim Vertragsabschluss gewährt ein solches Recht dem Europäischen Parlament keine Letztentscheidungsbefugnis.

Selbst ein die Kommission bindendes Initiativrecht des Europäischen Parlaments würde ihm keine Letztentscheidungsbefugnis hinsichtlich des Fortbestands der völkerrechtlichen Verpflichtung zusichern, da die Initiative des Parlaments letztlich von dem Rat überstimmt werden kann. Dem Europäischen Parlament kann die Letztentscheidungsbefugnis daher nur dadurch erhalten bleiben, dass es seine Zustimmung widerrufen kann, beziehungsweise indem es sich den Widerruf seiner Zustimmung schon bei deren Erteilung vorbehält.

---

[61] *Lorenzmeier*, in: Grabitz/Hilf/Nettesheim, AEUV, Art. 218, Rn. 61 f.; *Terhechte,* in: Schwarze/Becker/Hatje/Schoo, AEUV, Art. 218, Rn. 30. Bestätigt wurde diese Auffassung in der Praxis bereits durch die Auflösung des Kooperationsabkommens EWG-Jugoslawien im Jahre 1991 vgl. dazu Beschluss des Rates v. 25.11.1991, Abl. 1991 L 325/23 und die Zustimmung des EP v. 20.11.1991, ABl. 1991 C 326/82.

[62] Siehe in diesem Zusammenhang die Pressemitteilung des EP v. 23.10.2013 über die Forderung nach Aussetzung des SWIFT-Abkommens anlässlich des NSA-Abhörskandals.

c) Beteiligung an sonstigen Verträgen und außenpolitischen Maßnahmen

Die Zustimmung des Europäischen Parlaments gemäß Art. 218 Abs. 6 AEUV ist ebenfalls für Fälle der Assoziierungsabkommen, der Übereinkunft über den Beitritt der Union zur Europäischen Konvention zum Schutz der Menschenrechte, der Übereinkünfte zur Schaffung eines besonderen institutionellen Rahmens durch die Einführung von Zusammenarbeitsverfahren und der Übereinkünfte mit erheblichen finanziellen Folgen für die Union ausdrücklich vorgesehen. Nahezu selbstverständlich ist die Notwendigkeit der Zustimmung des Parlaments bei Beitrittsabkommen. Denn durch den Beitritt neuer Mitglieder ist das institutionelle Gefüge des Parlaments in seinen wesentlichen Zügen betroffen. Mit dem Beitritt neuer Mitglieder geht nicht nur eine Änderung der Reichweite und Auswirkung der vom Parlament mitbeschlossenen Rechtsakte, sondern auch eine Änderung der Zusammensetzung des Parlaments einher.[63]

Im Rahmen von Nachbarschaftsabkommen werden einzelne Aspekte des Binnenmarktes oder einzelne Politikbereiche durch einen völkerrechtlichen Vertrag auf Drittstaaten ausgedehnt. Wenn sie in den Anwendungsbereich des ordentlichen Gesetzgebungsverfahrens fallen oder für das Unionssystem von Bedeutung sind, ist nach allgemeiner Verfahrensvorschrift des Art. 218 AEUV die Zustimmung des Europäischen Parlaments erforderlich.[64] Das gleiche gilt für Abkommen im Bereich der Entwicklungszusammenarbeit mit Drittstaaten[65] und Abkommen zum Zwecke der Zusammenarbeit mit Drittstaaten im Bereich der internen Politiken wie der Kultur und Bildung.[66] In den übrigen Fällen beschließt der Rat lediglich nach Anhörung des Europäischen Parlaments. Das Parlament gibt in den letztgenannten Fällen seine Stellungnahme innerhalb einer Frist ab, die der Rat entsprechend der Dringlichkeit festlegen kann. Unterbleibt die Stellungnahme innerhalb dieser Frist, so liegt es im Ermessen des Rats, den Beschluss zu fassen, ohne die Stellungnahme des Parlaments abzuwarten. Unter diese Fälle fallen etwa die internationalen Vereinbarungen im Bereich der Währungspolitik. Förmliche Vereinbarungen über ein Wechselkurssystem für den Euro gegenüber den Währungen von Drittstaaten trifft der Rat gemäß Art. 219 Abs. 1 AEUV einstimmig nach Anhörung des Europäischen Parlaments. Noch schwächer fällt der Einfluss des Europäischen Parlaments beim Beschluss von Wirtschaftsembargos aus, denn Art. 215 Ab. 1 S. 2 AEUV spricht lediglich von einer Unterrichtung des Europäischen Parlaments, was mit der strukturell marginalen Beteiligung des Europäischen Parlaments im Rahmen der Gemeinsamen Außen- und Sicherheitspolitik korrespondiert.[67] Dagegen ist das Europäische Parlament bei restriktiven Maßnahmen nach Art. 75 AEUV zwar nicht an den Umsetzungsmaßnahmen,[68] jedoch an den Rahmenverordnungen im Wege

[63] Siehe Art. 49 EUV.

[64] *Thym,* in: Grabitz/Hilf/Nettesheim, EUV, Art. 8, Rn. 19.

[65] Art. 209 Abs. 1, Abs. 2 i. V. m. Art. 218 Abs. 6 AEUV.

[66] Vgl. bspw. Art. 165 Abs. 3 AEUV.

[67] *Callies,* in: Callies/Ruffert, AEUV, Art. 215, Rn. 17.

[68] Vgl. Art. 75 Abs. 2 AEUV.

des ordentlichen Gesetzgebungsverfahrens beteiligt.[69] Dieser verfahrensrechtliche Unterschied zum Art. 215 AEUV lässt sich damit erklären, dass gemäß Art. 215 Abs. 1 AEUV Maßnahmen gegen Drittstaaten und nur in diesem Rahmen auch Maßnahmen gegen Einzelpersonen zulässig sind, wohingegen Maßnahmen auf Grundlage des Art. 75 AEUV den Binnenbereich der Union betreffen.[70]

Hinsichtlich des Zustimmungserfordernisses und der Beendigung der Verträge ergeben sich hier keine Besonderheiten. Es kann daher insoweit auf die Darlegung im Rahmen der Gemeinsamen Handelspolitik verwiesen werden.

3. Haushaltsrecht

Das Haushaltsrecht verfügt, wie bereits erörtert,[71] über dessen organisatorische Bedeutung und Planungscharakter hinaus über eine sachlich-inhaltliche Gestaltungskomponente.[72] Aus diesem Grund wird es an dieser Stelle erörtert.

a) Haushaltsverfahren

Gemäß Art. 14 Abs. 1 S. 1 EUV übt das Europäische Parlament gemeinsam mit dem Rat die Haushaltsbefugnisse aus. Dabei stellen die beiden Organe nach Maßgabe des Art. 314 AEUV den jährlichen Haushaltsplan der Union auf.[73] Dies entspricht insoweit der Rechtslage nach der Vertragsfassung von Nizza.[74] Danach beschloss der Rat zunächst auf Vorschlag der Kommission einen Haushaltsentwurf, den er dem Parlament vorlegte. Bei Ausgaben, die sich aus dem Vertrag oder anderen Rechtsakten zwingend ergaben, also gemäß Art. 272 Abs. 4 UAbs. 2 EGV in der Fassung von Nizza obligatorisch waren, konnte das Parlament Änderungen vorschlagen, allerdings verblieb die Letztentscheidungsbefugnis bei dem Rat. Bei nichtobligatorischen Ausgaben dagegen stand diese Befugnis dem Europäischen Parlament zu.[75]

---

[69] Art. 75 Abs. 1 AEUV lautet: "Sofern dies notwendig ist, um die Ziele des Artikels 67 in Bezug auf die Verhütung und Bekämpfung von Terrorismus und damit verbundener Aktivitäten zu verwirklichen, schaffen das Europäische Parlament und der Rat gemäß dem ordentlichen Gesetzgebungsverfahren durch Verordnungen einen Rahmen für Verwaltungsmaßnahmen in Bezug auf Kapitalbewegungen und Zahlungen, wozu das Einfrieren von Geldern, finanziellen Vermögenswerten oder wirtschaftlichen Erträgen gehören kann, deren Eigentümer oder Besitzer natürliche oder juristische Personen, Gruppierungen oder nichtstaatliche Einheiten sind."

[70] EuGH, Urteil v. 19.7.2012, Rs. C-130/10, Rn. 54; vgl. *Callies,* in: Callies/Ruffert, EUV, Art. 75, Rn. 2 f. m. w. N.

[71] Dazu oben Kap. 4 B. I. 1. h).

[72] Grundlegend zum Haushaltverfahren vgl. *Strasser,* Die Finanzen Europas: Das Haushalts- und Finanzrecht der Europäischen Gemeinschaften, Luxemburg 1991.

[73] Art. 314 Abs. 2 AEUV.

[74] Vgl. Art. 272 EGV.

[75] *Magiera,* in: Grabitz/Hilf/Nettesheim, AEUV, Art. 314, Rn. 3 f.

Mit der Einführung von Art. 310 Abs. 1 UAbs. 2 brachte der Vertrag von Lissabon eine Novellierung des Haushaltsverfahrens zugunsten des Europäischen Parlaments hervor, welche eine Stärkung der demokratischen Legitimation, Transparenz und Effizienz zum Ziel hatte.[76] Das Verfahren nach Art. 314 AEUV ist ein besonderes Gesetzgebungsverfahren, das erstmals das Parlament und den Rat zu *gleichberechtigten* Partnern bei der Aufstellung des Haushaltsplans erhebt. Während sich bisher die Rolle des Parlaments im Haushaltsverfahren auf eine Vetoposition beschränkte, ist es nun insgesamt mit einer aktiven Rolle beteiligt.

Nach derzeitiger Rechtslage muss die Kommission ihren Vorschlag gleichzeitig den beiden Organen vorlegen. Dadurch wird die Gleichberechtigung beider Organe hervorgehoben. Nachdem der Rat seinen Standpunkt mitgeteilt hat, kann das Europäische Parlament mit der Mehrheit seiner Mitglieder dem Rat und der Kommission Abänderungsvorschläge unterbreiten. Stimmt das Europäische Parlament dem Standpunkt des Rats nicht zu, muss ein Vermittlungsausschuss einberufen werden.[77] Damit gerät der Ablauf des Haushaltsverfahrens dem ordentlichen Gesetzgebungsverfahren nach.

Ferner erhält das Europäische Parlament durch den Wegfall der Trennung von obligatorischen und nichtobligatorischen Mitteln volle Haushaltsbefugnis auf der Ausgabenseite.[78] Damit wird die Stellung des Europäischen Parlaments haushaltsrechtlich aufgewertet, was letztlich für sämtliche Politikbereiche von Bedeutung ist. Freilich hat der Vertrag von Lissabon an der Finanzierung des Europäischen Entwicklungsfonds, der zu den wichtigsten finanziellen Instrumenten der Gemeinschaft im Rahmen der Entwicklungszusammenarbeit mit den AKP-Staaten und den überseeischen Ländern und Gebieten gehört, nichts verändert.[79] Obwohl für den Europäischen Entwicklungsfonds bereits seit 1993 auf Antrag des Europäischen Parlaments ein Titel im Gesamthaushaltsplan der Union vorgesehen ist, ist er nach wie vor nicht in den Gesamthaushaltsplan der Union eingestellt.[80] Folglich wird er von den Mitgliedstaaten finanziert, und ist damit der Kontrolle und den Gestaltungsmöglichkeiten des Europäischen Parlaments entzogen.

b) Besonderheiten hinsichtlich der Gemeinsamen Außen- und Sicherheitspolitik

Besonderheiten weist allerdings die Finanzierung der Gemeinsamen Außen- und Sicherheitspolitik auf. Dies mag angesichts der herkömmlichen marginalen Rolle des Europäischen Parlaments im Bereich der Gemeinsamen Außen- und Sicherheitspolitik kaum erstaunen. Indessen darf dessen Rolle bei den Haushaltsberatungen

[76] *Waldhoff,* in: Calliess/Ruffert, AEUV, Art. 310, Rn. 14.

[77] Näheres dazu siehe Art. 314 Abs. 4 AEUV.

[78] *Magiera,* in: Grabitz/Hilf/Nettesheim, AEUV, 314, Rn. 3.

[79] *Vöneky/Beylage-Haarmann,* in: Grabitz/Hilf/Nettesheim, AEUV, Art. 217, Rn. 49.

[80] Siehe Art. 179 Abs. 3 EGV; *Vöneky,* in: Grabitz/Hilf, Art. 310 EG, 40. Aufl., München 2009, Rn. 49, 50.

nicht unberücksichtigt bleiben.[81] Dabei hat der Vertrag von Lissabon wenig an den bestehenden Finanzierungsbestimmungen geändert.[82] Die heutige Grundlage der Finanzierung der Gemeinsamen Außen- und Sicherheitspolitik bildet Art. 41 EUV. Demnach gehen die Verwaltungsausgaben, die den Organen aus der Durchführung der besonderen Bestimmung über die Gemeinsame Außen- und Sicherheitspolitik entstehen,[83] zulasten des Unionshaushalts,[84] welcher wiederum vom Europäischen Parlament und Rat im Rahmen eines besonderen Gesetzgebungsverfahrens nach Art. 314 AEUV festgelegt wird.[85] Dies gilt ebenfalls für die operativen Ausgaben zur Durchführung einer nach dem Kapitel V des EUV beschlossenen Maßnahme, mit Ausnahme von Maßnahmen mit militärischen oder verteidigungspolitischen Bezügen und den Fällen, in denen der Rat einstimmig etwas anderes bestimmt.[86] Für die letztgenannten Ausgaben kommen die nationalen Haushalte der Mitgliedstaaten auf, dementsprechend hat das Europäische Parlament auf solche Ausgaben keinen Einfluss.

Hinsichtlich solcher Ausgaben, die zulasten des Unionshaushalts gehen, hatte sich in der Praxis etabliert, dass zum einen im Haushalt der Kommission Mittelansätze auf spezifischen Haushaltslinien für konkrete Aktionen im Rahmen der Gemeinsamen Außen- und Sicherheitspolitik gewährt wurden, und zum anderem jährlich weitere Beiträge zunächst in einer Reserve eingesetzt und dann im Laufe des Haushaltsjahres gemäß dem geltenden Haushaltsverfahren auf spezifische Linien für Aktionen im Rahmen der Gemeinsamen Außen- und Sicherheitspolitik übertragen wurden. Dadurch kam dem Europäischen Parlament sowohl bei deren Festsetzung als auch bei deren Übertragung eine Entscheidungsbefugnis zu.[87]

c) Änderungen durch interinstitutionelle Vereinbarung

Mit der Annahme der interinstitutionellen Vereinbarung vom 17.5.2006 zwischen dem Europäischen Parlament, dem Rat und der Kommission über die Haushaltsdisziplin und die wirtschaftliche Haushaltsführung,[88] der nach der Regelung des Art. 295 AEUV bindender Charakter zukommt, sind die Beteiligungsrechte des

---

[81] *Thym*, Reforming Europe´s Common Foreign and Security Policy, ELJ 10 (2004), S. 5-22; zur Entwicklung der Haushaltsbefugnisse des Europäischen Parlaments bis zum Maastrichter Vertrag vgl. *Rossi,* Europäisches Parlament und Haushaltsverfassungsrecht, Berlin 1997.

[82] Die erste grundsätzliche Änderung der Finanzierung erfuhr die Gemeinsamen Außen- und Sicherheitspolitik schon durch den Vertrag vom Amsterdam vgl. Art. 28 EUV a. F. Näheres dazu siehe *Cremer,* in: Callies/Ruffert, EUV, Art. 41, Rn. 3 ff.

[83] Kapitel 2 des Titels V des EUV.

[84] Art. 41 Abs. 1 EUV. Zur Bestimmung der Verwaltungsausgaben siehe *Kaufmann-Bühler/Meyer-Landrut*, in: Grabitz/Hilf, EUV, Art. 41, Rn. 7 ff.

[85] Vgl. dazu Art. 314 AEUV.

[86] Vgl. Art. 41 Abs. 2 EUV.

[87] *Kaufmann-Bühler/Meyer-Landrut,* in: Grabitz/Hilf/Nettesheim, Art. 41 EUV, Rn. 12.

[88] ABl. C -139 vom 14.6.2006.

Europäischen Parlaments allerdings beschnitten. Denn die interinstitutionelle Vereinbarung sieht zwar ein Konzentrationsverfahren vor, das auf der Grundlage des Haushaltsentwurfs der Kommission auf eine Verständigung des Rates und des Parlaments über die operativen Ausgaben abzielt, eine haushaltsrechtliche Reserve, die dem Europäischen Parlament einen stärkeren Einfluss gewähren würde, ist jedoch nicht vorgesehen.[89]

Die Vereinbarung ordnet aber an, dass der Vorsitz des Rates das Europäische Parlament alljährlich zu einem vom Rat erstellten und bis zum 15. Juni des jeweiligen Jahres übermittelten zukunftsorientierten Dokument über die Hauptaspekte und grundlegenden Optionen der Gemeinsamen Außen-und Sicherheitspolitik einschließlich der finanziellen Auswirkungen auf den Gesamthaushaltsplan der Europäischen Union anhört. Außerdem unterrichtet der Vorsitz des Rates das Europäische Parlament im Wege gemeinsamer Beratungssitzungen, die mindestens fünfmal pro Jahr im Rahmen des regelmäßigen politischen Dialogs über die Gemeinsame Außen- und Sicherheitspolitik stattfinden.[90] Sollte bei dem Konzentrierungsverfahren keine Verständigung erzielt werden, dann gilt in der Regel der im Vorjahr geltende Betrag.[91] Wenn die vorgesehenen Mittel nicht ausreichen, so ist die Kommission befugt, die Mittel von einer Haushaltslinie zu einer anderen Haushaltslinie zu übertragen.[92] Sollte auch dies zur Deckung der Kosten nicht ausreichend sein, müssen Rat und das Europäische Parlament aufgrund eines Vorschlages der Kommission eine Lösung finden. Hierbei kommt dem Hohen Vertreter der Gemeinsamen Außen- und Sicherheitspolitik die Aufgabe zu, das Europäische Parlament eng in allen Phasen des Entscheidungsprozesses einzubinden.[93]

Zu beachten ist, dass das Konzertierungsverfahren nicht auf die Aufbringung nationaler Beiträge zur Durchführung eines gemeinsamen Vorgehens anwendbar ist. Es bestehen damit keine Beteiligungsrechte des Europäischen Parlaments bei einer Finanzierung über nationale Beiträge.[94] Die Mitgliedstaaten können damit jenseits eines Einflusses des Europäischen Parlaments durch Zurverfügungstellung von finanziellen Mitteln über nationale Beiträge darüber hinausgehende Aktionen ermöglichen.[95]

d) Sonderverfahren für bestimmte Aktionen

Zur Erhöhung der Effizienz der Gemeinsamen Außen- und Sicherheitspolitik stellt Art. 41 Ab. 3 EUV eine Rechtsgrundlage zur Schaffung eines besonderen Verfahrens

---

[89] *Ibid.*, IIV. Ziff. 42.

[90] *Ibid.*, IIV. Ziff. 43.

[91] *Kaufmann-Bühler/Meyer-Landrut*, in: Grabitz/Hilf/Nettesheim, Art. 41, Rn. 14.

[92] ABl. C -139 vom 14.6.2006, IIV. Ziff. 42.

[93] *Kaufmann-Bühler/Meyer-Landrut*, in: Grabitz/Hilf/Nettesheim, Art. 41 EUV, Rn. 14.

[94] *Ibid.*, Rn. 15.

[95] Vgl. *Thym*, Reforming Europe´s Common Foreign and Security Policy, ELJ 10 (2004), S. 13; *Kaufmann-Bühler/Meyer-Landrut*, in: Grabitz/Hilf/Nettesheim, EUV, Art. 41, Rn. 16 ff. m w. N.

dar.[96] Damit soll zum einem ein schneller Zugriff auf den Haushalt der Europäischen Union für Aktionen im Rahmen der Gemeinsamen Außen- und Sicherheitspolitik ermöglicht werden, und zum anderen ausreichend Finanzen für politische und unerwartete Krisen bereitgestellt werden. Sofern der Europäische Rat von der in Art. 31 EUV vorgesehenen Möglichkeit der Eröffnung der Mehrheitsentscheidung keinen Gebrauch gemacht hat, bedarf es eines einstimmigen Beschlusses des Rats und einer vorherigen Anhörung des Europäischen Parlaments. Allerdings werden die militärischen und verteidigungspolitischen Vorhaben zur Vorbereitung der in Art. 42 Absatz 1 und in Art. 43 genannten Missionen, die nicht zulasten des Haushalts der Union gehen, aus einem von Beiträgen der Mitgliedstaaten gebildeten Anschubfonds finanziert.[97] Der Anschubfonds unterliegt somit nicht den haushaltsrechtlichen Vorschriften, damit ist er auch dem Einfluss des Europäischen Parlaments entzogen.[98]

Angesichts der dargelegten Besonderheiten hinsichtlich der Finanzierung der Gemeinsamen Außen- und Sicherheitspolitik kann das Europäische Parlament sie nur in ihren Grundzügen über sein Haushaltsrecht beeinflussen. Folglich fällt sein Haushaltsrecht hinsichtlich der Gemeinsamen Außen- und Sicherheitspolitik deutlich schwächer aus.

II. Außenvertretung und Pflege diplomatischer Beziehung

Mit der Außenvertretung ist grundsätzlich der Hohe Vertreter der Union beauftragt. Gemäß Art. 27 Abs. 2 EUV vertritt er die Union in dem Bereich der Gemeinsamen Außen- und Sicherheitspolitik. Er führt im Namen der Union den politischen Dialog mit Dritten und vertritt den Standpunkt der Union in internationalen Organisationen und auf internationalen Konferenzen. Ebenfalls überträgt Art. 220 Abs. 2 AEUV die Pflege der Beziehungen zu anderen internationalen Organisationen dem Hohen Vertreter. Ihm unterstehen daneben gemäß Art. 221 AEUV die Auslandsvertretungen der Europäischen Union in den Drittstaaten sowie in den internationalen Organisationen. Bei der Erfüllung dieser Aufgaben steht ihm der Europäische Auswärtige Dienst zur Seite, welcher mit den diplomatischen Diensten der Mitgliedstaaten zusammenarbeitet.[99] Folglich bleibt dem Europäischen Parlament kaum ein Spielraum hinsichtlich der Außenvertretung. Indessen weisen manche Handlungsebenen des Parlaments mehr als andere das Potenzial auf, bei der Außenvertretung und Pflege diplomatischer Beziehungen bemüht zu werden.

[96] Vgl. Art. 41 Abs. 3 EUV.

[97] Vgl. Art. 41 Abs. 3 UAbs. 2, 3 EUV.

[98] Vgl. dazu *Jopp/Regelsberger*, GASP und ESVP im Verfassungsvertrag, inegration 4/2003, S. 559; *Cremer*, in: Calliess/Ruffert, EUV, Art. 41, Rn. 12.

[99] Vgl. Art. 27 Abs. 3 EUV.

1. Die internen Handlungsebenen des Europäischen Parlaments

Das Europäische Parlament als die Versammlung von direkt gewählten Repräsentanten der Unionsbürger verfügt über verschiedene Handlungsebenen. Die erste Ebene stellt das Plenum dar. Im Plenum des Europäischen Parlaments werden Berichte und Resolutionen zur Diskussion gestellt und eventuell verabschiedet. Auf dieser Ebene wird das Parlament vor allem rechtssetzend tätig. Die zweite Ebene bilden die Ausschüsse. Am Anfang jeder neuen Wahlperiode und zur Halbzeit werden die thematisch unterschiedlich ausgerichteten Ausschüsse von den Abgeordneten des Europäischen Parlaments gewählt. Außenpolitisch relevant sind der Ausschuss für Internationale Angelegenheiten, der Ausschuss für Internationalen Handel und der Ausschuss für Entwicklung. Dabei ist der Ausschuss für internationale Angelegenheiten der außenpolitisch dominanteste und verfügt über zwei weitere Unterausschüsse, nämlich den Ausschuss für Menschenrechte und den Ausschuss für die Sicherheit und Verteidigung. Diese Ausschüsse beraten und stimmen über die Berichte ab, die zur abschließenden Abstimmung dem Plenum überreicht werden. Auf diese Weise wird die Arbeit des Plenums vorbereitet. Ferner prüfen sie politische Vorschläge und den Haushalt der Kommission und des Rates im Rahmen des Berichtswesens. Dabei wird die Arbeit der Ausschüsse unterstützt durch Studien- und Informationsaufträge, die nach Zustimmung des Präsidiums einzelnen Ausschussmitgliedern in der Regel in Form von Ausschussreisen erteilt werden.[100]

Daneben ist eine weitere Handlungsebene des Parlaments sichtbar geworden, nämlich die interfraktionellen Arbeitsgruppen, die sogenannten Intergroups, die eine informelle Plattform darstellen. Sie widmen sich jenseits der Arbeit der Ausschüsse fraktionsübergreifend hauptsächlich Themen, die nicht nur die Zuständigkeit eines einzigen Ausschusses, sondern zeitgleich diverse politische Bereiche berühren bzw. die in der Regel in der offiziellen Parlamentsarbeit hintangestellt werden. Offizielle Intergroups zu außenpolitisch relevanten Themen existieren bereits für Globalisierung, Luft- und Raumfahrt, Armut und Tibet. Von außenpolitischer Relevanz sind ferner die inoffiziellen Netzwerke, wie die Allianz für die Rechte des Kindes und der EU-Ableger der Global Legislators Organisation for a Balanced Environment.[101]

2. Die Delegationen

Im Prinzip sorgen die Delegationen der Union in Drittländern und internationalen Organisationen für die Vertretung der Union unter der Leitung des Hohen Vertreters der Union für Außen- und Sicherheitspolitik.[102]

---

[100] Vgl. die Information des EP über die parlamentarischen Ausschüsse unter: http://www.europarl.europa.eu/committees/de/home.html, zuletzt aufgerufen am 30.12.2016.

[101] Vgl. dazu die Webseite des EP unter: http://www.europarl.europa.eu/aboutparliament/en/00c9d93c87/Intergroups.html, zuletzt aufgerufen am 30.12.2016.

[102] Vgl. Art. 221 AEUV.

Davon zu unterscheiden sind die interparlamentarischen Delegationen des Europäischen Parlaments, welche eine engere Verbindung zu Parlamenten außerhalb Europas schaffen sollen. Derzeit existieren einundvierzig Delegationen, wobei die Zahl der Mitglieder in den einzelnen Delegationen von zwölf – im Falle parlamentarischer Versammlungen – bis mehr als siebzig reicht. Die parlamentarischen Delegationen unterteilen sich in gemischte parlamentarische Ausschüsse, parlamentarische Kooperationsausschüsse, andere interparlamentarische Delegationen und Delegationen in multilateralen parlamentarischen Versammlungen. Im Rahmen der Konferenz der Delegationsvorsitze wird die Arbeit der Delegationen abgestimmt. Die interparlamentarischen Treffen finden ein oder zweimal jährlich, abwechselnd an einem der Arbeitsorte des Europäischen Parlaments oder an dem Arbeitsort von Partnerparlamenten in den jeweiligen Drittländern statt.[103]

a) Wahl und Zusammensetzung der Delegationen

Die Entscheidung über die Anzahl und Aufgaben der ständigen Delegationen wird auf Vorschlag der Konferenz der Fraktionsvorsitzenden getroffen. Dabei werden die Mitglieder der Delegationen auf der ersten oder zweiten Tagung des neu gewählten Parlaments für die Dauer der Wahlperiode gewählt.[104] Jede Delegation hat einen Vorsitzenden, dessen Aufgabenbereich unter anderem die Erstattung von Berichten über die Tätigkeit der Delegationen, Anhörung in den Ausschüssen und die Koordination der Delegationen durch die Teilnahme an Konferenz der Delegationsvorsitzenden umfasst. Die Delegationen unterstehen der politischen Verantwortung des Ausschusses für Internationale Angelegenheiten und des Ausschusses für die Entwicklung.[105] Soweit die wirtschaftlichen und handelspolitischen Aspekte der außenpolitischen Beziehungen betroffen sind, tritt der Ausschuss für Internationalen Handel mit den zuständigen Delegationen in Kontakt. Eine interparlamentarische Delegation hat stets die Möglichkeit, in dringenden Fällen beim Präsidenten des Europäischen Parlaments einen schriftlichen Antrag auf eine Aussprache zu bestimmten Themen zu stellen.[106]

b) Art der Delegationen

Ferner lassen sich die Delegationen des Europäischen Parlaments nach ihrer Rechtsgrundlage, ihrer Dauer und schließlich geographisch unterscheiden. Bilden können

[103] Vgl. Art. 212-214 GO des EP (8. Wahlperiode, April 2015). Zur Information über die Delegationen des EP siehe unter: http://www.europarl.europa.eu/aboutparliament/de/0058a10b22/Delegationen.html, zuletzt aufgerufen am 30.12.2016.

[104] Art. 212 GO des EP (8. Wahlperiode, April 2015).

[105] Vgl. Art. 212 Abs. 6 und Anlage VI., I. GO des EP (8. Wahlperiode, April 2015).

[106] Vgl. Art. 315 Abs. 1 GO des EP (8. Wahlperiode, April 2015). *Gahler/Schlomach,* Parlamentarische Diplomatie des Europäischen Parlaments, in: Dialer/Lichtenberger/Neisser (Hrsg.), Das Europäische Parlament. Institution, Vision und Wirklichkeit, Innsbruck 2010, S. 332.

sich die Delegationen einerseits durch Eigeninitiative des Parlaments, andererseits können sie aus vertraglichen Vereinbarungen der Europäischen Union resultieren. Sie können für die gesamte Wahlperiode als ständige Delegation oder eben als *ad hoc* Delegation eingerichtet werden. Zudem können sie in oder außerhalb Europa agieren.[107]

Eine bemerkenswerte Rolle spielen die Delegationen des Europäischen Parlaments im Rahmen der interparlamentarischen Versammlungen. Die interparlamentarischen Versammlungen sind multilaterale Versammlungen, die auf einer vertraglichen Vereinbarung der Europäischen Union mit ihren Partnern beruhen, welche eine besondere Form der parlamentarischen Zusammenarbeit begründen. Die interparlamentarischen Versammlungen bestehen zum einen aus Delegationen des Europäischen Parlaments, die die Europäische Union vertreten, und zum anderen aus den entsandten Parlamentariern der Partnerländer. Die in diese multilateralen Versammlungen entsandten Delegationen treten in einem formellen Rahmen zusammen und nehmen Entschließungen oder Empfehlungen an. Diese multilateralen parlamentarischen Versammlungen mit ihren entsprechenden Delegationen dienen der internationalen interparlamentarischen Zusammenarbeit. Zu den wichtigsten Delegationen zählen etwa die Paritätische Parlamentarische Versammlung von der Europäischen Union und den Staaten Afrikas, der Karibik und des Pazifik, die Parlamentarische Versammlung Europa-Mittelmeer und die Parlamentarische Versammlung Europa-Lateinamerika.[108]

Daneben stellt die Einrichtung von *ad hoc* Delegationen zur Wahlbeobachtung in Drittstaaten inzwischen einen nicht zu unterschätzenden Baustein der europäischen Außenbeziehungen dar. Anders als die internationale Kooperation durch die ständigen interparlamentarischen Delegationen sind Wahlbeobachtungsdelegationen kurzfristige Missionen zur Beobachtung von Wahlen und Volksabstimmungen. Ziel der Beobachtung ist, die Bedingungen einer freien und fairen Wahl als Grundvoraussetzung für die Demokratie aufrechtzuerhalten. Diese Missionen sorgen für die Sicherstellung eines legitimen Wahlprozesses und erhöhen damit das öffentliche Vertrauen in das Wahlverfahren. Dabei betont die Kommission die Rolle des Europäischen Parlaments bei der Wahlbeobachtung und stellt sicher, dass das Europäische Parlament frühzeitig in die Planung eingebunden ist. Geschätzt wird vor allem die umfassende Erfahrung der Abgeordneten des Parlaments über Wahlen, parlamentarische Arbeit sowie die Kommunikation mit Interessenvertretern und politischen Organisationen. Überdies wird ihre Bürgernähe für die wirksame und effektive Erfüllung der Wahlmissionen große Bedeutung beigemessen.[109] Daher wird in jedem Wahlbeobachtungsteam den Mitgliedern des Europäischen Parlaments ein ständiger Platz vorbehalten. Die Entscheidung über deren Zusammenstellung und

---

[107] Vgl. Anlage VI., I. GO des EP (8. Wahlperiode, April 2015).

[108] Die Liste aller Delegationen ist abrufbar unter: http://www.europarl.europa.eu/delegations/de/home.html, zuletzt aufgerufen am 30.12.2016.

[109] KOM(2000)191, end., S. 16.

Auswahl trifft das Europäische Parlament. Der Rat, das Europäische Parlament und die Kommission treffen die Regelungen zur Zuständigkeit und Aufgabenverteilung innerhalb eines Wahlbeobachtungsteams. Zu diesem Zweck werden Anlaufstellen in den Organen der Europäischen Union eingerichtet, die die Zusammenarbeit der Organe erleichtern sollen.[110]

3. Bedeutung und Zweck der Delegationen

Die parlamentarischen Delegationen stellen mit Abstand den wichtigsten Bereich der parlamentarischen Diplomatie dar. Allein in der 6. Wahlperiode (2004 bis 2009) wurden 60 verschiedene Delegationen in 50 Länder entsendet. Sie stellen neben den diplomatischen Beziehungen der unionalen Exekutive ein selbständiges gewichtiges Instrument diplomatischen Handelns dar. Die Delegationen ermöglichen dem Europäischen Parlament über die Konturen der Verträge hinaus einerseits das auswärtige Handeln der Europäischen Kommission und des Rats zu beaufsichtigen, andererseits aber eigene auswärtige Kontakte zu knüpfen[111] und sich jenseits der Berichte der Kommission und des Rates ein eigenes Bild über die Partner der Europäischen Union zu verschaffen. Durch die innerparlamentarische Pflege von Kontakten zu den Drittstaaten kann das Europäische Parlament die europäische Außenpolitik auch gegenüber den Regierungen der Drittstaaten ausführen, indem es die Einhaltung der vertraglichen Verpflichtungen und die Auswirkung der Verträge in Drittstaaten sowie die Wahrung der in Art. 21 EUV niedergelegten Grundsätze kontrolliert.[112]

Der Zweck der Delegationen erschöpft sich allerdings nicht in der Kontrolle der außenpolitischen Handlungen und Beziehungen der Europäischen Union, vielmehr tritt das Parlament als außenpolitischer Akteur auf. Denn über den formalen Rahmen hinaus pflegen einzelne Mitglieder der Delegationen Kontakte zu den Parlamenten und damit auch zu den einzelnen Abgeordneten und Oppositionellen. In diesem Rahmen wird ein ständiger Dialog geführt, der zur Förderung demokratischer Grundsätze jenseits von Europa bemüht werden kann.

III. Personell-organisatorische Gestaltungsmöglichkeiten

Das Europäische Parlament verfügt ferner über eine Vielzahl von personell-organisatorischen Gestaltungsmöglichkeiten bzw. allgemeinen Kontrollinstrumenten, die es auch hinsichtlich der Außenpolitik einsetzen kann.

---

[110] *Ibid.*, S. 5-16.

[111] *Gahler/Schlomach, ibid.*, S. 331.

[112] *Ibid.*

1. Berufung der Kommission und Misstrauensantrag

Der vom Rat nach entsprechender Konsultation mit qualifizierter Mehrheit vorgeschlagene Kommissionspräsident muss die Mehrheit des Europäischen Parlaments auf sich vereinen.[113] Der Rat nimmt dann einvernehmlich mit den gewählten Präsidenten die Liste der anderen Kommissare an, die sich anschießend als Kollegium dem Zustimmungsvotum des Europäischen Parlaments stellen.[114] Erst nach der Zustimmung des Europäischen Parlaments wird die Kommission vom Europäischen Rat mit qualifizierter Mehrheit ernannt. Da eine Wiederwahl der Kommissare nicht ausgeschlossen ist, sind die Kommissare darauf bedacht, die Gunst des Europäischen Parlaments nicht zu verlieren. Die Kommission ist als Kollegium dem Europäischen Parlament verantwortlich. Ein Misstrauensantrag gemäß Art. 234 AEUV kann daher nur gegen die gesamte Kommission eingebracht werden. Die Ausübung dieses Rechts hat zur Folge, dass alle Kommissare ihr Amt niederlegen müssen.[115] Ebendaher dürfte sie selten bemüht werden. Der Misstrauensantrag stellt damit ein ultimatives Kontrollinstrument des Europäischen Parlaments dar, das aber kaum eine politische Verantwortlichkeit der Kommission gegenüber dem Parlament begründet.

Zudem wird dieses Instrument im Hinblick auf den Hohen Vertreter der Union eingeschränkt. Zwar wird der Hohe Vertreter der Union für Außen- und Sicherheitspolitik vom Europäischen Rat mit qualifizierter Mehrheit und mit der Zustimmung der Kommission ernannt,[116] als einer der Vizepräsidenten der Kommission muss er sich aber ebenfalls dem Zustimmungsvotum des Parlaments stellen. Allerdings betrifft ein Misstrauensvotum des Europäischen Parlaments gegen die Kommission den Hohen Vertreter nur in seiner Funktion als einen der Vizepräsidenten der Kommission. Der Hohe Vertreter muss gemäß Art. 17 Abs. 8 EUV nur sein im Rahmen der Kommission ausgeübtes Amt niederlegen. Mithin ist die Kontrollfunktion des Europäischen Parlaments hinsichtlich des Hohen Vertreters eingeschränkt. Parallel dazu fällt die parlamentarische Kontrolle des Europäischen Auswärtigen Dienstes marginal aus, denn der Europäische Auswärtige Dienst wird aus Beamten der einschlägigen Abteilungen des Generalsekretariats des Rates und der Kommission sowie aus dem Personal der nationalen auswärtigen Dienste der Mitgliedstaaten gebildet.[117]

Angesichts der jüngsten Entwicklung im Zuge der achten Wahlperiode des Europäischen Parlaments, die in die Ernennung des Spitzenkandidaten der Mehrheitsfraktion *Juncker* des Europäischen Parlaments zum neuen Kommissionspräsidenten mündete, drängt sich die Frage auf, inwieweit diese Entwicklung sich auf die Kontrollrechte des Europäischen Parlaments gegenüber dem

[113] Art. 17 Abs. 7 UAbs. 1 EUV.

[114] Art. 17 Abs. 7 UAbs. 3 EUV.

[115] Art. 17 Abs. 8 EUV.

[116] Art. 18 Abs. 1 EUV.

[117] Vgl. Art. 27 Abs. 3 S. 2 EUV.

Kommissionspräsidenten und der Kommission auswirkt. Stellt das Europäische Parlament nun den Präsidenten der Kommission auf, so hegt nicht nur das Parlament die berechtigte Erwartung, dass er darauf bedacht ist, auf Anliegen des Europäischen Parlaments bei seinem Handeln mehr als zuvor achtzugeben. Umgekehrt bedeutet dies aber auch, dass das Europäische Parlament nun mehr das Handeln des Kommissionspräsidenten zu verantworten hat. Denn da er der Spitzenkandidat des Parlaments ist, können seine Handlungen wegen ihres exekutiven Charakters nun nicht mehr dem Einfluss der Mitgliedstaaten zugeschrieben werden, sondern der Mehrheit des Europäischen Parlaments. Insofern ist anzunehmen, dass der Kommissionspräsident sich mehr als zuvor dem Parlament verantworten muss, im Gegenzug ist nun das Europäische Parlament auch berufen, seine Kontrollfunktion strenger wahrzunehmen.

2. Organisation des Europäischen Auswärtigen Dienstes

Die Organisation und Arbeitsweise des Europäischen Auswärtigen Dienstes wurde durch einen Beschluss des Rates festgelegt,[118] welcher gemäß Art. 27 Abs. 3 S. 4 EUV nach Zustimmung der Kommission und Anhörung des Europäischen Parlaments erging. Insoweit verfügt die Kommission bei der Beschlussfassung über einen stärkeren Einfluss als das Europäische Parlament.[119]

Hinsichtlich der Anhörung des Europäischen Parlaments bestand – anders als bei den allgemeinen Anhörungsrechten des Parlaments im Bereich der Gemeinsamen Außen- und Sicherheitspolitik[120] – Einigkeit darüber, dass sie vor der Beschlussfassung des Rates zu erfolgen hatte.[121] Denn zum einen verfügt das Europäische Parlament im Zuge interparlamentarischer Zusammenarbeit mit Parlamentariern aus Drittstaaten und der Teilnahme an Wahlbeobachtungsmissionen über diplomatische Erfahrungen, die es im Rahmen des Europäischen Auswärtigen Dienstes einbringen kann, und zum anderen ist eine vorherige Anhörung des Europäischen Parlaments im Hinblick auf seine Haushaltsbefugnisse unumgänglich.[122] Im Übrigen kann das Europäische Parlament kaum auf die Zusammensetzung und Organisation des Europäischen Auswärtigen Dienstes Einfluss nehmen. Vor allem fehlt es an einem dem Misstrauensvotum gegenüber der Kommission entsprechenden Kontrollinstrument des Europäischen Parlaments hinsichtlich des Europäischen Auswärtigen Dienstes.

[118] Beschluss des Rates v. 26.7.2010, ABl. L-201 v. 3.8.2010, S. 30.

[119] Das Zustimmungserfordernis der Kommission ist allerdings konsequent und erklärt sich vor allem mit ihren auswärtigen Zuständigkeiten (vgl. Art. 205 ff. AEUV) und ihrem Recht die Union nach außen zu vertreten.

[120] Vgl. Art. 36 EUV; zur Problematik des Zeitpunkts der Anhörung des Europäischen Parlaments im Bereich der GASP siehe oben Kap. 5 A. I. 2 a.

[121] *Kaufmann-Bühler*, in: Grabitz/Hilf/Nettesheim, EUV, Art. 27, Rn. 26.

[122] *Ibid.*

3. Kontrollkomponente des Selbstbefassungsrechts

Neben den bisher genannten Instrumenten stellt das Selbstbefassungsrecht des Europäischen Parlaments in Form von Anfragen ein weiteres parlamentarisches Handlungsinstrument dar.[123] Anfragen können sowohl mündlich als auch schriftlich formuliert werden. Während mündliche Anfragen von einem Ausschuss, einer Fraktion oder mindestens vierzig Abgeordneten an den Rat oder die Kommission gerichtet werden können, können schriftliche Anfragen hingegen von jedem Mitglied des Europäischen Parlaments an den Präsidenten des Europäischen Rates, den Rat, die Kommission und an den Hohen Vertreter der Union entsprechend den Leitlinien[124] gestellt werden.[125] Das Anfragerecht erstreckt sich auch auf den Bereich der Gemeinsamen Außen- und Sicherheitspolitik.[126]

4. Untersuchungsausschuss

Ein weiteres allgemeines Kontrollinstrument, das auch im Rahmen der Außenpolitik bemüht werden kann, bildet der Einsatz eines Untersuchungsausschusses. Gemäß Art. 226 Abs. 1 AEUV kann das Europäische Parlament bei der Erfüllung seiner Aufgaben auf Antrag eines Viertels seiner Mitglieder die Einsetzung eines nichtständigen Untersuchungsausschusses beschließen, der unbeschadet der Befugnisse, die anderen Organen oder Einrichtungen durch die Verträge übertragen sind, behauptete Verstöße gegen das Unionsrecht oder Missstände bei dessen Anwendung prüft. Dabei legt das Parlament die Einzelheiten der Ausübung des Untersuchungsrechts aus eigener Initiative gemäß einem besonderen Gesetzgebungsverfahren durch Verordnungen nach Zustimmung des Rates und der Kommission fest.[127]

5. Gerichtlicher Rechtschutz

Ein Kontrollinstrument enthält zu guter Letzt Art. 218 Abs. 11 AEUV. Demnach kann das Europäische Parlament ein Gutachten des Gerichtshofs über die Vereinbarkeit einer geplanten Übereinkunft mit den europäischen Verträgen einholen. Ist das Gutachten des Gerichtshofs ablehnend, so kann die geplante Übereinkunft nur in Kraft treten, wenn sie oder die europäischen Verträge geändert werden.

---

[123] *Hilf/Schorkopf,* Das Europäischen Parlament in den Außenbeziehungen der Europäischen Union, EuR 1999, 185, 197; *Vedder/Lorenzmeier,* in: Grabitz/Hilf, EGV, Art. 133, 40. Aufl., München 2009, Rn. 124.

[124] Anlage III der GO des EP (8. Wahlperiode, April 2015).

[125] Art. 130 der GO des EP (8. Wahlperiode, April 2015).

[126] Art. 36 Abs. 2 EUV; vgl. dazu *Creme*r, in: Calliess/Ruffert, EUV, Art. 36, Rn. 9.

[127] Art. 226 Abs. 2 und 3 AEUV.

IV. Zwischenbilanz: Das Zustimmungserfordernis – Neue Dimension parlamentarischer Gestaltung der Außenpolitik

Vergleicht man die dargelegten Funktionen des Europäischen Parlaments in der europäischen Außenpolitik untereinander, so erweist sich das Zustimmungserfordernis als das bedeutendste außenhandelspolitische Handlungsinstrument des Europäischen Parlaments.

Obgleich das Zustimmungsverfahren einen Zugewinn an Gestaltungsmöglichkeiten des Europäischen Parlaments hinsichtlich der europäischen Außenpolitik darstellt, bleibt es unbestritten hinter dem ordentlichen Gesetzgebungsverfahren zurück. Mangels institutioneller Verankerung einer gegenseitigen Annäherung im Verfahren der Zustimmung wird das Europäische Parlament insoweit nicht wie im ordentlichen Gesetzgebungsverfahren gesetzgeberisch tätig. Dieser Umstand hat zur Folge, dass die Informations- und Kontrollinteressen des Europäischen Parlaments verstärkt an Bedeutung gewinnen,[128] welche wegen fehlenden Mehrheitsparlamentarismus auf europäischer Ebene ein deutlich stärkeres Polarisierungs- und Politisierungspotenzial haben, als dies auf nationaler Ebene der Fall ist.[129]

Zwar hat das Zustimmungsverfahren einen Alles-oder-Nichts Charakter, aber gerade dadurch kommt ihm auch ein gewisses Drohpotenzial zu. Der wichtigste Aspekt im Rahmen eines Zustimmungsverfahrens ist nicht der Akt der Zustimmung oder deren Verweigerung – die in der Praxis selten vorkommt, sondern der Prozess der Entscheidungsfindung, der schließlich zu einer Zustimmung oder Verweigerung führt.[130] Nicht das Ergebnis, sondern der Willensbildungsprozess und das Zusammenspiel der an dem Abschluss eines internationalen Abkommens beteiligten Akteure, sind der Schlüssel zur Klärung der Bedeutung des Zustimmungsverfahrens.[131] Denn dem Europäischen Parlament gelingt es auf den Inhalt der Verträge Einfluss zu nehmen, indem es die Erteilung seiner Zustimmung von der Änderung bestimmter Vertragsbestimmungen oder Ergänzung von bestimmten Vertragsklauseln abhängig macht. In der Praxis haben insbesondere Menschenrechts- und Demokratieklauseln[132] dergestalt in die Verträge Eingang gefunden.[133] Insbesondere bei Handelsabkommen, bei denen der Rat bei der Erteilung der Verhandlungsrichtlinien und die Kommission bei Vorbereitung ihrer Vorschläge des Öfteren lediglich die wirtschaftlichen und die handelspolitischen Gesichtspunkte im Blick haben,

---

[128] So bereits *Krauß*, Parlamentarisierung der europäischen Außenpolitik. Das Europäische Parlament und die Vertragspolitik der Europäischen Union, Opladen 2000, S. 96.

[129] *Ibid.*

[130] So auch *Di Paola*, International Treaty-making in the EU. What Role for the European Parliament?, The International Spectator 38 (2003), S. 76.

[131] So auch *Krauß, ibid.*, S. 97.

[132] Ausführlich zu den Menschenrechts- und Demokratieklauseln vgl. *Hoffmeister*, Menschenrechts- und Demokratieklauseln in den vertraglichen Außenbeziehungen der Europäischen Gemeinschaft, Berlin 1998.

[133] *Ibid.*, S. 528.

werden meist die Grundwerte der Europäischen Union, die nun in Art. 2 und 21 EUV verankert sind, vernachlässigt. Genau dies versucht das Europäische Parlament durch die Formulierung von Menschenrechtsklauseln und Demokratieklauseln sowie den so genannten Nachhaltigkeitsklauseln nachzuholen. Insoweit kann man tatsächlich von einem direkten Einfluss auf den Vertragstext durch das Europäische Parlament sprechen.

Dem Zustimmungsverfahren kommt ferner sein einfacher und transparenter Charakter zugute, weswegen es sich eher für mediale Darstellungen eignet.[134] Ergänzend kommt hinzu, dass mit dem Inkrafttreten des Vertrags von Lissabon und vor allem infolge der Erweiterung des Zustimmungserfordernisses auf Handelsabkommen das Europäische Parlament ins Visier des Lobbyismus geraten ist.[135] Wann immer vom Lobbyismus in der Europäischen Union gesprochen wurde, wurde selbst in den Beschreibungen der Literatur dem Lobbying des Europäischen Parlaments keine Achtung geschenkt, schon gar nicht stand das Europäische Parlament im Mittelpunkt der Lobbyismus-Diskussion. Dieser Zustand hing vornehmlich mit der grundsätzlich marginalen Rolle des Europäischen Parlaments zusammen, denn eine Interessenvertretung findet dort statt, wo auch Entscheidungen getroffen werden, sprich wo eine Entscheidungsbefugnis besteht.[136] Dies hat sich derweil und insbesondere infolge der Lissabonner Reformen immens verändert.

In Brüssel ist es nun keine Seltenheit, dass nicht nur Botschafter, sondern wichtige Regierungsmitglieder von Drittstaaten sich ins Europäische Parlament begeben, wenn sie befürchten, dass das Europäische Parlament seine Zustimmung zum Abschluss eines völkerrechtlichen Übereinkommens verweigern wird. Dieser Umstand bezeugt, dass das Europäische Parlament das Zustimmungserfordernis als Druckmittel nicht nur gegenüber unionseigenen Akteuren, sondern überdies gegenüber Vertragspartnern einsetzen kann. Wurden von den potentiellen internationalen Vertragspartnern bis vor kurzem diplomatische Beziehungen nur zu den Ratsmitgliedern oder der Kommission gepflegt, bemühen sie sich nun, mit den Mitgliedern des Europäischen Parlaments Kontakt zu knüpfen, um schließlich auf sein Abstimmungsverhalten Einfluss zu nehmen.[137]

Dadurch eröffnet sich dem Europäischen Parlament die Möglichkeit, eventuell über das von der Kommission eingewilligte Maß hinaus Informationen zu erlangen. Die Kommission befindet sich insofern in einem quasi Konkurrenzverhältnis zu anderen potentiellen Informanten. Würde die Kommission bewusst

---

[134] *Krauß, ibid.*, S. 97.

[135] Gedacht sei hier an die Ansprache des amerikanischen Vizepräsidenten *Joe Biden* im Europäischen Parlament am 6.5.2010, um das Europäische Parlament für ein neues SWIFT-Abkommen zu gewinnen, siehe die Meldung „Biden fordert ein neues SWIFT Abkommen", in *FAZ* v. 7.5.2010.

[136] Zur Beziehung zwischen Interessenvertretern und dem Europäischen Parlament vgl. *Kohler-Koch*, European Integration online Papers, 1 (1997), S. 5 f.

[137] Basiert auf den v. Verf. geführten Interviews mit *Ricardo Passos*, Direktion des Juristischen Dienstes des EP am 11.4.2012; MEP *Helmut Scholz* (GUE/NGL) am 11.4.2012; *Johannes Laepple*, Referent des MEP Bernd Lange (S&D) am 11.4.2012.

dem Europäischen Parlament Informationen vorenthalten – was tatsächlich einen Verstoß gegen den Grundsatz der gegenseitigen Zusammenarbeit und gegen die Rahmenvereinbarung darstellen würde und damit vor dem Gerichtshof einklagbar wäre –, so bestehen anderweitige Ressourcen der Kenntnisnahme durch das Parlament. Denn die an einem Vertragsschluss interessierten Vertragspartner wissen nun um die Wichtigkeit der Rolle des Parlaments und sind daher bemüht, seine Zustimmung zu gewinnen.

Die legitimationsstiftende Leistung des Zustimmungserfordernisses ist schließlich durch dessen Einsatz in der Praxis bedingt, die im nächsten Abschnitt vermittels drei Fallstudien empirisch untersucht wird.

B. Fallstudien

Seit dem Inkrafttreten des Vertrages vom Lissabon hat das Europäische Parlament dreimal seine Zustimmung zum Abschluss eines völkerrechtlichen Abkommens verweigert. Die Ablehnung des SWIFT-Abkommens war der Auftakt zu weiteren Zustimmungsverweigerungen, mit der das Europäische Parlament zum ersten Mal seine Macht vor dem Rat und der Kommission demonstriert hat. Dem folgten die Ablehnung des Fischereiabkommens mit Marokko und schließlich die Verweigerung der Zustimmung zu dem umstrittenen ACTA-Abkommen.

Drei Verweigerungen innerhalb von knapp vier Jahren ergeben eine Bilanz, die einerseits über das Selbstbewusstsein und die Einsatzbereitschaft des Europäischen Parlaments und andererseits über die Bedeutung des Zustimmungsrechts Zeugnis ablegen. Indessen stellt sich die Frage, inwieweit das Europäische Parlament im Wege der Verweigerung seiner Zustimmung beim Abschluss der drei genannten Abkommen seine abweichenden Positionen im Ergebnis durchsetzen konnte. Handelte es sich mehr um eine Trotzaktion einer in Wahrheit machtlosen Versammlung, die dergestalt Aufmerksamkeit erregen wollte, oder vermochte das Europäische Parlament mit der Zustimmungsverweigerung tatsächlich sachlich-inhaltliche Änderungen zu erwirken? Inwieweit das Europäische Parlament seine Position gegen die Kommission und den Rat durchsetzen konnte, und ob es ihm dabei gelang, die europäische Außenpolitik auf diese Weise zu gestalten, sind Fragen, die anhand einer empirischen Analyse der drei Abkommen untersucht werden.

I. SWIFT-Abkommen

1. Entstehungsgeschichte

Die zunächst in Belgien ansässige Firma *Society for Worldwide Interbank Financial Telecommunication* (SWIFT) wickelt weltweite Transaktionen ab. Nach den Ereignissen des 11.9.2001 haben sich die US-Behörden zur besseren Kontrolle der

Finanzierung und Planung des Terrorismus den Zugriff auf den Zahlungsverkehrsdaten von SWIFT verschafft. Die Firma SWIFT war darüber informiert und hat stillschweigend den Zugriff auf die Daten zugestimmt, die teils in Belgien und teils in einem Rechenzentrum in den USA gespeichert waren.[138]

Nachdem diese Praxis öffentlich wurde,[139] sind die Stimmen für eine Verrechtlichung dieser Praxis lauter geworden.[140] Infolgedessen sah sich der Rat gezwungen, nötige Maßnahmen zu ergreifen und hat schließlich am 27.7.2009 auf Grundlage des Art. 24 und 38 EUV a. F. der Kommission einstimmig das Mandat erteilt, ein Abkommen mit den USA zur weiteren Übermittlung von SWIFT-Daten im Rahmen des Programms zum Aufspüren der Finanzierung des Terrorismus auszuhandeln, wobei die Verhandlungsrichtlinien sowie das Rechtsgutachten des juristischen Dienstes des Rates nicht veröffentlicht wurden und lediglich für den Dienstgebrauch zur Verfügung standen.[141]

Der Rat sah das Abkommen als einen notwendigen Schritt an, um dem Finanzministerium der Vereinigten Staaten die Kontrolle der in Europa gespeicherten Zahlungsverkehrsdaten unter Wahrung der Privatsphäre und des Schutzes personenbezogener Daten zu gewährleisten. Auf Beharren der Vereinigten Staaten und des bestehenden Drucks einer schon zu dem Zeitpunkt verspäteten Verrechtlichung der Praxis sollte das Abkommen vorläufig ab dem 1.2.2010 Anwendung finden, bis es endgültig ratifiziert wurde. Während das deutsche Innenministerium das Abkommen unterstützte, stieß es seitens des deutschen Bundesjustizministeriums auf Kritik. Vor allem der fehlende Daten- und Rechtsschutz wurde stark kritisiert.[142] Trotz aller Bedenken im Vorfeld haben die Innenminister der Mitgliedstaaten im Rat den Beschluss zum Abschluss des SWIFT-Interimsabkommens am 30.11.2009 gefasst.[143]

---

[138] Ausführlich dazu *Hummer,* Die SWIFT-Affaire, US-Terrorismusbekämpfung versus Datenschutz, AVR 49 (2011), S. 203-245.

[139] *Lichtblau/Risen,* Bank Data Is Sifted by U.S. in Secret to Block Terror, in *The New York Times* v. 22.6.2006; *Simpson,* U.S. Treasury Tracks Financial Data In Secret Program, in *The Wall Street Journal* v. 22.6.2006.

[140] Vgl. z. B. den Antrag der Fraktion Bündnis 90/Die Grünen, Deutscher Bundestag, 16. WP: SWIFT-Fall aufklären – Datenschutz im internationalen Zahlungsverkehr wieder herstellen, Drucksache 16/4066 vom 17.1.2007.

[141] Eine Anfrage der Verf. an die Kommission zur Offenlegung der Dokumente zu wissenschaftlichen Zwecken blieb erfolglos.

[142] Die einstige Bundesjustizministerin *Sabine Leutheusser-Schnarrenberger* (FDP) beharrte auf einem hohen Datenschutzniveau und effektiven Rechtsschutz. So kritisierte sie vor allem, es sei schade, dass die Chance nicht genutzt worden sei, das SWIFT-Abkommen auf der Rechtsgrundlage des Lissabonner Vertrages zu verhandeln. Diese Entscheidung verunsichere Millionen von Unionsbürgern. Das Europäische Parlament, der Bundesrat, Wirtschafts- und Bürgerrechtsverbände hätten national wie europaweit auf ein hohes Datenschutzniveau gedrängt. Diese Mahnung sei nicht gehört worden. (EU-Innenminister beschließen SWIFT-Interimsabkommen, in Redaktion beck-aktuell v. 1.12.2009, becklink 294217).

[143] Siehe dazu die Stellungnahme des damaligen Bundestagsbeauftragten für den Datenschutz und die Informationsfreiheit, *Peter Schaar* zum Beschluss des Rates, SWIFT-Beschluss des Ministerrats: Kein guter Tag für den Datenschutz in Europa, Bonn/Berlin, Pressemitteilung v. 30.11.2009.

2. Verfahrensablauf

Während die Verhandlungen ohne die Beteiligung des Europäischen Parlaments geführt wurden, hing der Abschluss des Abkommens nach dem mittlerweile in Kraft getretenen Vertrag von Lissabon von der Zustimmung des Europäischen Parlaments ab. Denn mit der Überführung der Polizeilichen und Justiziellen Zusammenarbeit in den supranationalen Bereich des Unionsrechts ist gemäß Art. 87 Abs. 2 lit. b und Art. 88 AEUV das ordentliche Gesetzgebungsverfahren für Maßnahmen im Bereich der polizeilichen Zusammenarbeit anzuwenden. Da das SWIFT-Abkommen diesen Bereich tangierte, musste der Rat gemäß Art. 218 Abs. 6 UAbs. 2 lit. a (v) EUV um die Zustimmung des Europäischen Parlaments ersuchen.

Mit seiner Entscheidung vom 11.2.2010 verweigerte allerdings das Europäische Parlament seine Zustimmung zu dem geplanten Abkommen. Zur Begründung seiner Verweigerung verwies das Europäische Parlament auf seine Entschließung vom 17.9.2009, in der es bereits seine Zweifel gegen das Abkommen kundgetan hatte. Dabei vertrat das Europäische Parlament die Auffassung, dass ein internationales Abkommen, soweit es absolut notwendig sei, unter anderem sicherstellen müsse, dass Daten gemäß der Definition in Art. 1 des Rahmenbeschlusses des Rates vom 13.6.2002 zur Terrorismusbekämpfung,[144] nur zur Terrorismusbekämpfung übermittelt und verarbeitet und sich auf von der Union einschlägig anerkannte Terroristen oder Terrororganisationen beziehen würden. Dabei dürfe die Verarbeitung solcher Daten und deren Speicherung sowie Nutzung nicht unverhältnismäßig zum Ziel der Datenübermittlung sein und sie müsse einer zeitlichen Beschränkung sowie einer richterlichen Genehmigung unterliegen.

Darüber hinaus forderte das Europäische Parlament Verfahrensgarantien und gerichtlichen Rechtsschutz für die betroffenen Bürger und Unternehmen, im Rahmen dessen die Rechtmäßigkeit und Verhältnismäßigkeit der Übermittlungsersuchen in den USA gerichtlich überprüft, sowie im Falle von rechtswidriger Verarbeitung personenbezogener Daten ein Schadensersatzanspruch erhoben werden kann. Schließlich bestand das Europäische Parlament auf der Zweckbindung der Datenerhebung und einem Verbot der Übermittlung an andere als die für die Bekämpfung der Terrorismusfinanzierung zuständigen staatlichen Behörden.[145]

3. Folgen der Zustimmungsverweigerung

Infolge der Zustimmungsverweigerung des Europäischen Parlaments musste der Rat der Kommission erneut ein Mandat zur Aushandlung eines neuen Abkommens erteilen. Diesem neu ausgehandelten Abkommen hat das Europäische Parlament letztlich am 8.7.2010 zugestimmt.[146] Von Interesse ist hier, inwieweit die Forderungen

[144] ABl. L-164 vom 22.6.2002, S. 3.

[145] Legislative Entschließung des EP v. 17.9.2009, P7_TA(2009)0016.

[146] Legislative Entschließung des EP v. 8.7.2010, P7_TA(2010)0279.

und Änderungsvorschläge des Europäischen Parlaments bei der Neuverhandlung Eingang in den Entwurf der Kommission und schließlich in den angenommen Vertragstext gefunden haben. Vergleicht man die erste gescheiterte Fassung des Abkommens[147] mit der angenommen Fassung[148] ergibt sich folgendes Bild:

Das schließlich abgeschlossene Abkommen zeichnet sich vor allem durch mehr Transparenz aus. Dies ergibt sich bereits aus dessen Art. 3, demnach jede Änderung der Liste der Anbieter von internationalen Zahlungsverkehrsdatendiensten im Amtsblatt der Europäischen Union zu veröffentlichen ist.[149] Ergänzend kommt hinzu, dass Art. 4 des Abkommens restriktive Anforderungen an die Ersuchen des US-Finanzministeriums um Daten von bezeichneten Anbietern stellt. Anders als bei der ersten Fassung reicht es nicht aus, dass die Ersuchen präzise sind, sondern sie müssen so eng wie möglich gefasst sein, um die Menge der angeforderten Daten auf ein Minimum zu beschränken.[150] Zudem muss gleichzeitig mit der Zustellung eines Ersuchens an den Anbieter eine Kopie an Europol ergehen. Erst nach der Überprüfung durch Europol und im Falle dessen Bestätigung ist der Anbieter befugt und verpflichtet, dem US-Finanzministerium die Daten bereitzustellen. Ferner dürfen nun keine Daten angefordert werden, die sich auf den Einheitlichen Euro-Zahlungsverkehrsraum beziehen.[151]

Ergänzt wurde das Abkommen um einen weiteren selbstständigen Artikel zur Aufbewahrung und Löschung von Daten, welche Speicherfristen und zumindest jährliche Überprüfung zur Erforderlichkeit der Speicherung vorsieht.[152] Gleichzeitig wird der Weiterleitung von Informationen ein eigenständiger Artikel gewidmet.[153] Dabei ist eine Weiterleitung nur zu wichtigen Zwecken und nur zur Ermittlung, Aufdeckung, Verhütung oder Verfolgung von Terrorismus und Terrorismusfinanzierung gestattet.

Über die Aufwertung des Datenschutzniveaus des Abkommens hinaus, hat das Europäische Parlament die vertragliche Gewährleistung des effektiven Rechtsschutzes erreicht. Das neue Abkommen sichert den bezeichneten Anbietern alle administrativen und gerichtlichen Rechtsbehelfe zu, die den Adressaten von Ersuchen des US-Finanzministeriums nach dem Recht der Vereinigten Staaten zur Verfügung stehen.[154] Ebenfalls werden die Garantien für die Verarbeitung bereitgestellter Daten in Art. 5 des Abkommens um antidiskriminierende Komponenten ergänzt, indem das US-Finanzministerium verpflichtet wird, den Schutz von personenbezogenen Daten ohne Diskriminierung insbesondere aufgrund der Staatsangehörigkeit oder des Wohnsitzes zu gewährleisten.

---

[147] ABl. L-8 v. 13.1.2010, S. 9.

[148] ABl. L-195 v. 27.7.2010, S. 5.

[149] ABl. L-195 v. 27.7.2010, S. 5.

[150] ABl. L-195 v. 27.7.2010, S. 5., Art. 4 Abs. 2 lit c).

[151] *Ibid.,* Art. 4 Abs. 2 lit d).

[152] *Ibid.,* Art. 6.

[153] *Ibid.,* Art. 7.

[154] *Ibid.,* Art. 4 Abs. 8.

Zur Überwachung der Verfahrensgarantien und Kontrolle der strengen Zweckbeschränkung auf die Terrorismusbekämpfung sieht der neu eingefügte Art. 12 des Abkommens darüber hinaus die Möglichkeit der Überprüfung durch unabhängige Prüfer einschließlich einer von der Europäischen Kommission ernannten Person vor, welche allerdings der Zustimmung der Vereinigten Staaten bedarf. Mit der Aufsichtsaufgabe der unabhängigen Prüfer verbunden ist, alle Suchabfragen der bereitgestellten Daten in Echtzeit und nachträglich zu überprüfen. Sie sind vor allem befugt, bestimmte oder alle Suchabfragen zu sperren, die offenbar gegen die in Art. 5 des Abkommens verankerten Garantien für die Verarbeitung bereitgestellter Daten verstoßen. Schließlich sichern Art. 14 bis Art. 16 des Abkommens das Recht der Betroffenen auf Information und Beschränkung der Maßnahmen sowie das Recht auf Berichtigung, Löschung und Sperrung ihrer vom US-Finanzministerium nach Maßgabe dieses Abkommens verarbeiteten personenbezogenen Daten, wenn die Daten nicht richtig sind oder deren Verarbeitung gegen dieses Abkommen verstößt. Dabei geschieht die Überprüfung auf hinreichend begründeten Antrag des Betroffenen.

4. Fazit

Insgesamt lässt sich feststellen, dass die Zustimmungsverweigerung des Parlaments datenschutzrechtliche sowie rechtsschutzerhebliche Modifikationen zugunsten der Personengruppen, deren Rechte durch das Abkommen tangiert sind, zur Folge hatte. Ob die vertraglichen Modifikationen, die durch das Europäische Parlament Eingang in den Vertragstext gefunden haben, an der Praxis der Datenerhebung seitens des Vertragspartners faktisch etwas geändert haben bzw. ob sich der Vertragspartner an die vereinbarten Grundsätze hält, ist allerdings in Anbetracht der aktuellen NSA-Affäre[155] ernsthaft zu bezweifeln.

Zwar kann das Abkommen gemäß Art. 21 des Abkommens von jeder Partei im Falle eines Verstoßes gegen Pflichten aus diesem Abkommen durch die andere Partei mit sofortiger Wirkung suspendiert werden, freilich kommt dem Europäischen Parlament bei Kündigung und Suspendierung von Abkommen, wie bereits dargelegt, mangels eines Initiativrechts keine entscheidende Rolle zu.

II. EU-Marokko-Abkommen

1. Entstehungsgeschichte

Das aktuelle partnerschaftliche Fischereiabkommen zwischen der Europäischen Union und dem Königreich Marokko, welches stillschweigend bis Februar

[155] Vgl. zur Forderung des EP nach der Aussetzung des SWIFT-Abkommens wegen des NSA-Abhörskandals den Entschließungsantrag des EP vom 16.10.2013, B7-0468/2013 sowie dessen Pressemitteilung und Plenartagung v. 23.10.2013.

2015 verlängert wurde,[156] besteht bereits seit 2007.[157] Das Protokoll zur Festlegung der Fangmöglichkeiten und der finanziellen Gegenleistung gemäß dem genannten Partnerschaftsabkommen lief am 27.2.2011 aus und sollte daher durch ein weiteres Protokoll ersetzt werden. Während das ursprüngliche Protokoll seinerzeit lediglich nach Anhörung des Europäischen Parlaments von dem Rat beschlossen wurde, setzte dessen Verlängerung nach Art. 43 Abs. 3, Art. 218 Abs. 6 UAbs. 2 lit. a (v) die Zustimmung des Europäischen Parlaments voraus.

Von Brisanz war dieses Protokoll unter anderem, weil es von allen partnerschaftlichen Fischereiabkommen die zweithöchste jährliche finanzielle Gegenleistung der Europäischen Union vorsah. Die gesamte jährliche finanzielle Gegenleistung, die Marokko von der Europäischen Union dadurch erhalten hätte, belief sich auf über 36 Millionen Euro,[158] davon war durch das geplante Protokoll eine Finanzhilfe von 13,5 Millionen Euro für die Unterstützung der Fischereipolitik in Marokko bestimmt.[159] Im Gegenzug konnten Schiffe aus elf EU-Mitgliedstaaten Fanggenehmigungen von Marokko erhalten.

Diese finanziellen Folgen geben Anlass zu der Überlegung, ob bereits das ursprüngliche Protokoll die Zustimmung des Europäischen Parlaments erforderte. Denn schon nach dem derzeit gültigen Vertrag von Nizza, bedurften gemäß Art. 300 Abs. 3 UAbs. 2 EGV Abkommen mit erheblichen finanziellen Folgen für die Gemeinschaft der Zustimmung des Europäischen Parlaments. Vergegenwärtigt man sich aber die restriktiven Anforderungen, die der Gerichtshof der Union bei der Auslegung dieser Bestimmung zugrunde legt,[160] mag es nicht erstaunen, dass dieses Abkommen nicht als solches eingestuft wurde.

2. Verfahrensablauf

Vor diesem Hintergrund hat die Union mit dem Königreich Marokko ein neues Protokoll ausgehandelt, mit dem den Fischereifahrzeugen der Europäischen Union

---

[156] Vgl. die von KOM veröffentliche Information dazu unter http://ec.europa.eu/fisheries/cfp/international/agreements/morocco/index_de.htm, zuletzt aufgerufen am 30.12.2016.

[157] Siehe die Verordnung (EG) Nr. 764/2006 des Rates vom 22.5.2006, ABl. L-141 v. 29.5.2006, S. 1.

[158] Siehe Art. 2 des Protokolls zwischen der Europäischen Union und dem Königreich Marokko zur Festlegung der Fangmöglichkeiten und der finanziellen Gegenleistung nach dem partnerschaftlichen Fischereiabkommen zwischen der Europäischen Gemeinschaft und dem Königreich Marokko, ABl. L-202/3 v. 5.8.2011.

[159] *Ibid.*, Art. 6.

[160] EuGH, Slg. 1999, I-4741 Rn. 29, 31 f. – Fischereiabkommen mit Mauretanien, in der Rechtssache lehnte der Gerichtshof das Vorliegen erheblicher finanzieller Belastungen für die Gemeinschaft ab. Dieser Rechtsprechung zufolge wird die Erheblichkeit der finanziellen Folgen für die Union nach objektiven Kriterien bestimmt und anschließend einen restriktiven Standard entwickelt. Danach werden die erheblichen finanziellen Folgen aus einem Vergleich der Kosten der Gesamtlaufzeit des Übereinkommens mit den Gesamtkosten der außenpolitischen Maßnahmen der Union oder, bei sektoriellen Übereinkommen, mit den Gesamtkosten des Sektors vorgenommen (*Lorenzmeier*, in: Grabitz/Hilf/Nettesheim, AEUV, Art. 218, Rn. 47, Anm. 7, m. w. N.).

Fangmöglichkeiten in den entsprechenden Gewässern eingeräumt werden, die der Hoheit oder Gerichtsbarkeit Marokkos unterliegen. Die Verhandlungen mündeten dann am 25.2.2011 in einem Protokoll, das für die Zeit vom 28.2.2011 bis 27.2.2012 paraphiert wurde. Um es den Fischereifahrzeugen der Europäischen Union zu erlauben, ihre Fangtätigkeiten auszuüben, sollte das Protokoll bereits ab dem 28.2.2011 vorläufig anwendbar sein.[161]

Die endgültige Annahme des Protokolls hing aber gemäß Art. 218 Abs. 6 UAbs. 2 lit. a (v) AEUV unstreitig von der Zustimmung des Europäischen Parlaments ab, denn die gemeinsame Organisation der Agrarmärkte nach Art. 40 Abs. 1 AEUV sowie die notwendigen Bestimmungen für die Verwirklichung der Ziele der gemeinsamen Agrar- und Fischereipolitik unterliegen gemäß Art. 43 Abs. 3 AEUV dem ordentlichen Gesetzgebungsverfahren.

Während die Mehrheit des Fischereiausschusses des Parlaments sich für eine Zustimmung des Beschlusses des Rates zum Abschluss des Abkommens ausgesprochen hat, distanzierte sich der Berichterstatter des Fischereiausschusses von diesem Abstimmungsverhalten. Der Berichterstatter beanstandete unter anderem die Zusammenarbeit mit der Kommission während der Ausarbeitung der Empfehlung. Die offizielle Befassung des Rates und des Parlaments zu der Verlängerung des Protokolls sei erst drei Monate nach dem vorzeitigen Inkrafttreten des Protokolls im Parlament eingegangen. Zudem habe der Bericht mit der *ex post* Bewertung zunächst ausschließlich in französischer Sprache vorgelegen und trotz zahlreicher Zusagen der Kommission sei erst nach einem Monat dem Berichterstatter eine englische Übersetzung zur Verfügung gestellt worden. Zu diesem Zeitpunkt sei das Protokoll bereits vier Monate in Kraft gewesen. Durch diese fehlende interinstitutionelle Zusammenarbeit sei die Arbeit des Berichterstatters während der gesamten Zeit der Ausarbeitung seines Entwurfes einer Empfehlung erheblich behindert worden.[162]

Darüber hinaus wies der Berichterstatter auf die Mängel des Abkommens hin, ohne generell ein partnerschaftliches Abkommen zwischen der Europäischen Union und dem Königreich Marokko auszuschließen. Zum einen war er der Auffassung, dass nach dem Bewertungsbericht zwei wichtige Ziele des Abkommens, nämlich die Stabilität des Europäischen Marktes und die Entwicklung des Fischereisektors dadurch nicht erreicht wurden, und zum anderen hielt er das Abkommen in finanzieller Hinsicht für ineffizient. Er trug vor, die derzeitige Fassung des Abkommens sei ökologisch nicht nachhaltig und habe keine wesentliche marktökonomische Auswirkung weder auf die Europäische Union noch auf Marokko.[163] Schon in Anbetracht dessen schlug er dem Parlament mit dem Hinweis auf die

[161] Beschluss des Rates vom 12.7.2011, 2011/491/EU, ABl, L-201 v. 5.8.2011, S. 1.

[162] Europäisches Parlament, Empfehlung zu dem Entwurf eines Beschlusses des Rates über den Abschluss eines Protokolls zwischen der Europäischen Union und dem Königreich Marokko zur Festlegung der Fangmöglichkeiten und der finanziellen Gegenleistung nach dem partnerschaftlichen Fischereiabkommen zwischen der Europäischen Gemeinschaft und dem Königreich Marokko v. 29.11.2011, A7.0394/2011, S. 9.

[163] *Ibid.*, S. 8.

Verschwendung von Steuergeldern vor, seine Zustimmung zu der Verlängerung des Protokolls zu verweigern.

Ferner wies der Berichterstatter des Fischereiausschusses auf die höchst umstrittene Frage der Einbeziehung der Fischerei in den Gewässern vor der Küste der Westsahara hin,[164] welches völkerrechtlich den Status eines Hoheitsgebiets ohne Selbstregierung im Sinne von Art. 73 der Charta der Vereinten Nationen besitzt.

Dieses Problem betonte ebenfalls der Entwicklungsausschuss in seiner Stellungnahme nachdrücklich. Zwar sei Marokko hinsichtlich der Westsahara *de facto* Verwalter, Marokko sei jedoch nie von den Vereinten Nationen als offizielle Verwaltungsmacht anerkannt worden. Einem Gutachten der Vereinten Nationen zufolge dürfe jede Nutzung oder Tätigkeit zur Nutzung der Ressourcen der Westsahara nur zum Nutzen oder nach den Wünschen der Bevölkerung der Westsahara erfolgen. Diese Ansicht teile ebenfalls der Juristische Dienst des Europäischen Parlaments in seinem Gutachten vom Mai 2009. Ohne Sicherstellung dieser beiden Voraussetzungen könnten die Gewässer vor der Küste der Westsahara nicht in das Protokoll einbezogen werden. Zwar sei auf wiederholte Nachfrage der Kommission um Informationen diesbezüglich ein Dokument von Marokko vorgelegt worden. Dem habe sich aber nicht entnehmen lassen, ob die Bevölkerung der Westsahara aus dem Abkommen Nutzen gezogen habe oder ob es nach den Wünschen der Bevölkerung der Westsahara geschlossen wurde.[165] Diese Bedenken teilte ebenfalls der Haushaltsausschuss.[166]

Ungeachtet dieser Kritik sprach sich der Fischereiausschuss am 22.11.2011 für den Abschluss des Abkommens aus und empfahl dem Europäischen Parlament dem Protokoll doch zuzustimmen.[167] In Kenntnis der Empfehlung des Fischereiausschusses sowie der Stellungnahme des Haushaltsausschusses und des Entwicklungsausschusses verweigerte das Europäische Parlament mit seiner legislativen Entschließung vom 14.12.2011 seine Zustimmung zu dem Abschluss des Protokolls.[168] Am selben Tag hat das Europäische Parlament in einer weiteren Entschließung seine Forderungen hinsichtlich eines künftigen Protokolls artikuliert.[169] Unter anderem fordert das Parlament die Kommission auf, sicherzustellen, dass ein künftiges Protokoll wirtschaftlich, ökologisch und sozial nachhaltig sowie von gegenseitigem Nutzen ist.

Zudem forderte das Parlament – ohne allerdings auf das Westsahara-Problem näher einzugehen – die Kommission auf, das Völkerrecht uneingeschränkt zu beachten, und sicherzustellen, dass das künftige Protokoll sich positiv auf alle betroffenen einheimischen Bevölkerungsgruppen auswirkt. Schließlich erinnerte das Parlament die Kommission daran, in das partnerschaftliche Fischereiabkommen die Klausel

[164] *Ibid.*, S. 9.

[165] *Ibid.*, S. 12.

[166] *Ibid.*, S. 11 ff.

[167] *Ibid.*, Ergebnis der Abstimmung des Ausschusses, S. 18.

[168] ABl. C-168 E v. 14.6.2013, S. 155.

[169] ABl. C-168 E v. 14.6.2013, S. 8.

über die Achtung der Menschenrechte aufzunehmen, welche in der Entschließung des Europäischen Parlaments vom 25.11.2010 zu Menschenrechten, Sozial- und Umweltnormen in internationalen Handelsabkommen aufgeführt ist.[170]

3. Folgen der Zustimmungsverweigerung

Die Verhandlungen über den Abschluss eines neuen Protokolls begannen im November 2012. Nach sechs Diskussionsrunden wurde am 24.7.2013 ein neues Protokoll paraphiert, welches dem Rat und dem Europäischen Parlament vorgelegt wurde.[171] Mit seiner legislativen Entschließung vom 10.12.2013 gab das Europäische Parlament seine Zustimmung zum Abschluss des neu verhandelten Protokolls.[172]

Ein Vergleich des zweiten Protokollentwurfes mit dem ursprünglichen Entwurf hinterlässt allerdings einen nüchternen Eindruck und erweckt Zweifel an der Stringenz und Insistenz des Europäischen Parlaments hinsichtlich seiner Forderungen. Denn das neue Protokoll tilgt die Zweifel hinsichtlich der wirtschaftlichen, sozialen und ökologischen Nachhaltigkeit nicht *in extenso*.[173] Ebenso wenig beherzigt es das Westsaharaproblem. Zwar betont das neue Protokoll in seinem ersten Artikel die Achtung der demokratischen Grundsätze und der Menschenrechte, gleichzeitig aber klammert es die Frage der Westsahara aus, die einen der Hauptkritikpunkte hinsichtlich des ersten Entwurfs bildete. So sieht das Parlament bewusst über die Bedenken hinsichtlich der Berücksichtigung der Interessen der Bevölkerung der Westsahara hinweg. Angesichts dessen erweist sich allein der Hinweis auf die Achtung der Menschenrechte und demokratischen Grundsätze als eine triviale Anmerkung.

4. Fazit

Wie soeben dargelegt, bildet das letztlich angenommene Protokoll keinen gravierenden Kontrast zu dem abgelehnten Entwurf. Vor allem räumt der abgeschlossene Vertragstext nicht die bestehenden Bedenken hinsichtlich der Westsahara aus. Indessen darf von dem Abstimmungsverhalten des Europäischen Parlaments hinsichtlich des Marokko-Abkommens nicht sogleich auf die periphere Bedeutung des Instrumentariums der Zustimmung geschlossen werden. Vielmehr zeigt es den mangelnden politischen Willen unter der bestehenden Parlamentsmehrheit, die eingeforderten Modifikationen des Protokolls auch tatsächlich durchzusetzen.

---

[170] P7_TA(2010)0434.

[171] Internetportal der KOM abrufbar unter: http://ec.europa.eu/fisheries/cfp/international/agreements/morocco/index_de.htm, zuletzt aufgerufen am 30.12.2016.

[172] P7_TA-PROV(2013)0522.

[173] Vgl. dazu die Stellungnahme des Berichterstatters des Haushaltsausschusses, A7-0417/2013, S. 17 f.

III. *Anti-Counterfeiting Trade Agreement*

1. Entstehungsgeschichte

Auf Initiative der US-Handelsbeauftragten vom 23.10.2007[174] hat die Europäische Union die Verhandlung zum Abschluss des multilateralen[175] *Anti-Counterfeiting Trade Agreement* (ACTA) aufgenommen. Dabei zielte das ACTA auf die Durchsetzung von Rechten des geistigen Eigentums, das als schutzwürdige Eigentumsposition den Schutz der Eigentumsgarantie des Art. 1 des 1. Zusatzprotokolls zur EMRK genießt,[176] und beabsichtige auf diese Weise effektiv und grenzüberschreitend gegen Markenfälschung und unberechtigte Vervielfältigung vorzugehen.

Im Vordergrund der öffentlichen Debatten standen vor allem die Gegenstände der Überschrift „*Enforcement in the Digital Environment*" (Art. 27 ACTA).[177] Kontrovers diskutiert wurden dabei zwei Aspekte, als da wären die Internetsperren bei mehrfacher Urheberrechtsverletzung nach dem Vorbild der sog. *Three-strikes-Regel*[178] sowie die Haftung der Internet-Provider zur Durchsetzung von Rechten des geistigen Eigentums.[179] Tangiert waren mit dem Abkommen damit nicht nur das geistige Eigentum der Rechtsinhaber, sondern gleichzeitig die damit kollidierende Berufsfreiheit[180] der Dienstanbieter sowie die Privatheit (Art. 8 EMRK) und

---

[174] Siehe die Presseerklärung v. 23.10.2007, abrufbar unter http://www.ustr.gov/ambassador-schwab-announces-us-will-seek-new-trade-agreement-fight-fakes, zuletzt aufgerufen am 30.12.2016.

[175] Neben der EU und ihren Mitgliedstaaten waren zehn weitere Staaten beteiligt: Australien, Japan, Kanada, Korea, Mexiko, Marokko, Neuseeland, Singapur, Schweiz, USA.

[176] *Uerpmann-Wittzack,* Das Anti-Counterfeiting Trade Agreement (ACTA) als Prüfstein für die Demokratie in Europa, ARV 49 (2011), S. 107.

[177] *Ibid.,* S. 103.

[178] Die *Three-Strike*-Regel ist durch das Vorgehen gegen Filesharer in drei Schritten gekennzeichnet: Zunächst werden Anschlussinhaber, denen auf Grund der IP-Adresse eine Urheberrechtsverletzung zugeordnet werden kann, abgemahnt, wobei die erste Abmahnung per E-Mail und die zweite mittels eines Einschreibens erfolgt. Beim dritten Verstoß gegen Urheberrechte kann der Internetanschluss des Nutzers bis zu einem Jahr gesperrt werden (*Solmecke/Sebastian/Sahuc,* Beck-Online, MMR-Aktuell 2011, 316298; siehe Stellungnahme des Europäischen Datenschutzbeauftragten zu den laufenden Verhandlungen der Europäischen Union über ein Abkommen zur Bekämpfung von Produkt und Markenpiraterie (Anti-Counterfeiting Trade Agreement, ACTA) v. 22.2.2010, ABl.C-147 v. 5.6.2010, S. 1, Rn. 15 ff.

[179] *Uerpmann-Wittzack, ibid.,* S. 103 f.

[180] Das Grundrecht auf Berufsfreiheit ist von EuGH anerkannt (vgl. EuGH, Slg. 1974, 491, 507 Rn. 13 f; Slg. 1994, I-4973, Rn. 78). Auch wenn die EMRK keine eigenständige Regelung der Berufsfreiheit enthält, wird sie teilweise von dem Schutz der kommerziellen Informationsfreiheit nach Art. 10 EMRK mitumfasst (EGMR, EUGRZ 1990, 261, 261-Autronic AG; Frowein, in: *Frowein/Peukert,* Art. 10 EMRK, Rn. 12; *Ehlers,* Allgemeine Lehren der EMRK, in: *ders.* (Hrsg.), Europäische Grundrechte und Grundfreiheiten, Berlin [et. al.] 2014, § 2 II 2, Rn. 26.) Die Berufsfreiheit folgt jedenfalls aus den gemeinsamen Verfassungsüberlieferungen der Mitgliedstaaten und zählt somit zu den allgemeinen Rechtsgrundsätzen des Gemeinschaftsrechts i. S. d. Art 6 Abs. 3 EUV (EuGH, Slg. 1974, 491, Rn. 13 f.; *Pielow,* BeckOK GeWO, § 1, Rn. 42).

Meinungsfreiheit (Art. 10 EMRK) der Nutzer.[181] Mithin war der Gegenstand der Verhandlung über ACTA von höchster Grundrechtsrelevanz und entsprechend hoch war die Sensibilität der Allgemeinheit.

2. Verfahrensablauf

Zwar war bereits vor dem Inkrafttreten des Vertrags von Lissabon die Europäische Gemeinschaft für den Abschluss von Abkommen zum Schutz der Handelsaspekte des geistigen Eigentums gemäß Art. 133 EGV zuständig, allerding war diese Zuständigkeit im Bereich des Handels mit kulturellen und audiovisuellen Dienstleistungen gemäß Art. 133 Abs. 6 UAbs. 2 EGV lediglich gemischter Natur.[182] Eine Einschränkung dergestalt enthält Art. 207 AEUV aber nicht, sodass die Union gemäß Art. 3 Abs. 1 lit. e AEUV für den Abschluss eines Abkommens über die Handelsaspekte des geistigen Eigentums nun ausschließlich zuständig ist. Eine gemischte Zuständigkeit der Union wird allenfalls nur soweit anzunehmen sein, als das Abkommen sich auf die strafrechtliche Durchsetzung der Rechte des geistigen Eigentums bezieht.[183]

Die Aufnahme der Verhandlungen folgte zunächst auf der Grundlage des Art. 133 EGV. Damit waren neben der Union auch die Mitgliedstaaten bei Verhandlungen zu ACTA zu beteiligen. Dennoch ließen sich die Mitgliedstaaten durch die Europäische Kommission und die Ratspräsidentschaft vertreten.[184] Nach der alten Rechtslage kam dem Rat die Kompetenz zum Vertragsabschluss zu.[185] Eine Anhörung des Europäischen Parlaments bei Handelsabkommen war nach Art. 300 Abs. 3 UAbs. 1 EGV grundsätzlich nicht vorgesehen. Seine Zustimmung war nur dann erforderlich, wenn infolge des Abkommens ein Rechtsakt geändert werden musste. Obgleich die ursprünglich vorgesehene Provider-Haftung in ACTA möglicherweise Modifikationen der Durchsetzungsrichtlinie 2004/48/EG83[186] ebenso wie der Richtlinie 2000/31/EG des Europäischen Parlaments und des Rates vom 8.6.2000 über den elektronischen Geschäftsverkehr[187] erfordert hätte und insoweit eine Zustimmung

[181] Ausführlich zur grundrechtlichen Debatte vgl. *Paal/Hennemann*: Schutz von Urheberrechten im Internet – ACTA, Warnhinweismodell und Europarecht, MMR 2012, S. 288-293; *Uerpmann-Wittzack, ibid.*, S. 107.

[182] Zur Rechtslage vor dem Inkrafttreten des Vertrages von Lissabon vgl. *Hilty/Kur/Peukert*, GRUR Int. 2006, S. 722 f.

[183] *Uerpmann-Wittzack, ibid.*, S. 117; vgl. Art. 23-26 ACTA.

[184] Allerdings war die deutsche Regierung stets mit einem Beobachter beteiligt. Antworten der Bundesregierung, BT-Drs. 16/10284 v. 19.9.2008, S. 4; BT-Drs. 17/186 v. 10.12.2009, S. 2; *Uerpmann-Wittzack, ibid.*, S. 105.

[185] Siehe Art. 133 EGV a. F.

[186] Die sog. Durchsetzungsrichtlinie, ABl. L-157 v. 30.4.2004, S. 45.

[187] ABl. EG L-178 v. 17.7.2000, S. 1.

des Europäischen Parlaments unabdingbar gewesen wäre,[188] hielt die Europäische Kommission eine Zustimmung des Europäischen Parlaments für entbehrlich.[189]

Mit dem Inkrafttreten des Vertrags von Lissabon ist die Rechtslage, wie bereits erörtert, zugunsten des Europäischen Parlaments, geändert worden. Gemäß Art. 218 Abs. 6 UAbs. 2 lit. a (v) AEUV war einstweilen die Zustimmung des Europäischen Parlaments unzweifelhaft erforderlich, denn anders als früher setzt die Zustimmungsbedürftigkeit eines Abkommens gerade nicht voraus, dass mit dem Abkommen eine Änderung des Unionsrechts einhergeht. Unterliegt eine Materie intern dem ordentlichen Gesetzgebungsverfahren, so öffnet sich der Anwendungsbereich des Zustimmungserfordernisses. Für das hiesige Abkommen ergab sich das aus Art. 114 Abs. 1 AEUV, der für eine Harmonisierung das ordentliche Gesetzgebungsverfahren anordnet.

3. Folgen des Zustimmungserfordernisses

Von diesem neuen Handlungsspielraum hat das Europäische Parlament im Hinblick auf das ACTA bereits im Vorfeld des Inkrafttretens des Vertrags von Lissabon gebührlich Gebrauch gemacht. In seiner Entschließung von 18.12.2008[190] setzte sich das Europäische Parlament mit der Verhandlung über ACTA kritisch auseinander und forderte unter Hinweis auf die möglichen Freiheitsgefährdungen transparente Verhandlungen[191] ein. Zugleich verlangte das Parlament eine Privilegierung privater und nichtkommerzieller Nutzungen[192] sowie den Schutz privater Computer vor staatlichen Zugriffen.[193] Schließlich beharrte das Europäische Parlament auf der Wahrung des Richtervorbehalts für Eingriffe der Rechtsinhaber in die Privatsphäre potenzieller Rechtsverletzter.[194]

Allerdings hat die Entschließung des Europäischen Parlaments trotz dessen Insistenz auf einer stärkeren Einflussnahme[195] vorerst keinen Eingang in die Verhandlungen von ACTA gefunden, denn die Kommission wies eine Beteiligung des Europäischen Parlaments auf der Grundlage des noch nicht in Kraft getretenen Vertrages von Lissabon vehement zurück.[196] Das Wirksamwerden des Vertrags von Lissabon entzog

---

[188] *Uerpmann-Wittzack, ibid.*, S. 118.

[189] Siehe Europäische Kommission, The Anti-Counterfeiting Trade Agreement (ACTA), Fact sheet, Stand Januar 2009, S. 2, abrufbar unter http://trade.ec.europa.eu/doclib/docs/2009/january/tradoc_142039.pdf., zuletzt aufgerufen am 30.12.2016.

[190] Europäisches Parlament, Entschließung v. 18.12.2008, ABl. C- 45 E v. 22.3.2010, S. 47, Rn. 13–28.

[191] *Ibid.*, Rn. 14, 25, 28, 72.

[192] *Ibid.*, Rn. 16, 24.

[193] *Ibid.*, Rn. 18.

[194] *Ibid.*, Rn. 24.

[195] *Ibid.*, Rn. 72.

[196] Siehe Europäische Kommission, The Anti-Counterfeiting Trade Agreement (ACTA), Fact sheet, Stand Januar 2009, S. 2, abrufbar unter http://trade.ec.europa.eu/doclib/docs/2009/january/tradoc_142039.pdf, zuletzt aufgerufen am. 30.12.2016. Zu ACTA-Verhandlungen siehe *Uerpmann-Wittzack, ibid.*, S. 119.

allerdings diesem Einwand jegliche Grundlage. Das Europäische Parlament, das durch die Ablehnung des SWIFT-Abkommens an Selbstbewusstsein und Stärke gewonnen hatte, setzte seine Befugnisse entsprechend im Rahmen der ACTA-Verhandlungen ein.

Mit seiner Entschließung vom 10.3.2010 trat das Europäische Parlament erneut für die Transparenz der Verhandlungen ein[197] und lehnte eine *Three-Strikes*-Regel wie ursprünglich vorgesehen ab. Gleichzeitig betonte es, dass eine Sperre des Internetzugangs unter Richtervorbehalt stehen müsse.[198] Erst daraufhin haben alle Verhandlungspartner in der achten Verhandlungsrunde, die vom 12. bis 16.4.2010 in Neuseeland stattfand, der gesteigerten Transparenzforderung Folge geleistet und eine Veröffentlichung des Vertragsentwurfs – entgegen der ursprünglich vereinbarten strikten Vertraulichkeit[199] – gebilligt.[200]

Das Europäische Parlament hat am 24.11.2010 die fast endgültige Fassung[201] des Vertrages vom 2.10.2010 mit entsprechenden Änderungen zur Kenntnis genommen.[202] Zugleich forderte es die Kommission auf, zu bestätigen, dass die Umsetzung des ACTA keine Auswirkungen auf die Grundrechte und den Datenschutz, die laufenden Bemühungen der EU, die Maßnahmen zur Durchsetzung von Rechten des geistigen Eigentums zu harmonisieren, und den elektronischen Geschäftsverkehr haben werde.[203] Das von Juni 2008 bis Oktober 2011 in elf zwischenstaatlichen Verhandlungsrunden ausgehandelte Abkommen[204] lag schließlich seit 1.5.2011 dem Europäische Parlament zum Zwecke der Unterzeichnung vor.[205]

In Anbetracht der wenigen Informationen über den konkreten ursprünglichen Inhalt, die der Öffentlichkeit zugänglich gemacht wurden, können die endgültigen Bestimmungen des ACTA mit dem ursprünglich geplanten Vertrag nur schwer verglichen werden.[206] Gleichwohl ist zu verzeichnen, dass der endgültig vorgelegte

---

[197] Europäisches Parlament, Entschließung v. 10.3.2010, ABl. C-349 E v. 22.12.2010, S. 46, Rn. 1-7.

[198] ABl. C-349 E v. 22.12.2010, S. 46, Rn. 11.

[199] Siehe die Antworten der Bundesregierung, BT-Drs. 17/1322 v. 8.4.2010, S. 3; BTDrs. 17/2627 v. 23.7.2010, S. 5.

[200] Abrufbar unter http://trade.ec.europa.eu/doclib/docs/2010/april/tradoc_146029.pdf, zuletzt aufgerufen am 30.12.2016; siehe auch die Pressemitteilung der Europäischen Kommission vom 21.4.2010, abrufbar unter http://trade.ec.europa.eu/doclib/press/index.cfm?id = 552, zuletzt aufgerufen am 30.12.2016.

[201] ACTA, Consolidated Text v. 2.10.2010, abrufbar zuletzt am 14.9.2015 unter http://trade.ec.europa.eu/doclib/docs/2010/october/tradoc_146699.pdf.

[202] Europäisches Parlament, Entschließung v. 24.11.2010, P7_TA-PROV(2010)0432.

[203] *Ibid.,* Rn. 14.

[204] Siehe die Abschlusserklärung der 11. und letzten Verhandlungsrunde, Joint statement from all the Negotiating parties to ACTA v. 2.11.2010 abrufbar unter http://trade.ec.europa.eu/doclib/press/index.cfm?id = 623, zuletzt aufgerufen am 30.12.2016.

[205] Art. 39 ACTA end. Text abrufbar unter http://trade.ec.europa.eu/doclib/docs/2010/october/tradoc_146699.pdf, zuletzt aufgerufen am 30.12.2016.

[206] Ein direkter Vergleich lässt sich infolge anfänglicher Geheimhaltung der ursprünglichen Dokumente nicht ziehen. Die ursprünglichen Absichten der Vertragsparteien lassen sich teilweise an den gelegentlichen Stellungnahmen des Europäischen Parlaments sowie dessen Beauftragten ablesen. Siehe zu voraussichtlichen Inhalten des ACTA die Stellungnahme des Europäischen Datenschutzbeauftragten zu den laufenden Verhandlungen der Europäischen Union über ein Abkommen zur Bekämpfung von Produkt- und Markenpiraterie, ABl. C-147 v. 5.6.2010, S. 1.

Vertrag infolge des Inkrafttretens des Vertrags von Lissabon und des damit verbundenen Transparenzgebots, nicht zu unterschätzende Abweichungen zu anfänglich diskutierten Vorhaben und Vertragsinhalten aufweist.

So wird die Einführung von Mechanismen zur Weiterleitung persönlicher Daten von Urheberrechtsverletzern an Rechtsinhaber lediglich empfohlen,[207] wohingegen an einem Arbeitsdokument der Union, das aus der Phase der Vertragsverhandlungen stammt, abzulesen ist, dass die Freigabe der Informationen über den Rechtsverletzter vom Provider auf Antrag der Rechtsinhaber anfänglich zwingend vorgesehen war.[208] Ferner ist die Formulierung des letztlich angenommenen Vertragstextes hinsichtlich des Umfangs dieser Informationen, zwar nicht in aller Schärfe, aber gleichsam umrissener.[209] Keinen Eingang in den Vertragstext hat zudem der zwingende Einsatz von Internetzugangssperren bzw. Internetinhaltsperren nach dem umstrittenem *Three-Streikes*-Model gefunden.[210]

Indessen vermochten diese Modifikation die bestehenden Bedenken des Ausschusses für bürgerliche Freiheiten, Justiz und Inneres; des Industrieausschusses, des Entwicklungsausschusses; des Rechtsausschusses sowie des Handelsausschlusses nicht zu beseitigen. Letztlich haben sie sich unter Hinweis auf die potenziellen Gefahren für die bürgerlichen Freiheiten gegen den Abschluss von ACTA ausgesprochen.[211] Bemängelt wurde allseits die fehlende Transparenz während der Vertragsverhandlungen.

Mit seiner legislativen Entschließung von 4.7.2012 verweigerte schließlich das Europäische Parlament seine Zustimmung zum ACTA.[212] Damit ist das Abkommen innerhalb der Europäischen Union endgültig gescheitert. Ein erneutes Mandat an die Kommission zur Aushandlung eines neuen Abkommens über Rechte des geistigen Eigentums liegt bisher nicht vor. Allerdings verrät ein „geleaktes" Dokument,[213] dass das Mandat zur Aushandlung von dem geplanten internationalen Freihandelsabkommen *Transatlantic Trade and Investment Partnership* (TTIP) entgegen bisherigen offiziellen Darstellungen auch Aspekte des geistigen Eigentums umfassen soll. Solange die Verhandlungen über TTIP genauso intransparent bleiben wie das einstige ACTA, kann über dessen Inhalt und Reichweite nur spekuliert werden.

[207] Siehe Art. 27 Abs. 4 ACTA end. Text, a.a.O (Kap. 5, Fn. 201); siehe dazu *Paal/Hennemann,* Schutz von Urheberrechten im Internet – ACTA, Warnhinweismodell und Europarecht, MMR 2012, S. 288 ff.

[208] Vgl. das als „RESTREINT UE" eingestufte Dokuments des Rats, Nr. 6437/10 v. 12.2.2010 abrufbar unter http://blog.die-linke.de/digitalelinke/wp-content/uploads/ACTA-6437-10.pdf. zuletzt aufgerufen am 30.12.2016.

[209] Vgl. Art. 27 Abs. 4 des ACTA, a.a.O. (Kap. 5, Fn. 201) mit Art. 2.4 des „RESTREINT UE" Dokuments Nr. 6437/10, *ibid.*

[210] Zu den früheren Optionen einer Internetsperre vgl. Art. 2.17, RESTREINT UE" Dokuments Nr. 6437/10, *ibid.*

[211] Vgl. die Stellungnahmen von Ausschüssen, EP Dokument Nr. A7-0204/2012.

[212] Legislative Entschließung des EP v 4.7.2012, P7_TA(2012)0287.

[213] Zuletzt abrufbar am 14.9.2015 unter http://www.s2bnetwork.org/fileadmin/dateien/downloads/EU_Draft_Mandate_-_Inside_US_Trade.pdf.

4. Fazit

Mangels eines erneuten Mandats und eines abgeschlossenen Abkommens kann an dieser Stelle keine *ante et post* Analyse des abgelehnten mit dem zugestimmten Vertragstext erfolgen. Gleichwohl zeigen sich der Einfluss des Europäischen Parlaments und die Dimension des Zustimmungserfordernisses bereits im Rahmen des Verhandlungsprozesses in der Förderung der Transparenz und der dadurch herbeigeführten Entschärfung der grundrechtlich umstrittenen Vertragsbestimmungen vor der Paraphierung des Abkommens. Schließlich unterstreicht dieser Fall die Bedeutung der in Art. 210 Abs. 10 AEUV vorgesehenen unverzüglichen und umfassenden Unterrichtung des Europäischen Parlaments für die Bestimmung des endgültigen Inhalts der Verträge sowie das Abstimmungsverhalten des Europäischen Parlaments beim Verfahren der Zustimmung.

IV. Gesamtwürdigung der Fallstudien

Wie soeben aufgezeigt, hatte die Verweigerung der Zustimmung seitens des Parlaments zunächst das Scheitern der Abkommen insgesamt zur Folge. Das bedeutet, dass die Kommission dem Rat im Einzelnen einen neuen Vorschlag vorlegen und erst aufgrund eines neuen Mandats des Rates neu verhandeln müsste. Diesem Aufwand kann die Kommission nur dadurch entgehen, dass sie schon vorzeitig den Standpunkt des Parlaments bei Vertragsverhandlungen berücksichtigt. Damit weist das Zustimmungserfordernis über seinen blockierenden Charakter hinaus eine weitergehende gestaltende Dimension auf. Das Europäische Parlament hat bisher dreimal das Instrument der Zustimmung zur Durchsetzung seiner Position in der europäischen Außenpolitik eingesetzt. Die drei geschilderten Fälle sind ihrer Anzahl nach nicht repräsentativ um eine Schlussfolgerung genereller Art zu erlauben. Bemüht man sich dennoch um einen Leitgedanken, so lässt sich Folgendes feststellen:

Das Abstimmungsverhalten des Europäischen Parlaments weist eine Tendenz auf, die an den Wesentlichkeitsgedanken erinnert. Sind Grundrechte der Unionsbürger durch ein Abkommen tangiert, beharrt das Europäische Parlament auf dem Schutz der Grundrechte der Unionsbürger und setzt sich stark für seine Position ein. Stehen hingegen allein wirtschaftliche Aspekte im Vordergrund, hält sich das Europäische Parlament zwar nicht mit der Abfassung von Forderungen zurück, ist aber nachgiebig und vertraut insoweit auf das wirtschaftliche Auffassungsvermögen der Europäischen Kommission. Die Brisanz der Grundrechte dürfte allerdings nicht universell verstanden werden, denn, wie das Beispiel mit dem Westsahara-Konflikt zeigt, ist nicht anzunehmen, dass das Europäische Parlament sich etwa allgemein als Verfechter der Menschenrechte versteht – strenggenommen ist das auch nicht ihr primäres Mandat –, sondern vielmehr als Schützer der Grundrechte der Unionsbürger und deren Interessen.

Es ist gerade die grundrechtliche Sensibilität der Verhandlungsgegenstände und der damit einhergehende Zuwachs des Erfordernisses der demokratischen Legitimation solcher Vereinbarungen, die die Kommission und den Rat dazu drängt, sich dem Willen des Europäischen Parlaments zu beugen. Freilich sind nicht nur unionseigene Organe wie die Kommission und der Rat diesem parlamentarischen Druck ausgesetzt. Denn lehnt das Europäische Parlament ein Abkommen wegen Bedenken um dessen Vereinbarkeit mit europäischen Grundrechten ab, erweist sich ein Vertragspartner, der ungeachtet dessen auf einer grundrechtlich ominösen Position beharrt, in der Sphäre – nicht nur europäischer sondern heimischer – Öffentlichkeit als rechtfertigungsbedürftig. Denn die Zustimmungsverweigerung oder deren Androhung durch das Europäische Parlament mag bei dem einen oder anderen nichteuropäischen Staatsbürger die Frage aufwerfen, warum seine Grundrechte dürftiger als die der Europäer ausfallen.[214]

Ferner ist zu beobachten, dass das Europäische Parlament nicht *per se* die Empfehlungen der Ausschüsse Folge leistet. Vielmehr erfolgt die Willensbildung des Plenums weitgehend autonom.[215] Schließlich spiegeln die aufgezeichneten Fälle die Bedeutung der Informations- und Unterrichtungsrechte des Europäischen Parlaments wider, die sich nicht in einer besseren Koordination und interinstitutionellen Zusammenarbeit der Unionsorgane erschöpfen, sondern eine zusätzliche Legitimationskategorie ins Leben rufen,[216] welche in der Transparenz der Entscheidungsfindungsprozesse begründet liegt.

C. Zusammenfassung und Bewertung

Die außenpolitische Stellung des Europäischen Parlaments lässt sich insgesamt wie folgt zusammenfassen: Die Rolle des Europäischen Parlaments in der Außenpolitik folgt trotz des Versuches einer Konstitutionalisierung des auswärtigen Handelns[217] durch den Reformprozess von Lissabon keinem einheitlichen und verallgemeinerungsfähigen Konzept. Vielmehr liegt ihr ein differenzierender Ansatz zugrunde, der sich an dem Grad der Integration verschiedener Politikbereiche orientiert, da trotz vertraglicher Auflösung der Drei-Säulen-Struktur neben dem supranationalen Unionsrecht intergouvernementale Elemente weiterhin fortbestehen.

---

[214] Zur Diskussion über die Ablehnung des SWIFT-Abkommens in den USA vgl. *Kanter,* Europe rejects U.S. Deal on Bank Data, in *The New York Times* v. 11.2.2011; *Lichtbau,* Europe Wary of U.S. Bank Monitors, in *New York Times* v. 5.12.2010.

[215] Im Gegensatz dazu steht der Prozess der Willensbildung des Rates. Wird trotz der fehlenden formalen Entscheidungsbefugnis (siehe Art. 16 Abs. 7 EUV) auf der Ebene des Coreper eine Einigung erzielt, so wird sie auf der Ministerebene regelmäßig ohne weiteres übernommen (*Härtel,* Handbuch europäischer Rechtssetzung, a.a.O. (Kap. 3, Fn. 154), S. 90 ff; *v. Achenbach,* a.a.O. (Kap. 3, Fn. 75), S. 286).

[216] Dazu oben Kap. 3 G. III.

[217] *Arnauld,* in: ders., EnzEuR Bd. 10, § 1, Rn. 25 m. w. N.

I. Intergouvernementale Politikbereiche

Die Gemeinsamen Außen- und Sicherheitspolitik und die Gemeinsamen Verteidigungspolitik als deren integraler Bestandteil sind weiterhin stark intergouvernemental geprägt. Indirekt und unverbindlich kann das Europäische Parlament sie über sein Selbstbefassungsrecht beeinflussen, das sowohl über Initiativkomponente als auch Kontrollkomponente verfügt. Hierzu gehören die Veröffentlichung von Berichten, der Erlass von Entschließungen und Empfehlungen sowie die Formulierung von Anfragen.[218] Zwar ist der Rat bei seiner Entscheidungsfindung keinesfalls daran gebunden, gleichsam können jedoch diese Berichte auf die Entscheidungsfindung einwirken. Denn indem das Europäische Parlament sich mit einer Materie befasst, rückt sie in den Fokus der Aufmerksamkeit der Öffentlichkeit und Medien. Folglich ist der Rat zwangsweise mit der Position des Parlaments konfrontiert und muss bei etwaigen Divergenzen seinen eigenen Standpunkt rechtfertigen. Insofern verfügt das Selbstbefassungsrecht des Europäischen Parlaments über ein gewisses Druckpotenzial.

Rechtssetzende Funktion im Bereich der Gemeinsamen Außen-und Sicherheitspolitik nimmt das Europäische Parlament nicht wahr. Lediglich über die Finanzierung der Gemeinsamen Außen- und Sicherheitspolitik nach Art. 41 Abs. 1 und 2 EUV aus dem Haushalt der Europäischen Union kann das Parlament die Grundzüge dieses Politikbereiches beeinflussen, ausgenommen bleiben allerdings militärische und verteidigungspolitische Bezüge.[219]

Ein Kontrollinstrument bildet das Misstrauensvotum gegenüber der Kommission, dessen Bedeutung allerdings infolge des Instituierens des Amtes des Hohen Vertreters in die Organisation des Rates, dezimiert ist. Denn dem Hohen Vertreter kann zwar gemäß Art. 17 Abs. 8 in seiner Funktion als Vizepräsidenten der Kommission ein Misstrauensantrag angedroht werden, in seiner Funktion als Hohe Vertreter der Union bleibt er jedoch im Amt, solange der Europäische Rat dessen Amtszeit nicht gemäß Art. 18 Abs. 1 EUV beendet hat.

II. Supranationale Politikbereiche

Grundlegend anders verhält es sich mit den supranationalen Politikbereichen, hier insbesondere der Gemeinsamen Handelspolitik. Während im Rahmen der autonomen Rechtssetzung das Europäische Parlament im Wege des ordentlichen Gesetzgebungsverfahrens neben dem Rat als Gesetzgeber tätig wird, fallen die parlamentarischen Rechte innerhalb der vertraglichen Außenpolitik schwächer aus, denn hier beschränken sie sich auf die Erteilung oder Verweigerung seiner Zustimmung. Zwar

[218] Art. 36 Abs. 2 EUV.

[219] *Krajewski,* in: v. Arnauld, EnzEuR Bd. 10, § 3, Rn. 157.

fehlen dem Europäischen Parlament im ordentlichen Gesetzgebungsverfahren nach wie vor – entsprechend dem originären institutionellen Konzept der Union – jegliche unmittelbaren und verbindlichen Initiativrechte, welche ausschließlich der Kommission zustehen. Dennoch kann das Europäische Parlament im Rahmen des Mitentscheidungsverfahrens die Kommissionsvorschläge modifizieren.[220] Demgegenüber geht das Zustimmungserfordernis zwar faktisch über ein alleiniges Vetorecht hinaus, jedoch räumt es dem Parlament vertraglich kein förmliches Recht auf Änderungsvorschläge und Modifikationen ein. Sonach bleibt der parlamentarische Einfluss auf das Zustimmungsverfahren augenscheinlich hinter seiner rechtssetzenden Funktion im Rahmen des ordentlichen Gesetzgebungsverfahrens zurück. Wie die Studie des ACTA aufzeigt, darf daraus nicht abgeleitet werden, dass sich das Ergebnis der Vertragsverhandlung für das Europäische Parlament als *fait accompli* darstellt.[221]

Gegen solch eine Schlussfolgerung spricht nicht zuletzt die vertraglich weitgefasste Einbeziehung des Europäischen Parlaments, sprich die *unverzügliche umfassende Unterrichtung in allen Phasen des Verfahrens* nach Art. 218 Abs. 10 AEUV, die eine neue Tendenz parlamentarischer Beteiligung an der Außenpolitik in die Wege leitet. Es ist doch genau der Sinn einer derartigen Einbeziehung, das Parlament nicht vor vollendete Tatsachen zu stellen. Zwar sind die Anhörungs- und Informationsrechte des Europäischen Parlaments je nach der Zustimmungsbedürftigkeit unterschiedlich ausgeprägt, dennoch sind sie, obwohl sie nicht mit einer förmlichen rechtsetzenden Einflussmöglichkeit einhergehen, von Brisanz, denn sie tragen zu mehr Transparenz bei, welche einen weiteren wichtigen Legitimationsfluss darstellt.[222]

Ferner hat sich der außenpolitische Einfluss des Europäischen Parlaments durch die Ausweitung des Zustimmungserfordernisses im Zuge der Lissabonner Reformen immens potenziert. Insbesondere die Novellierung der Gemeinsamen Handelspolitik und deren institutionellen Substrats haben eine historisch beachtliche Aufwertung der Gestaltungsfunktion des Europäischen Parlaments zur Folge.[223] Ergänzend nimmt das Europäische Parlament mit seinem Selbstbefassungsrecht ebenfalls in supranationalen Politikbereichen an Formulierung und Kontrolle der

---

[220] *Ibid.*, Rn. 156.

[221] So aber *Krajewski, ibid.*, Rn. 159; *Tomuschat*, Der Verfassungsstaat im Geflecht internationaler Beziehungen, VVDStRL 36 (1978), S. 28; *Thym*, Parliamentary Involvement in European International Relations, in: de Witte/Cremona (Hrsg.), EU Foreign Relations Law – Constitutional Fundamentals, Oxford 2008, S. 209; anders *Passos,* The European Union´s external relations after Lisbon: a first evaluation from the European Parliament, in: P. Koutrakos (Hrsg.), The European Union´s External Relations. A Year After Lisbon, Den Haag 2011, S. 52.

[222] Dazu Kap. 3 G. III.

[223] *Krajewski,* Die neue handelspolitische Bedeutung des Europäischen Parlaments, a.a.O. (Kap. 5, Fn. 25), S. 55-74; vgl. zur Auswirkung des Lissabon Vertrags auf die Gemeinsame Handelspolitik vgl. *Bungenberg,* Going Global?, a.a.O. (Kap. 3, Fn. 30), S. 123-151; *ders.*, Außenbeziehungen und Außenhandelspolitik, EuR 2009, 195-215; *Woolcock,* The potential impact of the Lisbon Treaty on European Union external Trade Policy, EPA 2008, S. 1-6.

Außenpolitik teil. Und schließlich ist das Parlament als Haushaltsgesetzgeber an der Gestaltung und Kontrolle der supranationalen Außenpolitik beteiligt.

III. Europäische Außenpolitik – Spiegelbild staatlicher Außenpolitik?

Vergleicht man die Außenpolitik und die Verteilung der auswärtigen Gewalt innerhalb des institutionellen Rahmens der Europäischen Union mit denen der untersuchten Referenzsysteme, so fällt auf, dass in der europäischen Außenpolitik sich die nationale Tendenz der Konzentration der außenpolitischen Befugnisse auf die Exekutive widerspiegelt. Indessen erfuhr diese exekutivische Tendenz eine Mäßigung infolge des Inkrafttretens des Vertrags von Lissabon und der damit einhergehenden Aufwertung der außenpolitischen Stellung des Europäischen Parlaments. Freilich ist diese Aufwertung nicht in allen Politikbereichen gleichmäßig. Daher ist bei der Bewertung der außenpolitischen Stellung des Parlaments zwischen den verschiedenen Politikbereichen zu unterscheiden.

1. Sicherheitspolitik

Im Bereich der intergouvernementalen Außen- und Sicherheitspolitik und diplomatischen Beziehungen fehlt es dem Europäischen Parlament ähnlich wie dem Bundestag und dem US-amerikanischen Kongress aufgrund der exekutivischen Richtlinienbestimmung und Kommunikationsführung an aktiven sachlich-inhaltlichen Gestaltungsmöglichkeiten, wobei hier mangels einer integrierten gemeinsamen europäischen Verteidigungspolitik und unionseigener Streitkräfte die Einflussmöglichkeit des Europäische Parlaments hinter der des Bundestages und des Kongresses zurückbleibt. Allerdings besteht hier auch deshalb kein besonderes Bedürfnis nach einer Rückkoppelung der nationalen Streitkräfte an das Europäische Parlament. Auf militärische und verteidigungspolitische Entscheidungen kann das Europäische Parlament auch nicht über den Umweg des Budgetrechts einwirken, denn diese sind gerade von dem Finanzierungsrahmen der Gemeinsamen Außen-und Sicherheitspolitik ausgenommen. Ansonsten aber kommt dem Budgetrecht des Europäischen Parlaments bei der Bestimmung der Grundzüge der Gemeinsamen Außen- und Sicherheitspolitik eine nicht zu unterschätzende Bedeutung zu.

2. Vertragliche Außenpolitik

Was die vertragliche Außenpolitik anbelangt, haben sich die außenpolitischen Befugnisse des Europäischen Parlaments im Zuge der Lissabonner Reformen denen des Kongresses angenähert. Dies gilt zunächst für das Budgetrecht. Das

Budgetrecht des Europäischen Parlaments ist mit dem des Kongresses, im Konkreten des Repräsentantenhauses vergleichbar. Zwar hat der Bundestag formal auch die Möglichkeit, durch zweckgerichtete Zuweisung von Haushaltsmitteln außenpolitische Impulse an die Bundesregierung zu richten, dennoch fehlt es in einer parlamentarischen Demokratie, in der die Regierung von der Mehrheit des Parlaments getragen wird, an einem Spannungsverhältnis zwischen der Regierung und dem Parlament, welches zur Einsetzung des Haushaltsrechts als Steuerungsinstrument notwendig wäre.[224] Insoweit kommt dem Budgetrecht des Europäischen Parlaments wie dem des Kongresses ein Mehrwert zu, denn beide Organe agieren aufgrund eines eigenständigen Legitimationsakts als Gegenpol zu und unabhängig von der Exekutive. Die Gestaltung der Außenpolitik über das Budgetrecht stellt daher auch künftig einen Berührungspunkt des Europäischen Parlaments mit dem amerikanischen Kongress dar.

Was die Gestaltung der Vertragspolitik im Rahmen des Zustimmungsverfahrens angeht, fällt die Bewertung differenziert aus. Der Einfluss und damit die demokratische Legitimationsleistung des Europäischen Parlaments im Rahmen des Zustimmungsverfahrens bleiben hinter der ordentlichen Gesetzgebung zurück, denn es fehlt an einer verfahrensrechtlich gesicherten sachlich-inhaltlichen Gestaltungsmöglichkeit des Europäischen Parlaments. Insoweit hat zwar nicht das Repräsentantenhaus, aber doch der Senat des Kongresses weitergehende Rechte. Diese fehlende Gestaltungmöglichkeit des Europäischen Parlaments wird auch nicht durch die weitgehende Rechte des Rats kompensiert, denn anders als der amerikanische Senat ist der Rat ein Zusammenschluss der entsandten Regierungsvertreter und keine Kammer direkt gewählter Senatsmitglieder der Bundesländer.

Zwar hat das Europäische Parlament kein formelles Recht, Änderungen der fixierten Verträge vorzuschlagen oder Initiativen zu ergreifen – abgesehen von der Möglichkeit des unverbindlichen indirekten Initiativgesuchs an die Kommission, dennoch ist das Europäische Parlament in jeder Phase des Verfahrens unverzüglich und umfassend miteinzubeziehen. Insoweit bleibt der Bundestag mit Ausnahme der Fälle der Übertragung von Hoheitsrechten in Angelegenheiten der Europäischen Union hinter dem Europäischen Parlament zurück.

Dadurch dass die Europäische Union im Bereich der Gemeinsamen Handelspolitik generell ausschließlich zuständig ist und zugleich dem Europäischen Parlament über Art. 218 Abs. 6 UAbs. 2 lit. a (v) AEUV beinahe bei fast allen handelspolitischen Verträgen ein Zustimmungsrecht zukommt, genießt das Europäische Parlament im Verhältnis zu Bundestag einen Vorsprung, soweit es sich nicht um gemischte Verträge handelt. Dies gilt ebenso für alle Übereinkünfte in Bereichen, für die entweder das ordentliche Gesetzgebungsverfahren gilt oder, wenn aufgrund eines besonderen Gesetzgebungsverfahrens die Zustimmung des Europäischen Parlaments erforderlich ist. Es wäre aber fehlgeleitet, daraus den Schluss zu ziehen, dass die außenpolitische Handelspolitik und die Politikbereiche mit dem

[224] Vgl. zum Verhältnis des Haushaltsausschusses und des Auswärtigen Ausschusses *Pilz*, a.a.O. (Kap. 2, Fn. 22), S. 110.

ordentlichen Gesetzgebungsverfahren, welche durch die Übereinkünfte tangiert sind, tendenziell einen stärkeren Einbezug des Parlaments in die vertragliche Außenpolitik zulassen als dies auf nationaler Ebene in der Bundesrepublik der Fall wäre. Denn die erweiterte Beteiligung des Europäischen Parlaments folgte nicht etwa aus der Einsicht einer Parlamentarisierung der Außenpolitik und einer Aufwertung der Rolle des Europäischen Parlaments im Verhältnis zur sonst außenpolitisch agierenden europäischen Exekutive. Vielmehr ist sie eine Kompensation für den Verlust des Einflusses der nationalen Parlamente auf die supranationalen Bereiche infolge der Übertragung der nationalen Hoheitsrechte. Art. 218 Abs. 6 UAbs. 2 lit. a (v) AEUV brachte zwar, wie schon dargelegt, eine deutliche Aufwertung der Rolle des Europäischen Parlaments in vertraglicher Außenpolitik mit sich, indem es eine Parallelität der Innen- und Außenpolitik erzeugte. Er entspricht aber insoweit dem Art. 59 Abs. 2 S. 1 2. Alt GG und geht darüber nicht hinaus.

3. Der institutionelle Mehrwert des Europäischen Parlaments

Indessen läutet die Aufwertung der außenpolitischen Befugnisse des Europäischen Parlaments eine stärkere Parlamentarisierung der Außenpolitik ein, denn Entscheidungen des Europäischen Parlaments werden in einem anderen, erweiterten politischen Kontext getroffen.[225] Die Zusammensetzung des Europäischen Parlaments aus achtundzwanzig Mitgliedstaaten erweitert faktisch die Informationsressourcen und Expertise der Parlamentarier. Zu diesem internationalen Charakter des Europäischen Parlaments kommt hinzu, dass das Europäische Parlament für sich beanspruchen kann, als einziges Organ die Stimme von achtundzwanzig Völkern in sich zu einen und zugleich so viele Parlamente zu ersetzen. Es sorgt insofern für Flexibilität und Effizienz der Außenpolitik, die so oft als besondere Erfordernisse der Außenpolitik hervorgehoben werden.

Zu betonen ist an dieser Stelle erneut die von der Kommission und dem Rat unabhängige Position des Europäischen Parlaments in dem institutionellen Gefüge der Europäischen Union, die in der vertraglichen Außenpolitik in Gestalt des Zustimmungsverfahrens besonders hervortritt. Denn anders als in dem parlamentarischen Regierungssystem, in dem die Regierung von der Mehrheit des Parlaments getragen wird, was in der Regel eine Hemmung der Verweigerung der Zustimmung auslöst – zu denken ist hier an den Fraktionszwang und parteipolitischen Kalkül, die den Grundsatz des freien Mandats relativieren und dazu führen, dass der parlamentarische Einfluss des Parlaments über das Zustimmungsrecht sich meist auf deren gerichtliche Überprüfung veranlasst durch eine Minderheitsfraktion reduziert, ist das Europäische Parlament einem derartigen Druck der Exekutive nicht ausgesetzt. Die erweiterte Dimension der außenpolitischen Befugnisse des Europäischen Parlaments ist daher auch dem Fehlen eines parlamentarischen Regierungssystems in

---

[225] So *Krajewski* im Hinblick auf die europäische Handelspolitik, a.a.O. (Kap. 5, Fn. 25), S. 73 f., wobei er mit dem erweiterten Kontext eher die fehlende parlamentarische Demokratie im Sinn hat.

der Europäischen Union zu verdanken. Freilich ist die fehlende parlamentarische Verantwortlichkeit der aus dem Rat und der Kommission bestehenden europäischen Exekutive die Kehrseite einer solch unabhängigen Stellung des Europäischen Parlaments.

4. Die Wahl des Kommissionspräsidenten – Eine institutionelle Änderung mit außenpolitischen Folgen?

Der Mehrwert der institutionellen und personellen Unabhängigkeit der Europäischen Organe in der Europäischen Union scheint aber angesichts der Forderung des Europäischen Parlaments im Vorfeld dessen achter Wahlperiode, den Spitzenkandidaten der Mehrheitsfraktion zum Kommissionspräsidenten benennen zu wollen, an Gewicht zu verlieren. Der Europäische Rat ist trotz anfänglicher Zerstrittenheit und gegen den Widerstand von Großbritannien letztlich dieser Forderung nachgekommen.[226]

Dieses Entgegenkommen seitens des Rates mag zwar auf den ersten Blick erstaunen, bedenkt man aber die sich kontinuierlich dezimierende Rolle der Kommission seit ihrer Genese als Hohe Behörde, und vornehmlich und zuletzt durch die Zuordnung des Europäischen Auswärtigen Dienstes und des Hohen Vertreters zu der Organisationsstruktur des Rates, lässt sich das Zugeständnis des Europäischen Rates an das Europäische Parlament nicht mehr als solches würdigen.

Wünschenswert wäre allerdings gewesen, im Einklang mit der bisherigen europäischen Tradition, die politische Unabhängigkeit des Europäischen Parlaments, der Kommission und des Rates zu bewahren und die demokratische Legitimation der Europäischen Union durch die direkte Wahl des Amtes des Kommissionspräsidenten um eine dritte Legitimationskette zu ergänzen.[227] Auch wenn durch die Besetzung des Amtes des Kommissionspräsidenten mit dem Spitzenkandidaten der Mehrheitsfraktion sich das Spannungsverhältnis zwischen dem Europäischen Parlament und der Europäischen Kommission relativiert, ist nicht davon auszugehen, dass der erwähnte Mehrwert dabei verloren geht, denn das Spannungsverhältnis zum Rat wird weiterhin bestehen bleiben.

IV. Ergebnis

Ungeachtet sichtbarer Parlamentarisierungstendenzen erweist sich die europäische Außenpolitik ebenfalls als exekutivzentriert. Dies zeigt sich nicht nur anhand der existierenden Differenzen zwischen der Gemeinsamen Außen- und Sicherheitspolitik

---

[226] Vgl. zur Wahl des Kommissionspräsidenten *Stabenow,* „EU-Parlamnet wählt mit großer Mehrheit Juncker, in *FAZ* v. 15.7.2014; *Brössler,* „Junckers selbstbewusste Verbeugung“, in *SZ* v. 15.7.14.

[227] So auch *Schmidt,* Dealing with Europe's other deficit, Public Policy Research 19 (2012), S. 102-109.

und Gemeinsamen Handelspolitik. Vielmehr manifestiert sich die Besonderheit der Außenpolitik in unterschiedlichen Handelsinstrumenten schon innerhalb der supranationalen Politikbereiche, als da wären die autonome Rechtsetzung einerseits und die vertragliche Außenpolitik andererseits. Folglich ist die aufgezeichnete Unterscheidung nicht allein formaler Natur, denn sie geht mit der Verschiebung der parlamentarischen Befugnisse zugunsten der Exekutive einher. Ist bereits der demokratische Mehrwert parlamentarischer Entscheidungsfindung und die überwiegende demokratische Legitimationsleistung des Europäischen Parlaments in der dualen Legitimationsstruktur der Union erörtert sowie eine bereichsspezifische Ausnahme zugunsten einer Prärogative der Exekutive abgelehnt worden, so stellt sich die Frage, inwieweit die aktuelle rechtliche Stellung des Europäischen Parlaments dem entwickelten Maßstab genügt. Bedenkt man, dass das Zustimmungsverfahren im Rahmen der Vertragspolitik das stärkste parlamentarische Gestaltungsinstrument darstellt, so bleibt die Legitimationsleistung des Europäischen Parlaments trotz erheblicher Aufwertungen durch den Vertrag von Lissabon hinter der autonomen Unionspolitik zurück. Mithin kann das Europäische Parlament die bereits erörterten Kapazitäten[228] und das vorhandene Legitimationspotenzial nicht ausschöpfen.

D. Parlamentarisierung der Außenpolitik – Die Notwendigkeit einer Anpassung

Vergegenwärtigt man sich die Entwicklung der internationalen Rechtssetzung, die durch ihre vertragliche Form gekennzeichnet ist, steigt das Bedürfnis nach der Legitimation der Außenpolitik. Denn was zuvor selbstverständlich Gegenstand der Innenpolitik und damit Objekt des internen Gesetzgebungsverfahrens war, ist durch die internationale Rechtsetzung zum Gegenstand der Außenpolitik geworden. Dieser Wandel hat gleichzeitig die Verschiebung der Gewaltenteilung zugunsten der Exekutive zur Folge, die mit dem Verlust parlamentarischer Gestaltungskraft und letztendlich demokratischer Legitimation der Ausübung von Hoheitsgewalt einhergeht.

Dieser Entwicklung ist nicht etwa mit der Betonung der (Bundes)Staatlichkeit, wie das Bundesverfassungsgericht dies versucht, effektiv gegenzusteuern. Denn ist den Herausforderungen des 21. Jahrhunderts global zu begegnen, so kann der Rückzug zum Nationalstaat nicht der zukunftsfähige Weg sein. Aus der Argumentation des Bundeverfassungsgerichts im Lissabon-Urteil hinsichtlich der Legitimationsstruktur der Union, insbesondere der demokratischen Legitimationsleistung des Europäischen Parlaments einerseits und seiner Position hinsichtlich der Kategorisierung und Zuordnung der auswärtigen Gewalt anderseits, ergibt sich vielmehr ein unstimmiges Bild: Während das Gericht im Hinblick auf die Europäische Union

[228] Dazu oben Kap. 3 G. IV.

wegen der Rückbindung an die nationalen Parlamente dem Rat und Europäischen Rat als Vertretung der Mitgliedstaaten die primäre und damit höhere Legitimationsleistung beimisst, bringen die Annahme einer außenpolitischen Prärogative der Exekutive sowie die demzufolge restriktive Auslegung der Parlamentsrechte im Hinblick auf die auswärtige Gewalt durch das Gericht die so exponierte demokratische Rückbindung an die nationalen Parlamente ins Wanken. Mit anderen Worten: Während das Gericht, was die Beurteilung der Legitimationsstruktur der EU und der legitimatorischen Rolle des Europäischen Parlaments angeht, auf der Bedeutung parlamentarischer Mitwirkung und Rückbindung beharrt, mindert es durch einen sehr weit gefassten außenpolitischen Spielraum der Exekutive gerade den Strang parlamentarischer Rückbindung hinsichtlich auswärtiger Angelegenheiten. Die Kumulation beider Ansätze hat die Konzentration der auswärtigen Gewalt auf die Exekutive und damit eine Entparlamentarisierung der Außenpolitik zur Folge.[229]

I. Ein gesteigertes Legitimationsbedürfnis – Ein Lösungsansatz

Das gesteigerte Legitimationsbedürfnis drängt auf eine Lösung. Diese besteht zunächst auf der Ebene der Staaten darin, die Differenzierung zwischen Außen-und Innenpolitik nach dem Auslandsbezug zu verwerfen bzw. durch eine Differenzierung nach deren Adressatenkreis und Wirkungsbereich zu ersetzen. Dies bedeutet zunächst die uneingeschränkte Übertragung des Wesentlichkeitsgedankens[230] auf die Gegenstände der Außenpolitik.[231] Schicksalhafte Entscheidungen für das Gemeinwesen sind nicht nur solche, die mit einem Einsatz der Streitkräfte einhergehen.[232] Schicksalhaft sind alle Entscheidungen, die in den Alltag, in die persönliche Entfaltung und Lebensführung des Einzelnen eingreifen. Vergegenwärtigt man sich die modernen Strategien der Kriegsführung und militärischen Auseinandersetzungen des 21. Jahrhunderts – die europäischen Interessen werden häufig außerhalb europäischen Bodens verfolgt und das im Inland ansässige Legitimationssubjekt bleibt zum größten Teil von diesen Auseinandersetzungen verschont und wird meist als Steuerzahler zur Finanzierung solcher Aktionen herangezogen –, relativiert sich die Besonderheit der militärischen Auseinandersetzung.

---

[229] Bedenkt man zusätzlich die weite Richtlinienkompetenz des Bundeskanzlers (zur Reichweite der Richtlinienkompetenz vgl. *Herzog,* in: Maunz/Dürig, GG, Art. 65, Rn. 29-52; zur Staatsleitungsfunktion der Bundesregierung vgl. BVerfGE 1, 372 (394); 49, 89 (124 f.)) führt die außenpolitische Prärogative der Exekutive zur quasi Alleinmacht des Bundeskanzlers in außenpolitischen Fragen, die wiederum mit der Zunahme des Einflusses dessen persönlicher Berater einhergeht, welche über keinerlei demokratische Legitimation verfügen.

[230] Zur Wesentlichkeitsrechtsprechung siehe BVerfGE 6, 32 (42); 20, 150 (157), 34, 165 (192 f.); 40, 237 (249); 41, 251 (260); 45, 400 (417 f.); 47, 46 (78 ff.); 48, 210 (221); 49, 89 (126 f.).

[231] So auch *Ehrenzeller,* a.a.O. (Kap. 2, Fn. 17); *Möllers,* Gewaltengliederung, a.a.O. (Kap. 2, Fn. 34), S. 363 f.; *Streinz,* in: Sachs, Art. 59 GG, Rn. 26.

[232] So bereits *Kant,* Zum Ewigen Frieden, 1. Definitivartikel, in: Schriften zur Anthropologie, Geschichtsphilosophie, Politik und Pädagogik, 5. Aufl., Wiesbaden 1964, S. 205.

Gleichzeitig aber nimmt die Bedeutung außenpolitischer Abkommen zu, die ohne den Parlamenten bei der Umsetzung einen Spielraum zu lassen, den Einzelnen adressieren und damit immer mehr seinen Alltag und die Entfaltung seiner Freiheiten bestimmen. Diese Entwicklung spricht mehr dafür, über den Bereich der Friedenspolitik hinaus, den Gegenstand außenpolitischer Entscheidungen unabhängig von deren Form und Verfahren, nach dessen materiellen Gehalt und Wirkung zu beurteilen und entsprechend institutionell zu verteilen. Dies erfordert eine Perspektivänderung, die die Wirkung der zutreffenden Maßnahmen und Entscheidungen auf deren Adressaten zum Kriterium der institutionellen Zuteilung außenpolitischer Kompetenzen erhebt.

Eine konsequente Anwendung der Kernbereichstheorie würde zu keinem anderen Ergebnis führen, denn typische Aufgabe der Exekutive ist Gesetzesanwendung, wohingegen die Hauptaufgabe des Parlaments in der Gesetzgebung besteht. Wird im Bereich der Außenpolitik Recht gesetzt, dann ist die Zuständigkeit des Parlaments tangiert. Dabei sind für die Geltung der Grundsätze und des Verfahrens der Gesetzgebung die bereits dargelegten Maßstäbe des Wesentlichkeitsgrundsatzes maßgeblich. Wie kann aber eine solche Parlamentarisierung konkret aussehen, wenn die heutige Außenpolitik sich durch bilaterale und multilaterale Übereinkünfte auszeichnet. Es sind verschiedene Modalitäten denkbar, die je nach der Wichtigkeit und Relevanz der in Frage stehenden Materie zur Anwendung kommen können.

II. Die Modalitäten einer Parlamentarisierung de lege ferenda

Die logistisch weniger aufwendige Alternative ist die Beteiligung des zuständigen Parlamentsausschusses mit entsprechendem Stimmrecht an den Vertragsverhandlungen. Diese Alternative hat zwar den Vorteil, dass auch die Minderheitsfraktionen zu Wort kommen und insofern im Rahmen der Abstimmung Berücksichtigung finden können. Indes weist der Ausschuss nicht den Mehrwert der parlamentarischen Entscheidung auf, die sich durch ihre Öffentlichkeit, Größe und Pluralität kennzeichnet, auch wenn die Ausschüsse des Europäischen Parlaments – bis auf die Treffen der Ausschussvorsitzenden – grundsätzlich öffentlich tagen und abstimmen.

Sinnvoll erscheint daher, entsprechend dem Gesetzgebungsverfahren, die Parlamente durch Vorbringen von Gesetzesvorlagen und Entwürfen von Anbeginn partizipieren zu lassen. Hierfür sollen ebenfalls die Grundsätze Anwendung finden, die beim Zustandekommen eines Gesetzes anwendbar wären. Lässt sich auf Grundlage dieser Vorlage – trotz Ausschöpfung aller vertraglichen Modalitäten wie zum Beispiel die Vereinbarung von Vorbehalten oder Bereichsausnahmen – keine Einigung mit den Vertragspartnern erzielen, dann ist dies als Ergebnis eines demokratischen Prozesses zu akzeptieren. Internationale oder bilaterale Verträge sind kein Selbstzweck, sondern müssen in erster Linie dem Willen der Rechtsunterworfenen entsprechen. Nicht die Legitimationssubjekte müssen sich den internationalen

Entwicklungen und deren Bedürfnissen beugen, im Gegenteil sind es die Legitimationssubjekte, die über Letzteres zu bestimmen haben.

Ergänzend ist an ein den Grundsätzen des Delegationsverfahrens des Art. 80 GG beziehungsweise Art. 290 AEUV gleichendes Verfahren zu denken, in dem das Parlament der Exekutive ein bindendes Mandat zum Abschluss eines Abkommens erteilt. Wie die rechtsvergleichende Analyse gezeigt hat, wird ein solches Verfahren bereits in den USA praktiziert.

Zuzugeben ist, dass allein die Idee, alle Mitglieder nationaler Parlamente an einem multilateralen oder selbst bilateralen Verhandlungstisch zu versammeln, zu realitätsfern erscheint, geschweige denn die Vorstellung, dass sie sich auch in absehbarer Zeit einigen könnten. Indes was heute nicht möglich erscheint, muss nicht für immer unmöglich bleiben. Vielmehr sind die Voraussetzungen für dessen Realisierung aktiv zu schaffen. Die Entstehung des Unionsrechts als eine autonome Rechtsordnung ist gerade das Paradebeispiel einer Konstitutionalisierung völkerrechtlicher Kooperationen. Dass das Europäische Parlament eines Tages die direkt gewählten Vertreter der Unionsbürger aus achtundzwanzig Mitgliedstaaten in sich vereinen würde und zu einem der Co-Gesetzgeber aufsteigen würde, war anfangs der europäischen Integration keine Selbstverständlichkeit, sondern die unabdingbare Folge der zunehmenden Hoheitsgewalt bzw. sachlichen Kompetenzen der Europäischen Union.

Nimmt man aber für heute hin, dass die Parlamente bei Materien mit Auslandsbezug nicht gleich wie bei rein inländischen Angelegenheiten einzusetzen sind, dann bietet sich in Anlehnung an die Gesichtspunkte der *throughput legitimacy* dringend an, im Hinblick auf das auswärtige Handeln der Exekutive den Öffentlichkeitsgrundsatz durchgehend gelten zu lassen. Können die Völker und deren parlamentarische Vertreter nicht unmittelbar an Verhandlungen mitwirken, was spricht dagegen, Verhandlungen der Öffentlichkeit zu öffnen, indem man deren Verlauf und Ergebnisse für die Öffentlichkeit transparent gestaltet? Die grundsätzliche Geltung des Öffentlichkeitsgrundsatzes hätte zudem zur Folge, dass dadurch die Geheimdiplomatie und Erpressungsgeschäfte ökonomisch sowie militärisch stärkerer Staaten langsam schwinden würden. Neben der sofortigen Veröffentlichung von Entwürfen, Vorschlägen und Protokollen drängt sich angesichts der heutigen medialen Möglichkeiten die öffentliche Übertragung von Verhandlungen auf, die für die Bürger große Relevanz aufweisen. Denn nur so können die parlamentarischen Beratungen durch eine Diskussion in der Sphäre der Öffentlichkeit sinngemäß ersetzt und faire Verhandlungen sichergestellt werden.

III. Das Europäische Parlament – Die Perspektive einer legitimen Außenpolitik

Nimmt die Bedeutung der internationalen Rechtssetzung sachlich sowie persönlich zu, führt fortan kein Weg daran vorbei, die internationale Rechtssetzung entsprechend dem Modell der europäischen Integration zu institutionalisieren. Bedenkt man die logistischen Schwierigkeiten, die mit Parlamentarisierung der Außenpolitik einhergehen dürften, erweist sich die Institution des Europäischen Parlaments mit seiner Zusammensetzung und Pluralität sowie seiner gleichsam unabhängigen Position im institutionellen Gefüge der Union als große Potenz zu einer Aufwertung der Legitimation der Außenpolitik. Denn das Europäische Parlament eint Repräsentanten von achtundzwanzig Staaten und ersetzt damit genauso viele Parlamente. Damit ist ein Grad an Schnelligkeit und Flexibilität erreicht, der sonst bei multilateralen Verträgen und deren nationalen Ratifikationsprozessen nicht erreichbar wäre.

Kapitel 6 Gesamtergebnis und Entwicklungsperspektiven

Die europäische Außenpolitik steht spiegelbildlich zu dessen nationalstaatlicher Konzeption im Spannungsfeld parlamentarischer Kontrolle und Gestaltungsmacht der Exekutive, wohingegen in der Innenpolitik die konstruktive parlamentarische Gestaltungsmacht der ausführenden Exekutive gegenübersteht. Decken sich einstweilen die Gegenstände der europäischen Außenpolitik sachlich-inhaltlich mit denen der Innenpolitik, wie die eingehende Untersuchung der einzelnen außenpolitischen Kompetenzen der Union gezeigt hat, so erweist sich die herkömmliche Differenzierung zwischen Innen- und Außenpolitik als unberechtigt.

Mit Blick darauf, dass die Europäische Union zu einer demokratischen Arbeitsweise verpflichtet ist und mit dem Vertrag von Lissabon die duale Legitimationsstruktur der Union zum primärrechtlichen Standardmodell der demokratischen Legitimation europäischer Gesetzgebung erhoben wurde, so ist dieser Maßstab auch hinsichtlich außenpolitischer Rechtssetzung anzuwenden.

Die in Anlehnung an *Lockes* Theorie der auswärtigen Gewalt entfaltete Vorstellung, die Außenpolitik sei keine Gesetzgebung, erzeigt sich nicht nur im Lichte seiner Legitimations- und Gewaltenteilungslehre als fragwürdig, sondern ist überdies sachlich nicht begründet. Daher erlaubt sie keine Ausnahme von dem primärrechtlichen Modell der demokratischen Legitimation europäischer Gesetzgebung, jedenfalls soweit Rechte und Pflichten der Rechtssubjekte tangiert sind und dies gilt unabhängig von der gewählten außenpolitischen Handlungsform.

Die eingehende Untersuchung des Einwandes der Unnormierbarkeit zeigt, dass er auf einen engen und gespaltenen Gesetzesbegriff zurückgeht, der nicht vermag, die materielle Allgemeinheit und die formale Qualität des Rechtsaktes gleichermaßen zu garantieren. Vor allem ist er nicht in der Lage, die internationale Rechtssetzung, die immer mehr die interne Gesetzgebung überlagert, hinreichend zu erfassen. Die Besonderheit der Außenpolitik, die einst vornehmlich in ihrer Unvorhersehbarkeit, Interdependenz, ihrem Diskretionsbedürfnis sowie in ihrer Eilbedürftigkeit begründet liegen mochte, vermag angesichts der gegenseitigen Annäherung und

R. Sangi, *Die auswärtige Gewalt des Europäischen Parlaments*, Beiträge zum ausländischen öffentlichen Recht und Völkerrecht,
https://doi.org/10.1007/978-3-662-54423-5_6

Verflechtung der Charakteristika der Außenpolitik und Innenpolitik in einer durch zwischenstaatliche Kooperation und internationale Rechtssetzung geprägten Zeit nicht zu überzeugen. Die Tatsache, dass Subjekte und Aspekte der Außenpolitik nicht der eigenen Rechtsordnung unterliegen, macht das eigene staatliche Handeln nicht von denen der anderen abhängig, vielmehr bleiben die Staaten grundsätzlich frei eigenen Prinzipien und Wertevorstellungen treu zu bleiben und entsprechend zu handeln. Die Opportunität bildet kein zwingendes Gepräge der Außenpolitik, ganz im Gegenteil ist sie eine intrinsische Motivation von Staaten, die ethisch sowie rechtlich rechtfertigungsbedürftig bleibt.

Ist hinsichtlich der europäischen Gesetzgebung von einer dualen Legitimationsstruktur der EU auszugehen, in der die demokratische Legitimationsleistung des Europäischen Parlaments aufgrund seiner institutionellen Ausgestaltung im Verhältnis zum Rat als Co-Gesetzgeber überwiegt, so gilt dies auch für die Rechtssetzung generell und damit auch hinsichtlich der Rechtssetzung in der Außenpolitik.

Vor dem Hintergrund des so entfalteten Maßstabs bleibt die legitimationsstiftende Leistung des Europäischen Parlaments in der europäischen Außenpolitik einerseits hinter seinem Legitimationspotenzial, anderseits aber hinter seiner Legitimationsleistung in der Innenpolitik der Union zurück. Denn während in der autonomen Rechtsetzung das Europäische Parlament im Rahmen des ordentlichen Gesetzgebungsverfahrens neben dem Rat als Gesetzgeber tätig wird, nimmt es an der Außenpolitik über das Verfahren der Zustimmung teil. Allerdings steht das Europäische Parlament im Verhältnis zu den Referenzparlamenten dem amerikanischen näher, denn den außenpolitischen Befugnissen des Europäischen Parlaments, ähnlich wie denen des amerikanischen Kongresses, kommt eine weitergehende Dimension zu, weil es anders als in einem parlamentarischen System, in einem Spannungsverhältnis zur Exekutive steht.

Im Vergleich der außenpolitischen Funktionen des Europäischen Parlaments untereinander stellt sich das Zustimmungserfordernis als das signifikanteste außenpolitische Handlungsinstrument des Europäischen Parlaments dar, dessen Anwendungsbereich mit dem Vertrag von Lissabon beträchtlich ausgeweitet wurde. Dieses schlägt der Rechtsetzung als originär parlamentarischer Aufgabe am weitesten nach. Freilich fehlt es dem Parlament im Rahmen des Zustimmungsverfahrens an formaler konstruktiver Gestaltungskraft.

Die Bedeutung des Zustimmungserfordernisses ist aber auch durch dessen praktischen Einsatz und Verlauf bedingt, die anhand von drei Abkommen (SWIFT, Fischereiabkommen mit Marokko und ACTA) untersucht wurde. Die eingehende Untersuchung der drei Abkommen zeigt auf, dass das Zustimmungserfordernis über seinen blockierenden Charakter hinaus eine weitgehende gestaltende Dimension aufweist. Dies gilt vor allem hinsichtlich grundrechtsrelevanter Forderungen, wohingegen im Hinblick auf ökonomische Aspekte sich das Europäische Parlament mit seinen Forderungen zurückhält und insofern auf das wirtschaftliche Auffassungsvermögen der Kommission vertraut. Die von der Exekutive grundsätzlich unabhängige Position des Europäischen Parlaments fördert die Bereitschaft des Europäischen Parlaments sich der Exekutive, nämlich dem Rat und der Kommission zu widersetzen. Es ist auch nicht anzunehmen, dass dieser Mehrwert der institutionellen Unabhängigkeit des Europäischen Parlaments in der Europäischen Union infolge der Ernennung des Spitzenkandidaten der Mehrheitsfraktion *Juncker* in der achten Wahlperiode zum Kommissionspräsidenten von dannen geht, denn das Spannungsverhältnis zum Rat wird weiterhin bestehen bleiben. Vielmehr kann man die Erwartung hegen, dass die Übernahme des Amtes des Kommissionspräsidenten durch den Spitzenkandidaten der Mehrheitsfraktion die Funktionen des Europäischen Parlaments um Initiativrechte komplementiert, die letztendlich von dem Kommissionspräsidenten ausgeübt werden. Schließlich dokumentieren die Fallstudien die Brisanz von Informations- und Unterrichtungspflichten für das Abstimmungsverhalten des Europäischen Parlaments.

Obgleich das Zustimmungsverfahren einen Zugewinn an Gestaltungskraft des Europäischen Parlaments darstellt, bleibt dessen legitimationsstiftende Wirkung weit hinter dem ordentlichen Gesetzgebungsverfahren zurück. Mangels institutioneller Verankerung einer gegenseitigen Annäherung im Verfahren der Zustimmung wird das Europäische Parlament insoweit nicht wie im ordentlichen Gesetzgebungsverfahren gesetzgeberisch tätig, auch wenn mit den Abkommen Rechte und Pflichten der Unionsbürger tangiert werden. Verschärft wird das Legitimationsdefizit durch die fehlende Transparenz des außenpolitischen Handelns des Rats und der Kommission.

Spürt man vor dem Hintergrund eines solchen gesteigerten Legitimationsbedürfnisses einer Lösung nach, so besteht sie zunächst auf der Ebene der Staaten darin, die Differenzierung zwischen Außen-und Innenpolitik nach dem Auslandsbezug durch eine Differenzierung nach deren Adressatenkreis und Wirkungsbereich zu ersetzen. Dabei soll für die Geltung der Grundsätze des Gesetzgebungsverfahrens der Wesentlichkeitsgrundsatz maßgeblich sein.

Die Parlamentarisierung der europäischen Außenpolitik *de lege ferenda* kann verschiedene Modalitäten aufweisen. Eine Alternative stellt die Beteiligung des zuständigen Parlamentsausschusses mit entsprechendem Stimmrecht an Vertragsverhandlungen dar. Diese Alternative vermag zwar den Minderheitenschutz zu garantieren, weist allerdings nicht den Mehrwert der parlamentarischen Entscheidung auf, die gerade in ihrer Öffentlichkeit, Größe und Pluralität begründet liegt.

Vielverheißend für die Parlamentarisierung der Außenpolitik ist hingegen, das Europäische Parlament durch Vorbringen von Gesetzesvorlagen und Entwürfen von Anbeginn partizipieren zu lassen. Ergänzend ist an ein den Grundsätzen des Delegationsverfahrens (Art. 290 AEUV) nachgeartetes Verfahren zu denken, in dem das Parlament als Co-Gesetzgeber im Zusammenwirken mit dem Rat der Kommission ein bindendes Mandat zum Abschluss eines Abkommens erteilt.

Darüber hinaus ist in Anlehnung an die Gesichtspunkte der *throughput legitimacy* das auswärtige Handeln der Exekutive dem Öffentlichkeitsgrundsatz zu unterwerfen. Die parlamentarische Diskussion kann durch eine Diskussion in der Sphäre der Öffentlichkeit sinngemäß ersetzt werden, indem man das auswärtige Handeln der Exekutive grundsätzlich für die Öffentlichkeit transparent gestaltet. Neben der sofortigen Veröffentlichung von Entwürfen, Vorschlägen, Standpunkten und Protokollen drängt angesichts der heutigen medialen Möglichkeiten die öffentliche Übertragung von Verhandlungen, die für die Bürger große Relevanz aufweisen.

Nimmt die Bedeutung der internationalen Rechtssetzung sowohl im Hinblick auf deren Wirkungsbereich als auch hinsichtlich deren Gegenstand zu, führt fortan kein Weg daran vorbei, die internationale Rechtssetzung entsprechend dem Modell der europäischen Integration zu institutionalisieren.

Mag die Idee einer weitergehenden Parlamentarisierung der Außenpolitik der Unumsetzbarkeit geziehen werden, ist deren normative Grundlage allerdings damit nicht schon in Zweifel gezogen. Sinnt man den Charakteristika, der rechtlichen Stellungen *de lege lata* sowie der Potenz des Europäischen Parlaments in der Außenpolitik nach, erzeigt sich die Institution des Europäischen Parlaments als die parlamentarische Versammlung von Unionsbürgern aus achtundzwanzig Mitgliedstaaten mit ihrer Zusammensetzung, Pluralität sowie ihrer gleichsam unabhängigen Position im institutionellen Gefüge der Union als die Perspektive einer Innovation der Grundsätze der Außenpolitik und einer Optimierung deren Legitimation.

The Foreign Policy Power of the European Parliament

A Critique of the Legitimacy and Doctrinal Conception of the Executive Prerogative in Foreign Affairs

The European foreign affairs resemble those of the nation state inasmuch as both have to find a balance between parliamentary control and the power of the executive to shape foreign policy. Conversely, in internal affairs, the executive is expected to implement policies legislated by parliament.

Moreover, an analysis of the current state of competencies of the European Union in matters of foreign policy shows that the issues, objects and the impact of external policy coincide with those of internal policy. Thus, the conventional distinction between internal and external policy proves to be unjustified.

The Lisbon Treaty committed the European Union to an updated legitimacy structure. The functioning of the European Union is based on a dual structure of democratic representation. The co-decision procedure has accordingly become the ordinary legislative procedure of the European Union. Based on this democratic standard the study develops a theory which applies this democratic standard to European foreign policy.

Following *John Locke´*s theory of federative power the foreign policy is still perceived as non-legislative. However, the analysis of the *Lockean* conception of foreign power shows that his theory is not only unfounded and unjustified in the light of his own conception of political legitimacy and his theory of separation of powers, but also with regard to actual features and procedures of foreign affairs. Thus, it does not justify any exception to the primary democratic legitimacy model of European legislation as far as foreign policy measures, regardless of their nature and form, exercise public authority, or create rights and obligations in regard to individuals.

The study of the non-legislation objection shows that it is grounded in a narrow and conflicting notion of law. It is not capable of guaranteeing equally sufficient substantive generality and formality of law. It is especially not capable of capturing

R. Sangi, *Die auswärtige Gewalt des Europäischen Parlaments*, Beiträge zum ausländischen öffentlichen Recht und Völkerrecht,
https://doi.org/10.1007/978-3-662-54423-5

the state of international legislation, which increasingly overlaps with internal legislation. The peculiarities of foreign policy, once based on its unpredictability, independence, confidentiality as well as its urgency, do not warrant a non-legislative exception considering the reciprocity and interdependence of foreign and domestic policy in a global world characterised by intergovernmental cooperation and international legislation.

The fact that subjects and issues of foreign policy are not subject to the internal legal framework does not make state actions dependent on those of others. Rather, states remain free to stay faithful to their own principles and values and to act accordingly. Acting out of expediency is not a necessity of foreign policy. Quite to the contrary, it is an intrinsic motivation of the states which requires justification, ethically and legally.

Based on the theory of the dual structure of democratic representation laid down in Article 10 (2) TEU, the European Parliament and the Council share legislative responsibility, whereby deeper analysis shows that the democratic capacity of the European Parliament outweighs the Council's as co-legislature, in particular due to its institutional design. The study reconstructs this hypothesis with regard to foreign policy. It applies this principle to the decision-making procedure of foreign policy, in other words to the legislation referring to foreign policy.

In the light of this democratic standard, the democratic contribution of the European Parliament to foreign policy on the one hand falls short of its democratic potential and on the other hand of its democratic contribution to the internal policies of the EU. For while the European Parliament acts as a legislator besides the Council during the ordinary legislative procedure with regard to internal legislation, it takes part in foreign policy via the consent procedure. However, the comparative examination of the German and American Parliament shows that the European Parliament is closer to its American counterpart, as the foreign policy competencies of the European Parliament similar to those of the American Congress have an additional dimension, since unlike a parliamentary system it has a conflictuous relationship with the executive.

Comparing the foreign policy functions of the European Parliament, the consent requirement is the most significant tool of the European Parliament, the scope of which has been extended by the Lisbon Treaty. In comparison to other foreign policy tools the consent procedure resembles the legislative parliamentary actions the most. However, the European Parliament lacks formal constructive and creative power within the consent procedure.

Yet, the significance of the consent requirement is also influenced by its practical use, which is examined in this study by looking at the examples of three agreements (SWIFT, Fisheries Agreement with Morocco and ACTA). The examination of those three agreements shows that the consent requirement provides another creative dimension beyond its blocking character. This is especially true with regard to basic rights claims, whereas as far as economic issues are concerned the European Parliament refrains from own initiatives and mostly defers to the expertise of the Commission. The fact that the European Parliament is basically independent from the executive enhances its willingness to oppose the executive branch, namely the Council and the Commission. It is also improbable that this additional value of institutional independence of the European Parliament within the European Union will vanish due to the nomination of the candidate of the majority parliamentary group *Juncker* as the President of the Commission, as the charged relationship with the Council will continue. Rather, one can expect that holding the position of the President of the Commission by the candidate of the majority parliamentary group will add a *de facto* right to initiate legislation to the functions of the European Parliament. This right will be eventually exercised *de jure* by the President of the Commission. Finally, the case studies are proof of the pertinence of obligations to inform and to report for the voting behaviour of the European Parliament.

Even though the consent procedure constitutes new substantive power for the European Parliament, its legitimatizing effect falls short of the ordinary legislative procedure. Due to the lack of institutional entrenchment of the mutual approximation approach within the consent procedure, the European Parliament does not act legislatively like in the ordinary legislative procedure, even though a proposed agreement may heavily affect rights and duties of European citizens.

In addition, the lack of legitimacy is exacerbated by the lacking transparency of the foreign policy acts of the Council and the Commission. Under the circumstance of the insofar increased need for legitimacy, the study proposes the following: On the level of the states the traditional differentiation between foreign policy and domestic policy by reference to its foreign elements shall be replaced by a differentiation by reference to the ones addressed and impacted by an action. Therefore, ensuring the validity of the principles of the legislative procedure, the principle of fundamental importance ('Wesentlichkeitsgrundsatz') shall be relevant. Following this line of thought, the parliamentarisation of European foreign policy *de lege ferenda* may have different modalities. One option consists in letting the competent parliamentary committee participate in treaty negotiations with corresponding voting rights. This option might ensure minority protection. However, it does not feature the added value of parliamentary decision, whose legitimacy is based on its publicity, scale and plurality.

However, more promising for the parliamentarisation of the European foreign affairs is to increase the European Parliament's participation by putting forward legislative proposals and drafts from the outset. In addition, one should think about implementing a delegation procedure – similar to the delegation procedure laid down in Article 290 TFEU –, in which the European Parliament in cooperation with the Council issues the Commission a binding mandate to negotiate and conclude agreements.

Furthermore, following the consideration of aspects of throughput legitimacy the actions of executive organs concerning foreign policy are to be subjected to the principle of publicity and transparency. Thereby, parliamentary discussion can be replaced by a discussion in the wider public sphere basically by making the decision-making procedure public and transparent. Besides the instant publication of drafts, mandates, proposals, positions, and protocols of negotiations, it is, in view of today's media possibilities, about time for public broadcasting of actual negotiations, which are of great relevance to European citizens.

If the importance of international legislation increases with regard to their effects as well as concerning their substance, we have no choice, but to institutionalise foreign policy corresponding to the model of European integration. Even if the idea of a further parliamentarisation of foreign affairs is deemed to be unfeasible, its normative basis is not called into question.

Reflecting on the characteristics and the legal status *de lege lata* as well as the potential of the European Parliament in regard to foreign policy, the institution of European Parliament as the parliamentary assembly of the EU citizens of 28 member states, considering its composition, plurality and independent position in the institutional framework of the EU, proves to embody the perspective of a reconstruction of the principles of foreign policy as well as of an optimisation of the legitimacy of European foreign policy.

Literaturverzeichnis

Achenbach, Jelena von, Demokratische Gesetzgebung in der Europäischen Union. Theorie und Praxis der dualen Legitimationsstruktur europäischer Hoheitsgewalt, Heidelberg [et. al.] 2014.

Achenbach, Jelena von, Theoretische Aspekte des dualen Konzepts demokratischer Legitimation für die Europäische Union, in: S. Vöneky/C. Hagedorn/M. Clados/dies. (Hrsg.), Legitimation ethischer Entscheidungen im Recht. Interdisziplinäre Untersuchungen, Heidelberg [et. al.] 2009, 191-208.

Ackerman, Bruce/Golove, David, Is NAFTA Constitutional?, Harv. L. Rev. 108 (1995), 799-929.

Alemann, Florian von, Die Handlungsform der interinstitutionellen Vereinbarung. Eine Untersuchung des Interorganverhältnisses der europäischen Verfassung, Heidelberg [et. al.] 2006.

Algieri, Franco, Die Gemeinsame Außen- und Sicherheitspolitik der EU, Wien 2010.

Anschütz, Gerhard, Verfassung des Deutschen Reiches, 14. Aufl., Berlin 1928.

Arnauld, Andreas von, in: ders. (Hrsg.), Enzyklopädie Europarecht, Bd. 10, A. Hatje/P.- C. Müller-Graff (GHrsg.), Baden-Baden 2014, § 1.

Arndt, Felix, Ausrechnen statt Aushandeln: Rationalitätsgewinne durch ein formalisiertes Modell für die Bestimmung der Zusammensetzung des Europäischen Parlaments, ZaöRV 2008, 247-279.

Attanasio, John B./Goldstein, Joel K., Understanding Constitutional Law, 4. Aufl., New York [et. al.] 2012.

Baade, Hans W., Das Verhältnis von Parlament und Regierung im Bereich der Auswärtigen Gewalt der Bundesrepublik Deutschland. Studien über den Einfluss der auswärtigen Beziehungen auf die innerstaatliche Verfassungsentwicklung, Hamburg 1962.

Backsmann, Horst, Über die Mitwirkung des Gesetzgebers bei der Änderung völkerrechtlicher Verträge, DVBL 1956, 317-320.

Baker, Peter/Weisman, Jonathan, Obama Seeks Approval by Congress for Strike in Syria, in *The New York Times* v. 31.8.2013.

Baldus, Manfred, Die Einheit der Rechtsordnung. Bedeutungen einer juristischen Formel in Rechtstheorie, Zivil- und Staatsrechtswissenschaft des 19. und 20. Jahrhunderts, Berlin 1995.

Barron, Jerome A./Dienes, C. Thomas/McCormack, Wayne/Redish, Martin H, Constitutional Law. Principles and Policy Cases and Materials, 8. Aufl., New York 2012.

Barzel, Rainer, Souveränität und Freiheit. Eine Streitschrift, Köln 1950.

Baumbach, Martin, Vertragswandel und demokratische Legitimation, Auswirkungen moderner völkerrechtlicher Handlungsformen auf das innerstaatliche Recht, Berlin 2008.

Beaud, Olivier, Europa als Föderation? Relevanz und Bedeutung einer Bundeslehre für die Europäische Union, in: I. Pernice/L. S. Otto (Hrsg.), Europa neu verfasst ohne Verfassung, Baden-Baden 2010, 59-84.

R. Sangi, *Die auswärtige Gewalt des Europäischen Parlaments*, Beiträge zum ausländischen öffentlichen Recht und Völkerrecht,
https://doi.org/10.1007/978-3-662-54423-5

Beaud, Olivier, Théorie de la Fédération, Paris 2007.
Bergmann, Jan, Institutionelles Gleichgewicht, in: ders. (Hrsg.), Handlexikon der Europäischen Union, 15. Aufl., Baden-Baden 2015.
Bergmann, Richard, Über die Souveränität als wesentliches Merkmal des Staatsbegriffes, Breslau 1909.
Bestor, Arthur, Separation of Powers in The Domain of Foreign Affairs: The Intent of the Constitution Historically Examined, Seton H. L. Rev. 5 (1973-1974), 527-666.
Biehler, Gernot, Auswärtige Gewalt. Auswirkung auswärtiger Interessen im innerstaatlichen Recht, Tübingen 2005.
Biermann, Rafael, Der Deutsche Bundestag und die Auslandseinsätze der Bundeswehr. Zur Gratwanderung zwischen exekutiver Prärogative und legislativer Mitwirkung, ZParl 2004, 607-626.
Bleckmann, Albert, Die Kompetenz der Europäischen Gemeinschaft zum Abschluss völkerrechtlicher Verträge, EuR 1977, 109-121.
Bleckmann, Albert, Studien zum Europäischen Gemeinschaftsrecht, Köln 1986.
Bleckmann, Albert, Grundgesetz und Völkerrecht. Ein Studienbuch, Berlin 1975.
Blumenwitz, Dieter, Das Parlamentsheer nach dem Urteil des Bundesverfassungsgerichts vom 12. Juli 1994. Rechtliche Vorgaben für ein künftiges „Entsendegesetz" in: F. I. Majoros [et. al.] (Hrsg.), Politik - Geschichte Recht und Sicherheit, Festschrift für Gerhard Ritter, Würzburg 1995.
Böckenförde, Ernst-Wolfgang, Demokratie als Verfassungsprinzip, in: J. Isensee/P. Kirchhof (Hrsg.), Handbuch des Staatsrechts der Bundesrepublik Deutschland, 3. Aufl., Heidelberg 2004, § 24.
Böckenförde, Ernst-Wolfgang, Die Organisationsgewalt im Bereich der Regierung, Berlin 1964.
Böckenförde, Ernst-Wolfgang, Gesetz und gesetzgebende Gewalt, Berlin 1958.
Böckenförde, Stephan, Die War Powers Resolution als mögliches Modell für ein Entsendegesetz/Parlamentsbeteiligungsgesetz, Osnabrück 2004.
Bodin, Jean, Les Six Livres de la République, Oxford 1955.
Bogdandy, Armin von, Grundprinzipien, in: ders./J. Bast, (Hrsg.), Europäisches Verfassungsrecht, Heidelberg [et. al.] 2009, 13-72.
Bogdandy, Armin von/Bast, Jürgen/Arndt, Felix, Handlungsformen im Unionsrecht - Empirische Analysen und dogmatische Strukturen in einem vermeintlichen Dschungel, ZaöRV 2002, 77-161.
Bollrath, Laura, Die Vertragsschlusskompetenz der Europäischen Gemeinschaft auf dem Gebiet der Gemeinsamen Handelspolitik, Baden-Baden 2008.
Borer, Thomas G., La Loi et la politique extérieure, HISPO 1988, Nr. 9, 19-27.
Borer, Thomas G., Das Legalitätsprinzip und die auswärtigen Angelegenheiten, Basel/Frankfurt am Main 1986.
Boysen, Sigrid, in: A. v. Arnauld (Hrsg.), Enzyklopädie Europarecht, Bd. 10, A. Hatje/P.-C. Müller-Graff (Ghrsg.), Baden-Baden 2014, § 9.
Boysen, Sigrid/Oeter, Stefan, in: R. Schulz/M. Zuleeg/S. Kadelbach (Hrsg.), Europarecht, Handbuch für deutsche Rechtspraxis, 3. Aufl., Baden-Baden 2014, § 32.
Brok, Elmar, Die neue Macht des Europäischen Parlaments nach 'Lissabon' im Bereich der gemeinsamen Handelspolitik, integration 2010, 209-223.
Brössler, Daniel, „Junckers selbstbewusste Verbeugung", in *Süddeutsche Zeitung* v. 15.7.14.
Buchanan, Allan, Political Legitimacy and Democracy, Ethics 112 (2002), 689-719.
Bültmann, Elmar L., Der Abschluss völkerrechtlicher Verträge nach dem Grundgesetz, Köln 1968.
Bungenberg, Marc, in: A. v. Arnauld (Hrsg.), Europäische Außenbeziehungen, Enzyklopädie Europarecht, Bd. 10, A. Hatje/P.-C. Müller-Graff (Ghrsg.), Baden-Baden 2014, § 12.
Bungenberg, Marc, Going Global? The EU Common Commercial Policy After Lisbon, in: C. Herrmann/J. P. Terhecht e (Hrsg.), European Yearbook of International Economic Law, Heidelberg [et. al.] 2010, 123-151.
Bungenberg, Marc, Außenbeziehungen und Außenhandelspolitik, EuR 2009, 195-215.
Burgess, Michael, Federalism and European Union, The building of Europe 1950-2000, London [et. al.] 2000.

Burkard, Johannes, Die Gemeinsame Außen- und Sicherheitspolitik und ihre Berührungspunkte mit der Europäischen Gemeinschaft, Berlin 2001.

Callies, Christian, Das Demokratieprinzip im Europäischen Staaten- und Verfassungsverbund, in: J. Bröhmer/R. Bieber [et. al.] (Hrsg.), Internationale Gemeinschaft und Menschenrechte, Festschrift für Georg Ress, Köln 2005, 399-421.

Callies, Christian/Ruffert, Matthias (Hrsg.), EUV/AEUV, Das Verfassungsrecht der Europäischen Union mit Europäischer Grundrechtecharta, 5. Aufl., München 2016.

Casper, Gerhard, An Essay in Separation of Powers: Some Early Versions and Practices, Wm. & Mary L. Rev. 30 (1989), 211-261.

Chemerinsky, Erwin, Constitutional Law: Principles and Policies, 4. Aufl., New York 2011

Choper, Jesse H./Fallon Jr., Richard H./Kamisar, Yale/Shiffrin, Steven, Constitutional Law, Cases-Comments-Questions, USA 2006.

Corwin, Edward S., The President: Office and Powers, 3. Aufl., New York 1948.

Crandall, Samuel B., Treaties, Their Making and Enforcement, 2. Aufl., New York [et. al.] 1916.

Cremer, Hans-Joachim, Das Verhältnis von Gesetzgeber und Regierung im Bereich der auswärtigen Gewalt in der Rechtsprechung des Bundesverfassungsgerichts. Eine kritische Bestandsaufnahme, in: R. Geiger (Hrsg.), Neuere Probleme der parlamentarischen Legitimation im Bereich der auswärtigen Gewalt, Leipzig 2002, 11-32.

Dann, Philipp/Wortmann, Martin, in: A. v. Arnauld (Hrsg.), Enzyklopädie Europarecht, Bd. 10, A. Hatje/P.-C. Müller-Graff (Ghrsg.), Baden-Baden 2014, § 8.

Dashwood, Allan, The Attribution of External Relations Competence in: A. Dashwood/C. Hillion (Hrsg.), The General Law of E.C. External Relations, London 2002, 115-138.

Dau, Klaus, Parlamentsheer unter dem Mandat der Vereinten Nationen – Anmerkung zu dem Urteil des Bundesverfassungsgerichts vom 12. Juli 1994 zu den Auslandsverwendungen deutscher Streitkräfte, NZWehrR 1994, 177-184.

Daues, Manfred A., Die Beteiligung der Europäischen Gemeinschaften an multilateralen Völkerrechtsübereinkommen, EuR 1979, 138-170.

Delahunty, Robert J./Yoo, John C., The President´s Constitutional Authority to Conduct Military Operations Against Terrorist Organizations and the Nations that Harbor or Support Them, Harv. J.L. & Pub. Pol'y 25 (2002), 487-517.

DeYoung, Karen, Obama's decision to turn to Congress on Syria decision triggers debate, in *The Washington Post* v. 4.9.2013.

Di Paola, Stephania, International Treaty-making in the EU: What Role for the European Parliament?, The International Spectator 38 (2003), 75-90.

Dieterich, Sandra/Hummel, Hartwig/Marschall, Stefan, Strenthening Parliamentary „War Powers" in Europe: Lessons from 25 National Parliaments, Geneva Center for the Democratic Control of Armed Forces, Policy Paper NO. 27, abrufbar unter: https://www.phil-fak.uni-duesseldorf.de/fileadmin/Redaktion/Institute/Sozialwissenschaften/Hummel_PAKS_2008.pdf, zuletzt aufgerufen am 30.12.2016.

Dieterich, Sandra/Hummel, Hartwig/Marschall, Stefan, Von der exekutiven Prärogative zum parlamentarischen Frieden?, Parlamentarische Kontrolle von Sicherheitspolitik, Heinrich Heine Universität Düsseldorf, Sozialwissenschaftliches Institut, Working paper 6/2007, abrufbar unter: http://paks.uni-duesseldorf.de/Dokumente/paks_working_paper_6.pdf, zuletzt aufgerufen am 30.12.2016.

Dörr, Oliver, Die Entwicklung der ungeschriebenen Außenkompetenzen der EG, EuZW 1996, 39-43.

Dreier, Horst, Rechtslehre, Staatssoziologie und Demokratietheorie bei Hans Kelsen, 2. Aufl., Baden-Baden 1990.

Dreist, Peter, AWACS-Einsatz ohne Parlamentsbeschluss? Aktuelle Fragestellungen zur Zulässigkeit von Einsätzen bewaffneter Streitkräfte unter besonderer Berücksichtigung der NATO-AWACS-Einsätze in den USA 2001 und in der Türkei 2003, ZaöRV 2004, 1001-1043.

Dreist, Peter, Der Bundestag zwischen „Vorratsbeschluss" und Rückholrecht: Plädoyer für ein wirkungsvolles Parlamentsbeteiligungsgesetz, KritV 2004, 79-119.

Ehlers, Dirk, Allgemeine Lehren der EMRK, in: *ders.* (Hrsg.), Europäische Grundrechte und Grundfreiheiten, 4. Aufl., Berlin [et. al.] 2014, § 2.

Ehrenzeller, Bernhard, Legislative Gewalt und Außenpolitik. Eine rechtsvergleichende Studie zu den parlamentarischen Entscheidungskompetenzen des deutschen Bundestages, des amerikanischen Kongresses und der schweizerischen Bundesversammlung im auswärtigen Bereich, Basel/Frankfurt am Main 1993.

Eichenberger, Kurt, Die Problematik der parlamentarischen Kontrolle im Verwaltungsstaat (1964/65), in: Verfassungsrat und Regierungsrat des Kantons Aargau (Hrsg.), Der Staat der Gegenwart. Ausgewählte Schriften, Basel [et. al.] 1980.

Epping, Volker, Die Evakuierung deutscher Staatsbürger im Ausland als neues Kapitel der Bundeswehrgeschichte ohne rechtliche Grundlage? Der Tirana-Einsatz der Bundeswehr auf dem rechtlichen Prüfstand, AöR 124 (1999), 423-469.

Epping, Volker/Hillgruber, Christian (Hrsg.), Grundgesetz Beckscher Online-Kommentar, 21. Aufl., München 2014.

Fähnders, Till, Hu Jia bekommt Sacharow-Preis, in *Frankfurter Allgemeine Zeitung* v. 23.10.2008.

Fastenrath, Ullrich, Kompetenzverteilung im Bereich der auswärtigen Gewalt, München 1986.

Felix, Dagmar, Einheit der Rechtsordnung. Zur verfassungsrechtlichen Relevanz einer juristischen Argumentationsfigur, Tübingen 1998.

Fisher, Louis, Presidential War Power, 2. Aufl., Kansas 2004.

Follesdal, Andreas/Hix, Simon, Why There is a Democratic Deficit in the EU: A Response to Majone and Moravcsik, JCMS 44 (2006), 533-562.

Friesenhahn, Ernst, Parlament und Regierung im modernen Staat, VVDStRL 16 (1958), S. 9-73.

Frowein, Jochen Abraham/Peukert, Wolfgang, Europäische Menschenrechtskonvention Kommentar, 3. Aufl., Kehl 2009.

Gahler, Michael/Schlomach, Geritt F., Parlamentarische Diplomatie des Europäischen Parlaments, in: D. Dialer/E. Lichtenberger/H. Neisser (Hrsg.), Das Europäische Parlament. Institution, Vision und Wirklichkeit, Innsbruck 2010, 329-341.

Geiger, Rudolf, Vertragsschlusskompetenzen der Europäischen Gemeinschaft und auswärtige Gewalt der Mitgliedstaaten, JZ 1995, 973-982.

Goeters, Hanna, Das institutionelle Gleichgewicht – seine Funktion und Ausgestaltung im Europäischen Gemeinschaftsrecht, Berlin 2008.

Goetz, John/Mascolo, Georg/Obermayer, Bastian, Aktenvermerk bringt Merkel in Bedrängnis, in *Süddeutsche Zeitung* v. 26.5.2015.

Goetz, John/Mascolo, Georg/Obermayer, Bastian, All the best, Interne Mails zwischen Berlin und Washington beweisen: Deutschland und Amerika reden nicht auf Augenhöhe, in *Süddeutsche Zeitung* v. 8.5.2015.

Grabitz, Eberhard/Hilf, Meinhard, Das Recht der Europäischen Union, EUV/EGV, 40. EL. München 2009.

Grabitz, Eberhard/Hilf, Meinhard/Nettesheim, Martin (Hrsg.), Das Recht der Europäischen Union, B. I, EUV/AEUV, 59. EL, München 2016.

Grewe, Wilhelm G., Außenpolitik, in: Görres Gesellschaft (Hrsg.), Staatslexikon. Recht, Wirtschaft, Gesellschaft, Bd. 1, 7. Aufl., Freiburg 1985, 439-448.

Grewe, Wilhelm G., Auswärtige Gewalt, in: Josef Isensee/Paul Kirchhof (Hrsg.), Handbuch des Staatsrechts, Bd. 3, München 1988, § 77, 921-975.

Grewe, Wilhelm G., Die auswärtige Gewalt der Bundesrepublik, VVDStRL 12 (1954), 129-178.

Grimm, Dieter, Does Europe Need a Constitution? ELJ 1 (1995), 282-302.

Grimm, Dieter, Verfassung im Prozess der Entstaatlichung, in: M. Brenner/P. M. Huber/M. Möstl (Hrsg.), Der Staat des Grundgesetzes- Kontinuität und Wandel, Festschrift für Peter Badura, Tübingen 2004, 145-168.

Groeben, Hans von der/Boeckh, H. von, Kommentar zum EWG-Vertrag, Bd. 2, Baden-Baden 1960.

Groeben, Hans von der/Schwarze, Jürgen/Hatje, Armin, Europäisches Unionsrecht: Vertrag über die Europäische Union - Vertrag über die Arbeitsweise der Europäischen Union - Charta der Grundrechte der Europäischen Union, Bd. 1, 7. Aufl., Baden-Baden 2015.

Habermas, Jürgen, Zur Verfassung Europas, Ein Essay, Berlin 2011.

Habermas, Jürgen, Why Europe Need a Constitution?, New Left Rev. 11 (2001), 5-26.
Habermas, Jürgen, Über den internen Zusammenhang von Rechtsstaat und Demokratie, in: ders. (Hrsg.), Die Einbeziehung des Anderen. Studien zur politischen Theorie, Frankfurt am Main 1999, 293-308.
Habermas, Jürgen, Inklusion – Einbeziehen oder Einschließen? Zum Verhältnis von Nation, Rechtsstaat und Demokratie, in: ders. (Hrsg.), Die Einbeziehung des Anderen, Frankfurt am Main 1999, 154-184.
Habermas, Jürgen, Faktizität und Geltung, Frankfurt am Main 1992.
Habermas, Jürgen, Können komplexe Gesellschaften eine vernünftige Identität ausbilden?, in: ders. (Hrsg.), Zur Rekonstruktion des Historischen Materialismus, Frankfurt am Main 1976.
Haenel, Albert, Die Grundlagen des deutschen Staates und die Reichsgewalt, Leipzig 1892.
Härtel, Ines, in: A. Hatje/P.-C. Müller-Graff (Hrsg.), Europäisches Organisations- und Verfassungsrecht, EnzEuR Bd. 1, Baden-Baden 2014, § 11.
Härtel, Ines, Handbuch Europäische Rechtsetzung, Heidelberg [et. al.] 2006.
Hahn, Michael J./Dudenhöfer, Nina, in: A. v. Arnauld (Hrsg.), Enzyklopädie Europarecht, Bd. 10, A. Hatje/P.-C. Müller-Graff (Ghrsg.), Baden-Baden 2014, § 15.
Halberstam, Daniel/Möllers, Christoph, The German Constitutional Court says „Ja zu Deutschland!", German Law Journal 10 (2009), 1241-1257.
Hallstein, Walter, Die Europäische Gemeinschaft, Düsseldorf [et. al.]1973.
Hallstein, Walter, Der unvollendete Bundesstaat, Europäische Erfahrungen und Erkenntnisse, Düsseldorf [et. al.] 1969.
Hamilton, Alexander/Madison James/Jay, John, 1787–88, The Federalist Papers, Jacob E. Cooke (Hrsg.), Middletown 1961.
Haratsch, Andreas/Koenig, Christian/Pechtstein, Mathias, Europarecht, 7. Aufl., Tübingen 2010.
Hartmann, J./Hildebrand, J./Jürgens, P., Nokia Siemens soll Iran bei Zensur geholfen haben, in *Die Welt v.* 22.6.2009.
Hasselbach, Christoph, Wütende Proteste in Zypern zeigen Erfolg, in *Deutsche Welle* v. 18.3.2013.
Hatje, Armin, Demokratie in der Europäischen Union – Plädoyer für eine parlamentarisch verantwortliche Regierung der EU, Manuskript 2015.
Hatje, Armin/Förster, Stine von, in: A. Hatje/P.-C. Müller-Graff (Hrsg.), Europäisches Organisations- und Verfassungsrecht, EnzEuR Bd. 1, Baden-Baden 2014, §§ 6, 10.
Hatje, Armin, Der Rechtsschutz der Stellenbewerber im Europäischen Beamtenrecht. Eine Untersuchung zur Rechtsprechung des EuGH in Beamtensachen, Baden-Baden 1988.
Hebeisen, Michael W., Souveränität in Frage gestellt, Die Souveränität von Hans Kelsen, Carl Schmitt und Hermann Heller im Vergleich, Baden-Baden 1995.
Hegel, Georg Wilhelm Friedrich, Grundlinien der Philosophie des Rechts, J. Hoffmeister (Hrsg.), Hamburg 1995.
Hellmann, Gunther/Wagner, Wolfgang/Baumann, Rainer, Deutsche Außenpolitik, Eine Einführung, 2. Aufl., Wiesbaden 2014.
Henehan, Marie T., Foreign Policy and Congress, An International Relations Perspective, Michigan 2000.
Henkin, Louis, Foreign Affairs and the United States Constitution, 2. Aufl., Oxford Online ed. 1996.
Herrmann, Christoph/Streinz, Thomas, in: A. v. Arnauld (Hrsg.), Enzyklopädie Europarecht, Bd. 10, A. Hatje/P.-C. Müller-Graff (GHrsg.), Baden-Baden 2014, § 11.
Hermann, Christoph, Die Gemeinsame Handelspolitik der Europäischen Union im Lissabon-Urteil, EuR-Beiheft 1/2010, 193-209.
Hesse, Konrad, Grundzüge des Verfassungsrechts der Bundesrepublik, 20. Aufl., Heidelberg 1999.
Heun, Werner, Anmerkung zum Urteil des BVerfG v. 12.07.1994, 2 BvE 3/92, 5, 7, 8/93, JZ 1994, 1073-1075.
Hilf, Meinhard/Schorkopf, Frank, Das Europäischen Parlament in den Außenbeziehungen der Europäischen Union, EuR 1999, 185-202.
Hill, Christopher, The Changing Politics of Foreign Policy, Houndmills 2003.
Hill, Christopher/Smith, Michael (Hrsg.), International Relations and the European Union, 2. Aufl., Oxford 2011.

Hilty, Reto M./Kur, Annette/Peukert, Alexander, Stellungnahme des Max-Planck-Instituts für Geistiges Eigentum, Wettbewerbs- und Steuerrecht zum Vorschlag für eine Richtlinie des Europäischen Parlaments und des Rates über strafrechtliche Maßnahmen zur Durchsetzung der Rechte des geistigen Eigentums, KOM(2006) 168 endgültig, GRUR Int. 2006, 722-725.

Hirsch, Günter, Weder Diener des Gesetzes, noch Komponist - Richter und Gesetzgeber bilden eine Symbiose mit flexibler Arbeitsteilung, ZRP 2009, 253-254.

Hirsch, Günter, Der Richter wird's schon richten, ZRP 2006, 161.

Hobbes, Thomas, Leviathan, Pegson Smith/William George (Hrsg.), Oxford 1909.

Hoffmeister, Frank, Die Wahrnehmung der Europäischen Institutionen im Rahmen der Vereinten Nationen 1951-1992, in: R. Ahmann/R. Schulze/C. Walter (Hrsg.), Rechtliche und politische Koordinierung der Außenbeziehungen der Europäischen Gemeinschaften 1951-1992, Berlin 2010.

Hoffmeister, Frank, Menschenrechts- und Demokratieklauseln in den vertraglichen Außenbeziehungen der Europäischen Gemeinschaft, Berlin 1998.

Huber, Ernst Rudolf, Deutsche Verfassungsgeschichte seit 1789, Bismarck und sein Reich, Bd. 3, 3. Aufl., Stuttgart [et. al.] 1988.

Huber, Ernst Rudolf, Verfassungsrecht des Großdeutschen Reiches, 2. Aufl., Hamburg 1939.

Hummer, Waldemar, Die SWIFT-Affaire, US-Terrorismusbekämpfung versus Datenschutz, AVR 49 (2011), 203-245.

Hunt, Gaillard, The Department of State, New Haven 1914.

Hunter Miller, David, Treaties and Other International Acts of the Unites States of America, Washington, 1931.

Jarass, Hans D. /Pieroth, Bodo, Grundgesetz Kommentar, 11. Aufl., München 2011.

Jesch, Dietrich, Gesetz und Verwaltung, 2. Aufl., Tübingen 1968.

Jestaedt, Matthias/Lepsius, Oliver/Möllers, Christoph/Schönberger, Christoph, Das entgrenzte Gericht, Berlin 2001.

Jopp, Mathias/Regelsberger, Elfriede, GASP und ESVP im Verfassungsvertrag, Eine neue Angebotsvielfalt mit Chancen und Mängeln, integration 2003, 550-563.

Kafka, Franz, Zur Frage der Gesetze, Das Werk, Romane und Erzählungen, Frankfurt am Main 2004.

Kant, Immanuel, Zum Ewigen Frieden, in: Schriften zur Anthropologie, Geschichtsphilosophie, Politik und Pädagogik, 5. Aufl., Wiesbaden 1964.

Kanter, James, Europe rejects U.S. Deal on Bank Data, in *The New York Times* v. 11.2.2011.

Kelsen, Hans, Allgemeine Staatslehre, Berlin/Zürich 1966.

Kelsen, Hans, Das Problem der Souveränität und die Theorie des Völkerrechts- Beitrag zu einer Reinen Rechtslehre, 2. Aufl., Tübingen 1928.

Kelsen, Hans, Hauptprobleme der Staatsrechtslehre, Entwickelt aus der Lehre vom Rechtssatze, Tübingen 1923.

Kelsen, Hans, Vom Wesen und Wert der Demokratie, 2. Aufl., Tübingen 1929.

Kewenig, Wilhelm, Auswärtige Gewalt, in: Hans Peter Schwarz (Hrsg.), Handbuch der deutschen Außenpolitik, München 1975.

Kewenig, Wilhelm, Staatsrechtliche Probleme parlamentarischer Mitregierung am Beispiel der Arbeit der Bundestagsausschüsse, Bad Homburg 1970.

Koenig, Christian: Die Europäische Union als bloßer materiellrechtlicher Verbundrahmen, in: A. v. Bogdandy/C.-D. Ehlermann (Hrsg.), Konsolidierung und Kohärenz des Primärrechts nach Amsterdam, EuR-Beiheft 2/1998, 139-150.

Koh, Harald H., The Fast Track und Unites States Trade Policy, Brooklyn Journal of International Law 18 (1992), 143-180.

Kohler-Koch, Beate, Organized Interests in the EC and the European Parliament, European Integration online Papers 1 (1997), 1-12.

Kokott, Juliane, Kontrolle auswärtiger Gewalt, DVBl 1996, 937-950.

Kotzur, Markus, in: A. v. Arnauld (Hrsg.), Enzyklopädie Europarecht, Bd. 10, A. Hatje/P.-C. Müller-Graff (GHrsg.), Baden-Baden 2014, § 7.

Kraft, Victoria Marie, The U.S. Constitution and Foreign Policy, Terminating the Taiwan Treaty, New York [et. al] 1991.

Krajewski, Markus, in: A. v. Arnauld (Hrsg.), Enzyklopädie Europarecht, Bd. 10, A. Hatje/P.-C. Müller-Graff (GHrsg.), Baden-Baden 2014, § 3.

Krajewski, Markus, Die neue handelspolitische Bedeutung des Europäischen Parlaments, in: M. Bungenberg/C. Hermann (Hrsg.), Die Gemeinsame Handelspolitik der Europäischen Union nach Lissabon, Baden-Baden 2011, 55-74.

Krajewski, Markus, External Trade Law and the Constitution treaty: towards a federal and more democratic common commercial policy?, CMLR 2005, 91-127.

Krauß, Stefan, Parlamentarisierung der europäischen Außenpolitik. Das Europäische Parlament und die Vertragspolitik der Europäischen Union, Opladen 2000.

Krippendorff, Ekkehart, Kritik der Außenpolitik, Frankfurt am Main 2000.

Krippendorff, Ekkehart, Ist Außenpolitik *Außen*politik? Ein Beitrag zur Theorie und der Versuch eine unhaltbare Unterscheidung aufzuheben, PVS 4 (1963), 243-266.

Larotonda, Matthew/Garcia, Jon, President Obama Seeks Congressional Approval for Syria Action, *ABC News* v. 31.8.2013 via Word News.

Lawson, George, An Examination of Political Part of Mr. Hobbs, his Leviathan, London 1657.

Lenz. Carl Otto/Borchardt, Klaus-Dieter (Hrsg.), EU-Verträge Kommentar: EUV-AEUV-GRCh, 6. Aufl., Köln [et. al.] 2013.

Lichtblau, E./Risen J., Bank Data Is Sifted by U.S. in Secret to Block Terror, in *The New York Times* 22.6.2006.

Limpert, Martin, Auslandseinsatz der Bundeswehr, Berlin 2002.

Lincoln, Abraham, Gettysburg Address. Mit einem Essay von E. Krippendorff, Frankfurt [et. al.] 1994.

List, Martin/Behrens, Maria/Reichardt, Wolfgang/Simonis, Goerg, Internationale Politik. Probleme und Grundbegriffe, Grundwissen Politik, Bd. 12, Opladen 1995.

Locke, John, Two Treatises of Government, P. Laslett (Ed.), Cambridge 1988.

Locke, John, Zwei Abhandlungen über die Regierung, W. Euchner (Hrsg.), Frankfurt am Main 1977.

Lorz, Ralph Alexander/Meurers, Verena, in: A. v. Arnauld (Hrsg.), Enzyklopädie Europarecht, Bd. 10, A. Hatje/P.-C. Müller-Graff (Ghrsg.), Baden-Baden 2014, § 2.

Ludwigs, Markus, Die Kompetenzordnung der Europäischen Union im Vertragsentwurf über eine Verfassung für Europa, ZEuS 2004, 211-248.

Luhmann, Niklas, Staat und Politik: Zur Semantik der Selbstbeschreibung politischer Systeme, in: U. Bermbach, (Hrsg.), Politische Theoriengeschichte. Probleme einer Teildisziplin der Politischen Wissenschaft, (PVS-Sonderheft 15/1984), Opladen 1984, 99-125.

Lundmark, Thomas, Power and Rights in US Constitutional Law, Oxford Scholarship Online 2009.

Maclean, A. H., George Lawson and John Locke, Cambridge Historical Journal, 9 (1947), 69-77.

Madison, James, The Federalist Papers, Jacob E. Cooke (Hrsg.), Middletown 1961.

Magiera, Siegfried, Das Europäische Parlament als Garant demokratischer Legitimation in der Europäischen Union, in: O. Due/M. Lutter/J. Schwarze (Hrsg.), Festschrift für Ulrich Everling, Bd. 1., Baden-Baden 1995, 789-802.

Magiera, Siegfried, Parlament und Staatsleitung in der Verfassungsordnung des Grundgesetzes, Berlin 1979.

Majone, Giandomenico, Regulating Europe, London 1996.

Majone, Giandomenico, The Rise of the Regulatory State in Europe, WEP 17 (1994), 78-102.

Manin, Bernard, The principles of representative government, New York [et.al.] 2002.

Marxsen, Christian, Geltung und Macht: Jürgen Habermas' Theorie von Recht, Staat und Demokratie, Paderborn 2011.

Massey, Calvin, American Constitutional Law: Powers and Liberties, 3. Aufl., New York 2009.

Maunz, Theodor, Das Bundeshaushaltsgesetz als ermächtigende, der Prüfung im verfassungsrechtlichen Normenkontrollverfahren unterliegende Rechtsnorm, BayVBl 1966, 347-348.

Maunz, Theodor/Dürig, Günter/Herzog, Roman/Scholz, Rupert/Herdegen, Matthias/Klein, Hans H., Grundgesetz Kommentar, 73. EL., München 2014.

Maurer, Andreas, Das Europäische Parlament in der Gesetzgebung, in: A. Maurer/D. Nickel, Supranationalität, Repräsentation und Legitimation, Baden-Baden 2005, 93-120.

Maurer, Hartmut, Allgemeines Verwaltungsrecht, 18. Aufl., München 2011.

Menzel, Eberhard, Die auswärtige Gewalt der Bundesrepublik in der Deutung des Bundesverfassungsgerichts, AöR 70 (1954), 327-349.

Menzel, Eberhard, Die Auswärtige Gewalt der Bundesrepublik, VVDStRL 12 (1954), 179-220.

Metz, Andreas, Die Außenbeziehungen der Europäischen Union nach dem Vertrag über eine Verfassung für Europa. Eine Untersuchung aus kompetenzrechtlicher Sicht - mit Erläuterungen zu den Außenkompetenzen nach dem Vertrag von Nizza, Berlin 2007.

Möllers, Christoph, Demokratie - Zumutungen und Versprechen, Berlin 2008.

Möllers, Christoph, Die Drei Gewalten, Legitimation der Gewaltengliederung in Verfassungsstaat, Europäischer Integration und Internationalisierung, Weilerwist 2008.

Möllers, Christoph, Gewaltengliederung, Legitimation und Dogmatik im nationalen und internationalen Rechtsvergleich, Tübingen 2005.

Möllers, Christoph/Achenbach, Jelena von, Die Mitwirkung des Europäischen Parlaments an der abgeleiteten Rechtsetzung der Europäischen Kommission nach dem Lissabonner Vertrag, EuR 2011, 39-61.

Molynneux, C. García, The Trade Barriers Regulation: The European Union as a Player in the Globalisation Game, ELJ 5 (1999), 375-418.

Mosler, Hermann, Die Auswärtige Gewalt im Verfassungssystem der Bunderepublik Deutschland, in: Max-Planck-Institut für ausländisches öffentliches Recht und Völkerrecht, Völkerrechtliche und staatsrechtliche Abhandlungen Festschrift für Carl Bilfinger, Köln [et. al] 1954.

Mössle, Wilhelm, Regierungsfunktion des Parlaments, München 1986.

Müller, Georg, Inhalt und Formen der Rechtssetzung als Problem der demokratischen Kompetenzordnung, Basler Studien zur Rechtswissenschaft, Heft 119, Basel/Stuttgart 1979.

Müller-Graff, Peter-Christian, Die Direktwahl des Europäischen Parlaments. Genesen und Perspektiven, Tübingen 1977.

Muno, Martin, EU will die Kleinsparer schonen, in *Deutsche Welle* v. 18.3.2013.

Murswiek, Dietrich/Storost, Ulrich/Wolff, Heinrich A. (Hrsg.), Staat, Souveränität, Verfassung, Festschrift für Helmut Quaritsch, Berlin 2000.

Naurin, Daniel, Transparency and legitimacy, in: L. Dobson/A øllesdal (Hrsg.), Political Theory and the European Constitution, London 2004, 139-150.

Nelson, Leonard, Die Rechtswissenschaft ohne Recht. Die kritischen Betrachtungen über die Grundlagen des Staats- und Völkerrechts, insbesondere über die Lehre von der Souveränität, Leipzig 1917.

Neustadt, Richard E., Presidential Power and the Modern Presidents. The Politics of Leadership from Roosvelt to Reagan, New York 1990.

Nicolaysen, Gert, Zur Theorie von den implied powers in den Europäischen Gemeinschaften, EuR 1966, 129-142.

Nowrot, Karsten, Verfassungsrechtliche Vorgaben für die Mitwirkung des Deutschen Bundestages bei Auslandseinsätzen der Bundeswehr gegen den internationalen Terrorismus, NZWehrR 2003, 65-78.

Oeter, Stefan, Föderalismus und Demokratie, in: A. v. Bogdandy/J. Bast (Hrsg.), Europäisches Verfassungsrecht, 2. Aufl., Heidelberg [et. al.] 2009, 73-120.

Ossenbühl, Fritz, Vorrang und Vorbehalt des Gesetzes, in: J. Isensee/P. Kirchhof (Hrsg.), Handbuch des Staatsrechts der Bundesrepublik Deutschland, Bd. 5, 3. Aufl., Heidelberg 2007, § 101.

Paal Boris P./Hennemann, Moritz, Schutz von Urheberrechten im Internet - ACTA, Warnhinweismodell und Europarecht, MMR 2012, 288-293.

Passos, Ricardo, The European Union´s external relations after Lisbon: a first evaluation from the European Parliament, in: P. Koutrakos (Hrsg.), The European Union´s External Relations. A Year After Lisbon, Den Haag 2011, 49-56.

Paulus, Andreas L., Die Parlamentszustimmung zu Auslandseinsätzen nach dem Parlamentsbeteiligungsgesetz, in: D. Weingärtner (Hrsg.), Einsatz der Bundeswehr im Ausland. Rechtsgrundlagen und Rechtspraxis, Baden-Baden 2007, 81-115.

Pernice, Ingolf, Die politische Vision von Europa und die notwendigen institutionellen Reformen (Demokratie, Rechtsstaat, Wohlfahrtsstaat), in: M.-O. Pahl, (Hrsg.), Grundfragen der europäischen Verfassungsentwicklung, Baden-Baden 2000, 79-91.

Peter, Fabienne, Political Legitimacy, in: E. N. Zalta (Hrsg.), The Stanford Encyclopedia of Philosophy, Online ed. 2016.
Pielow, Johann-Christian (Hrsg.), Beckscher Online-Kommentar GeWO, 27. ed. München 2014.
Pilz, Volker, Der Auswärtige Ausschuss des Deutschen Bundestages und die Mitwirkung des Parlaments an der auswärtigen und internationalen Politik, Berlin 2008.
Pitkin, Hanna, Obligation and Consent I, American Political Science Rev. 59 (1965), 991-999.
Platon, Politeia, in: W. F. Otto/E. Grassi/G. Plamböck (Hrsg.), Sämtliche Werke, Reinbek 1957.
Pocock, J. G. A., Political Thought and History. Essays on Theory and Method, Cambridge 2009, 51-66.
Prakash, Saikrishna B./Ramsey, Michael D., The Executive Power over Foreign Affairs, YLJ 111 (2001), 231-356.
Quaritsch, Helmut, Staat und Souveränität, Frankfurt 1970.
Quaritsch, Helmut, Souveränität: Entstehung und Entwicklung des Begriffes in Frankreich und Deutschland vom 13. Jh. bis 1806, Berlin 1986.
Rawls, John, A Theory of Justice, New York [et. al] 1971.
Rawls, John, Lectures on the History of Political Philosophy, Cambridge 2007.
Redish, Martin H., Judicial Review and the Political Question, Nw. U. L. Rev. 79 (1985), 1031-1061.
Reich, Dietmar O., Rechte des Europäischen Parlaments in Gegenwart und Zukunft, Berlin 1999.
Reichel, Gerhard Hans, Die auswärtige Gewalt nach dem Grundgesetz für die Bundesrepublik Deutschland vom 23.5. 1949, Berlin 1967.
Rich, William J., Modern Constitutional Law, Vol. 3, Government Structure, 3. Aufl., New York 2011.
Rieckhoff, Henning, Der Vorbehalt des Gesetzes im Europarecht, Tübingen 2007.
Riedel, Daniel, Die Durchführungsrechtsetzung nach Art. EGV Artikel 211, 4. Sp. EG – zwei Arten tertiärer Kommissionsakte und ihre dogmatischen Fragestellungen, EuR 2006, 512-242.
Rieder, Bruno, Die Entscheidung über Krieg und Frieden nach deutschem Verfassungsrecht, Berlin 1984.
Röben, Volker, Außenverfassungsrecht, Eine Untersuchung zur auswärtigen Gewalt des offenen Staates, Tübingen 2007.
Rossi, Matthias, Europäisches Parlament und Haushaltsverfassungsrecht. Eine kritische Betrachtung der parlamentarischen Haushaltsbefugnisse, Berlin 1997.
Rousseau, Jean-Jacques, Vom Gesellschaftsvertrag/Vom Krieg, in: Sozialphilosophische und Politische Schriften, Erstübertragung von Eckhardt Koch [et. al.], München 1981.
Sachs, Micheal (Hrsg.), Grundgesetz Kommentar, 4. Aufl., München 2007.
Sangi, Roya, Wessen Gewalt? Die Macht der Verfassung oder die Verfassung der Macht, in: L. Heschl/J. Juri/M. P. Neubauer/J. Pirker/M. Scharfe/L.-J. Wagner/M. Willgruber (Hrsg.), L'État, c'est quoi? Staatsgewalt im Wandel, Baden-Baden 2015, 17-36.
Savigny, Friedrich Carl von, Vom Beruf unserer Zeit für Gesetzgebung und Rechtswissenschaft, in: J. Stern (Hrsg.), Thibaut und Savigny, Ein programmatischer Rechtsstreit auf Grund ihrer Schriften, Nachdr. der Aufl. v. 1914, Heidelberg 1959.
Scharpf, Fritz W., Demokratietheorie zwischen Utopie und Anpassung, Kronberg 1975.
Schiffmann, Günther, Die Frage der Mitwirkung der parlamentarischen Körperschaften bei der Aufhebung völkerrechtlicher Verträge. Untersuchungen zur vertragschließenden Gewalt nach dem Grundgesetz der Bundesrepublik Deutschland, Tübingen 1962.
Schliesky, Utz, Souveränität und Legitimität von Herrschaftsgewalt. Die Weiterentwicklung von Begriffen der Staatslehre und des Staatsrechts im europäischen Mehrebenensystem, Tübingen 2004.
Schmalenbach, Kirsten, in: A. v. Arnauld (Hrsg.), Enzyklopädie Europarecht, Bd. 10, A. Hatje/P.-C. Müller-Graff (Ghrsg.), Baden-Baden 2014, § 6.
Schmidt, Vivien A., Dealing with Europe's other Deficit, Public Policy Research 19 (2012), 102-109.
Schmidt, Vivien A., Democracy and Legitimacy in the European Union Revisited: Input, Output and 'Throughput', Political Studies 2012, 1-21.

Schmitt, Carl, Politische Theologie – Vier Kapitel zur Lehre von der Souveränität, 5. Aufl., Berlin 1990.

Schmitt, Carl, Verfassungslehre, 7. Aufl., Berlin 1989.

Schneider, Peter, Zur Problematik der Gewaltenteilung im Rechtsstaat der Gegenwart, AöR 82 (1957), 1-27.

Schönberger, Christoph, Die Europäische Union als Bund, AöR 129 (2004), 81-120.

Schultz, David/Vile, John R./Deardorff, Michelle D., Constitutional Law in Contemporary America, Oxford 2010.

Schuppert, Gunnar Folke, Die verfassungsgerichtliche Kontrolle der Auswärtigen Gewalt, Baden-Baden 1973.

Schütze, Robert, From dual to cooperative federalism: The changing structure of the European Law, Oxford Online ed. 2010.

Schwarze, Jürgen/Becker, Ullrich/Hatje, Armin/Schoo, Johann (Hrsg.), EU-Kommentar, 3. Aufl., Baden-Baden 2012.

Schweitzer, Michael, Staatsrecht III, 10. Aufl. Heidelberg [et. al.] 2010.

Seidel, Dietmar, Der Bundespräsident als Träger der auswärtigen Gewalt, Berlin 1972.

Simard, Linda Sandstrom, Standing Alone: Do we still need the Political Question Doctrine?, Dick. L. Rev. 100 (1996), 303-306.

Simmons, A. John, Justification and Legitimacy, Ethics 109 (1999), 739-771.

Simmons, A. John, Political Obligations and Consent, in: F. Miller/A. Wertheimer (Hrsg.), The Ethics of Consent, Theory and Practice, Oxford Online ed. 2010, 305-328.

Simpson, G. R., U.S. Treasury Tracks Financial Data In Secret Program, in *The Wall Street Journal* v. 22.6.2006.

Skinner, Q., The Foundations of Modern Political Thought. Vol. 1, Cambridge, UK 1990.

Soetendorp, Ben, Foreign Policy in the European Union, London 1999.

Solmecke, Christian/Sebastian, Maik/Sahuc, Francois-Xavier, Experiment Internetsperre: Das erste Jahr des Hadopi-Gesetzes, Beck-Online MMR-Aktuell 2011, 316298.

Stabenow, Michael, EU-Parlament wählt mit großer Mehrheit Juncker, in *Frankfurter Allgemeine Zeitung* v. 15.7.2014.

Starck, Christian, Der Gesetzesbegriff des Grundgesetzes. Ein Beitrag zum juristischen Gesetzesbegriff, Baden-Baden 1970.

Stern, Klaus, Das Staatsrecht der Bundesrepublik Deutschland, Bd. 1, 2. Aufl., München 1980/1984.

Strasser, Daniel, Die Finanzen Europas. Das Haushalts- und Finanzrecht der Europäischen Gemeinschaften, Luxemburg 1991.

Strøm, Kaare, Delegation and accountability in parliamentary democracies, European Journal of Political Research 37 (2000), 261-289.

Streinz, Rudolf (Hrsg.), Vertrag über die Europäische Union und Vertrag über die Arbeitsweise der Europäischen Union (EUV/AEUV), 2. Aufl., München 2012.

Streinz, Rudolf (Hrsg.), Vertrag über die Europäische Union und Vertrag zur Gründung der Europäischen Gemeinschaft (EUV/EGV), München 2003.

Streinz, Rudolf/Ohler, Christoph/Hermann, Christoph, Der Vertrag von Lissabon zur Reform der EU, 3. Aufl., München 2010.

Stüben, Wulf-Dietrich, Die Grenze der parlamentarischen Kontrolle beim Abschluss von Verträgen der Bundesrepublik mit dem Ausland. Ein Beitrag zur Lehre von der auswärtigen Gewalt, Göttingen 1957.

Sullivan, Kathleen M./Gunther, Gerald, Constitutional Law, 7. Aufl., New York 2010.

Suski, Birgit, Das Europäische Parlament. Volksvertretung ohne Volk und Macht?, Berlin 1995.

Thym, Daniel, in: A. v. Arnauld (Hrsg.), Enzyklopädie Europarecht, Bd. 10, A. Hatje/P.-C. Müller-Graff (Ghrsg.), Baden-Baden 2014, § 16.

Thym, Daniel, Parliamentary Involvement in European International Relations, in: B. de Witte/M. Cremona (Hrsg.), EU Foreign Relations Law– Constitutional Fundamentals, Oxford 2008.

Thym, Daniel, Reforming Europe´s Common Foreign and Security Policy, ELJ 10 (2004), 5-22.

Tigar, Michael, The Political Question and Foreign Relations, UCLA Law Rev. 17 (1970), 1135-1179.

Tomuschat, Christian, Der Verfassungsstaat im Geflecht internationaler Beziehungen, VVDStRL 36 (1978), 7-64.

Tomuschat, Christian, Stichwort „Auswärtige Gewalt", in: Ergänzbares Lexikon des Rechts, Neuwied 1984,. Nr. 5/30, 1-5.

Treviranus, Hans D., Außenpolitik im demokratischen Rechtsstaat, Tübingen 1966.

Triantafyllou, Dimitris, Vom Vertrags- zum Gesetzesvorbehalt, Beitrag zum positiven Rechtmäßigkeitsprinzip in der EG, Baden-Baden 1996.

Tribe, Laurence H., American Constitutional Law, Vol. 1, 3. Aufl., New York 2000.

Tucholsky, Kurt, erschienen unter dem Pseudonym *Peter Panter*, in *Die Weltbühne* v. 08.3.1932, Nr. 10, 377.

Tuckness, Alex, Locke's Political Philosophy, in: E. N. Zalta (Hrsg.), The Stanford Encyclopedia of Philosophy, Online ed. 2016.

Uerpmann-Wittzack, Robert, Das Anti-Counterfeiting Trade Agreement (ACTA) als Prüfstein für die Demokratie in Europa, ARV 49 (2011), 103-123.

Vedder, Christoph/Heintschel von Heinegg, Wolff (Hrsg.), Europäisches Unionsrecht: EUV, AEUV, Grundrechte-Charta, Baden-Baden 2012.

Verkuil, Paul R., Separation of Powers, The Rule of Law and the Idea of Independence, Wm. & Mary. L. Rev. 30 (1989), 301-341.

Vile, M.J.C., Constitutionalism and Separation of Powers, 2. Aufl., Indianapolis 1998.

Wagner, Tobias M., Parlamentsvorbehalt und Parlamentsbeteiligungsgesetz. Beteiligung des Bundestages bei Auslandseinsätzen der Bundeswehr, Berlin 2009.

Waldron, Jeremy, Law and disagreement, Oxford 1999.

Waldron, Jeremy, Separation of Powers or Division of Power? New York University, School of Law, Public Law and Legal Theory, Research Paper Series, Working Paper NO. 12-20, May 2012.

Weiß, Siegfried, Auswärtige Gewalt und die Gewaltenteilung, Berlin 1971.

Westphal, Albert C., The House Committee on Foreign Affairs, New York 1942.

Wieland, Joachim, Die Beteiligung der Bundeswehr an gemischtnationalen Einheiten, Rechtsfragen offener Staatlichkeit auf militärischem Gebiet, in: R. Grawert/B. Schlink/R. Wahl/J. Wieland (Hrsg.), Offene Staatlichkeit, Festschrift für Ernst-Wolfgang Böckenförde, Berlin 1995, 219-238.

Wildhaber, Luzius, Vertrag und Gesetze – Konsensual- und Mehrheitsentscheid im schweizerischen Staatsrecht, ZSR N.F. 94, 1975 I, 113-149.

Wirtz, Micha W. J, Das Europäische Parlament als außenpolitischer Akteur. Grenzen und Chancen bei der Mitgestaltung europäischer Außenpolitik, Hamburg 2009.

Wohlfahrt, Ernst/Everling, Ulrich/Glaesner, Hans Joachim/Sprung, Rudolf (Hrsg.), Die Europäische Wirtschaftsgemeinschaft, Vahlen 1960.

Wolfrum, Rüdiger, Kontrolle der auswärtigen Gewalt, VVDStRL 56 (1997), 38-66.

Wolgast, Ernst, Diskussionsbeitrag, VVDStRL 12 (1954), 221-227.

Wood, George C., Congressional Control of For–eign Relations during the American Revolution 1774-1789, Allentown 1919.

Woolcock, Stephen, The potential impact of the Lisbon Treaty on European Union external Trade Policy, EPA 2008, 1-6.

Wouters, Jan/Coppens, Dominic/De Meester, Bart, The European Union´s External Relations after the Lisbon Treaty, in: S. Griller/J. Ziller (Hrsg.), The Lisbon Treaty– EU Constitutionalism without a Constitutional Treaty? Wien [et. al.] 2008, 143-203.

Zimmer, Gerhard, Funktion – Kompetenz – Legitimation. Gewaltenteilung in der Ordnung des Grundgesetzes, Berlin 1979.

Max-Planck-Institut für ausländisches öffentliches Recht und Völkerrecht

Beiträge zum ausländischen öffentlichen Recht und Völkerrecht

Hrsg.: A. von Bogdandy, A. Peters

Bde. 27–59 erschienen im Carl Heymanns Verlag KG Köln, Berlin (Bestellung an: Max-Planck-Institut für Völkerrecht, Im Neuenheimer Feld 535, 69120 Heidelberg); ab Band 60 im Springer-Verlag GmbH

---

265 Roya *Sangi*: **Die auswärtige Gewalt des Europäischen Parlaments.** 2018. XI, 179 Seiten. Geb. € 69,99

264 Anna *Krueger*: **Die Bindung der Dritten Welt an das postkoloniale Völkerrecht.** 2018. XII, 434 Seiten. Geb. € 89,99

263 Björnstjern *Baade*: **Der Europäische Gerichtshof für Menschenrechte als Diskurswächter.** 2017. XVIII, 543 Seiten. Geb. € 99,99

262 Felix *Lange*: **Praxisorientierung und Gemeinschaftskonzeption.** 2017. XIV, 397 Seiten. Geb. € 94,99

261 Johanna Elisabeth *Dickschen*: **Empfehlungen und Leitlinien als Handlungsform der Europäischen Finanzaufsichtsbehörden.** 2017. XIX, 277 Seiten. Geb. € 84,99

260 Mohamed *Assakkali*: **Europäische Union und Internationaler Währungsfonds.** 2017. XV, 516 Seiten. Geb. € 99,99

259 Franziska *Paefgen*: **Der von Art. 8 EMRK gewährleistete Schutz vor staatlichen Eingriffen in die Persönlichkeitsrechte im Internet.** 2017. XV, 220 Seiten. Geb. € 69,99

258 Tim René *Salomon*: **Die internationale Strafverfolgungsstrategie gegenüber somalischen Piraten.** 2017. XXXII, 743 Seiten. Geb. € 129,99

257 Jelena *Bäumler*: **Das Schädigungsverbot im Völkerrecht.** 2017. XIX, 379 Seiten. Geb. € 89,99

256 Christopher *Peters*: **Praxis Internationaler Organisationen - Vertragswandel und völkerrechtlicher Ordnungsrahmen.** 2016. XXVIII, 498 Seiten. Geb. € 99,99

255 Nicole *Appel*: **Das internationale Kooperationsrecht der Europäischen Union.** 2016. XVIII, 608 Seiten. Geb. € 109,99

254 Christian *Wohlfahrt*: **Die Vermutung unmittelbarer Wirkung des Unionsrechts.** 2016. XIX, 300 Seiten. Geb. € 84,99

253 Katja *Göcke*: **Indigene Landrechte im internationalen Vergleich.** 2016. XVII, 818 Seiten. Geb. € 139,99

252 Julia *Heesen*: **Interne Abkommen.** 2015. XXI, 473 Seiten. Geb. € 94,99

251 Matthias *Goldmann*: **Internationale öffentliche Gewalt.** 2015. XXIX, 636 Seiten. Geb. € 109,99

250 Isabelle *Ley*: **Opposition im Völkerrecht.** 2014. XXIII, 452 Seiten. Geb. € 94,99

249 Matthias *Kottmann*: **Introvertierte Rechtsgemeinschaft.** 2014. XII, 352 Seiten. Geb. € 84,99

248 Jelena *von Achenbach*: **Demokratische Gesetzgebung in der Europäischen Union.** 2014. XVI, 522 Seiten. Geb. € 94,99

247 Jürgen *Friedrich*: **International Environmental "soft law".** 2014. XXI, 503 Seiten. Geb. € 94,99 zzgl. landesüblicher MwSt.

246 Anuscheh *Farahat*: **Progressive Inklusion.** 2014. XXIV, 429 Seiten. Geb. € 94,99

245 Christina *Binder*: **Die Grenzen der Vertragstreue im Völkerrecht.** 2013. XL, 770 Seiten. Geb. € 119,99

244 Cornelia *Hagedorn*: **Legitime Strategien der Dissensbewältigung in demokratischen Staaten.** 2013. XX, 551 Seiten. Geb. € 99,99

243 Marianne *Klumpp*: **Schiedsgerichtsbarkeit und Ständiges Revisionsgericht des Mercosur.** 2013. XX, 512 Seiten. Geb. € 94,99

242 Karen *Kaiser* (Hrsg.): **Der Vertrag von Lissabon vor dem Bundesverfassungsgericht.** 2013. XX, 1635 Seiten. Geb. € 199,99

241 Dominik *Steiger*: **Das völkerrechtliche Folterverbot und der "Krieg gegen den Terror".** 2013. XXX, 821 Seiten. Geb. € 139,99

240 Silja *Vöneky*, Britta *Beylage-Haarmann*, Anja *Höfelmeier*, Anna-Katharina *Hübler* (Hrsg.): **Ethik und Recht - Die Ethisierung des Rechts/Ethics and Law - The Ethicalization of Law.** 2013. XVIII, 456 Seiten. Geb. € 94,99

239 Rüdiger *Wolfrum*, Ina *Gätzschmann* (eds.): **International Dispute Settlement: Room for Innovations?** 2013. XIV, 445 Seiten. Geb. € 94,95 zzgl. landesüblicher MwSt.

238 Isabel *Röcker*: **Die Pflicht zur rahmenbeschlusskonformen Auslegung nationalen Rechts.** 2013. XXIII, 410 Seiten. Geb. € 89,95

237 Maike *Kuhn*: **Die Europäische Sicherheits- und Verteidigungspolitik im Mehrebenensystem.** 2012. XIII, 325 Seiten. Geb. € 79,95

236 Armin *von Bogdandy*, Ingo *Venzke* (eds.): **International Judicial Lawmaking.** 2012. XVII, 509 Seiten. Geb. € 94,95 zzgl. landesüblicher MwSt.

235 Susanne *Wasum-Rainer*, Ingo *Winkelmann*, Katrin *Tiroch* (eds.): **Arctic Science, International Law and Climate Change.** 2012. XIX, 374 Seiten. Geb. € 84,95 zzgl. landesüblicher MwSt.

234 Mirja A. *Trilsch*: **Die Justiziabilität wirtschaftlicher, sozialer und kultureller Rechte im innerstaatlichen Recht.** 2012. XIX, 559 Seiten. Geb. € 99,95

233 Anja *Seibert-Fohr* (ed.): **Judicial Independence in Transition.** 2012. XIII, 1378 Seiten. Geb. € 169,95 zzgl. landesüblicher MwSt.

232 Sandra *Stahl*: **Schutzpflichten im Völkerrecht - Ansatz einer Dogmatik.** 2012. XXX, 505 Seiten. Geb. € 94,95

231 Thomas *Kleinlein*: **Konstitutionalisierung im Völkerrecht.** 2012. XLII, 940 Seiten. Geb. € 149,95

230 Roland *Otto*: **Targeted Killings and International Law.** 2012. XVIII, 661 Seiten. Geb. € 109,95 zzgl. landesüblicher MwSt.

229 Nele *Matz-Lück*, Mathias *Hong* (Hrsg.): **Grundrechte und Grundfreiheiten im Mehrebenensystem - Konkurrenzen und Interferenzen.** 2012. VIII, 394 Seiten. Geb. € 89,95

228 Matthias *Ruffert*, Sebastian *Steinecke*: **The Global Administrative Law of Science,** 2011. IX, 140 Seiten. Geb. € 59,95 zzgl. landesüblicher MwSt.

227 Sebastian *Pritzkow*: **Das völkerrechtliche Verhältnis zwischen der EU und Russland im Energiesektor.** 2011. XXIV, 304 Seiten. Geb. € 79,95

226 Sarah *Wolf*: **Unterseeische Rohrleitungen und Meeresumweltschutz.** 2011. XXIII, 442 Seiten. Geb. € 94,95

225 Clemens *Feinäugle*: **Hoheitsgewalt im Völkerrecht.** 2011. XXVI, 418 Seiten. Geb. € 89,95

224 David *Barthel*: **Die neue Sicherheits- und Verteidigungsarchitektur der Afrikanischen Union.** 2011. XXV, 443 Seiten. Geb. € 94,95

223 Tilmann *Altwicker*: **Menschenrechtlicher Gleichheitsschutz.** 2011. XXX, 549 Seiten. Geb. € 99,95

222 Stephan *Bitter*: **Die Sanktion im Recht der Europäischen Union.** 2011. XV, 351 Seiten. Geb. € 84,95

221 Holger *Hestermeyer*, Nele *Matz-Lück*, Anja *Seibert-Fohr*, Silja *Vöneky* (eds.): **Law of the Sea in Dialogue.** 2011. XII, 189 Seiten. Geb. € 69,95 zzgl. landesüblicher MwSt.

220 Jan *Scheffler*: **Die Europäische Union als rechtlich-institutioneller Akteur im System der Vereinten Nationen.** 2011. XXXV, 918 Seiten. Geb. € 149,95

219 Mehrdad *Payandeh*: **Internationales Gemeinschaftsrecht.** 2010. XXXV, 629 Seiten. Geb. € 99,95

218 Jakob *Pichon*: **Internationaler Strafgerichtshof und Sicherheitsrat der Vereinten Nationen.** 2011. XXVI, 399 Seiten. Geb. € 89,95

217 Michael *Duchstein*: **Das internationale Benchmarkingverfahren und seine Bedeutung für den gewerblichen Rechtsschutz.** 2010. XXVI, 528 Seiten. Geb. € 99,95

216 Tobias *Darge*: **Kriegsverbrechen im nationalen und internationalen Recht.** 2010. XXXV, 499 Seiten. Geb. € 94,95

215 Markus *Benzing*: **Das Beweisrecht vor internationalen Gerichten und Schiedsgerichten in zwischenstaatlichen Streitigkeiten.** 2010. L, 846 Seiten. Geb. € 139,95

214 Urs *Saxer*: **Die internationale Steuerung der Selbstbestimmung und der Staatsentstehung.** 2010. XLII, 1140 Seiten. Geb. € 169,95

213 Rüdiger *Wolfrum*, Chie *Kojima* (eds.): **Solidarity: A Structural Principle of International Law.** 2010. XIII, 238 Seiten. Geb. € 69,95 zzgl. landesüblicher MwSt.

212 Ramin S. *Moschtaghi*: **Die menschenrechtliche Situation sunnitischer Kurden in der Islamischen Republik Iran.** 2010. XXIII, 451 Seiten. Geb. € 94,95

211 Georg *Nolte* (ed.): **Peace through International Law. The Role of the International Law Commission.** 2009. IX, 195 Seiten. Geb. € 64,95 zzgl. landesüblicher MwSt.

210 Armin *von Bogdandy*, Rüdiger *Wolfrum*, Jochen *von Bernstorff*, Philipp *Dann*, Matthias *Goldmann* (eds.): **The Exercise of Public Authority by International Institutions.** 2010. XIII, 1005 Seiten. Geb. € 149,95 zzgl. landesüblicher MwSt.

209 Norman *Weiß*: **Kompetenzlehre internationaler Organisationen.** 2009. XVIII, 540 Seiten. Geb. € 99,95